裁判例・審判例からみた

特別受益・寄与分

編著 近藤 ルミ子（弁護士・元東京家裁判事）
　　　小島 妙子　（弁護士）
　著　内藤 千香子（弁護士）　　大久保 さやか（弁護士）
　　　井野場 晴子（弁護士）　　小堀 絵里子（弁護士）
　　　倉持 政勝　（弁護士）　　宅見　誠　（弁護士）
　　　永嶋 久美子（弁護士）　　宮本 洋一　（弁護士）
　　　中溝 明子　（弁護士）　　滝沢　圭　（弁護士）
　　　大森 啓子　（弁護士）

新日本法規

は　し　が　き

　相続をめぐる紛争の多くは、特別受益及び寄与分のいずれか、又は双方を法律上の争点としている。しかしながら、相続法上、特別受益又は寄与分の要件を具体的に規定する条文は存在しない。したがって、これらを争点とする事件では、抽象的な要件規定を基に、事案ごとに法的評価の対象となる（要件）事実を確定する作業が必要となる。この作業において重要な指針となるのは裁判例である。

　また、特別受益と寄与分は、いずれも具体的相続分を算出する上での修正要素とされ、事案ごとに認定される具体的事実を評価することによって確定されるため、家庭裁判所の手続においても裁量性が極めて低い分野とされるが、相続制度の基本的な趣旨に則った結論を導くためには、主張立証責任の枠組を中心としながらも一定の範囲で裁量性が機能することは否定できないところであろう。ここでも裁判例の検討は重要となる。

　本書は、このような特別受益及び寄与分の主張・判断において必須ともいえる裁判例の検討のための事例集である。

　第1章は、特別受益・寄与分についての概説、第2章は、特別受益に関する裁判例、第3章は、寄与分に関する裁判例を掲載し、裁判例ごとに、事案の概要、当事者の主張、裁判所の判断、参考裁判例等をまとめた上で、担当の執筆者によるコメントを記載した。

　なお、相続法については、平成30年7月6日、「民法及び家事事件手続法の一部を改正する法律」（平成30年法律第72号）が成立している（同年7月13日公布）。相続法は、昭和55年に配偶者の法定相続分の引上げや寄与分の規定の新設等が行われて以来約40年にわたって大きな動きがなかったが、少子高齢化が進む社会状況の変化に対応して、見直しがなされて同改正法の成立に至ったものである。この改正により、被相続人の配偶者が遺産である居住建物に相続開始後も継続して住むことができる「配偶者居住権」や、被相続人の財産の維持・増加に特別の寄与をした被相続人の親族（相続人以外）が特別寄与料の請求ができるとした「特別の寄与」の制度が創設され、遺産分割、遺言、遺留分といった既存制度についても見直しが行われた。改正法の施行により、これまで相続に関して様々指摘されてきた問題の多くが解決されることを期待したい。

　しかし、おそらく、改正法施行後も、相続をめぐる紛争の多くが特別受益及び寄与分を法律上の争点とする状況に大きな変化はないものと思われる。相続をめぐる紛争

に携わる方々が、同種事例を検討することにより、特別受益又は寄与分を争点とする事件における重要な事実を見極め、その事実について反対当事者や裁判所との共通認識のもと、主張を尽くして適切な紛争解決の実現に至る過程で、本書が少しでも役に立つことを願っている。

　本書の刊行については、多くの方々のご協力を得ることができた。

　掲載した裁判例の選別及びコメント等の執筆は、相続関係の紛争解決を数多く手掛けてこられた気鋭の弁護士にお願いした。ご多忙な中、快く執筆を引き受けていただき、参考になる充実した内容の原稿をお寄せいただいた。また、多くの事例について執筆いただいた小島妙子弁護士には、編集にもご参加いただき、貴重なご意見をいただいた。新日本法規出版株式会社の方々、とりわけ、野中常伸氏、村田哲氏、増田雄介氏には資料の収集など様々お世話になった。これらの方々のご協力に対し、心より感謝申し上げたい。

　令和元年7月

弁護士・元東京家裁判事　近　藤　ル　ミ　子

編著者・執筆者一覧

≪編著者≫

近　藤　ルミ子（弁護士・元東京家裁判事）

小　島　妙　子（弁護士）

≪執筆者≫（修習期順）

内　藤　千香子（弁護士）　　　大久保　さやか（弁護士）

井野場　晴　子（弁護士）　　　小　堀　絵里子（弁護士）

倉　持　政　勝（弁護士）　　　宅　見　　誠　（弁護士）

永　嶋　久美子（弁護士）　　　宮　本　洋　一（弁護士）

中　溝　明　子（弁護士）　　　滝　沢　　圭　（弁護士）

大　森　啓　子（弁護士）

略　語　表

＜法令の表記＞

　根拠となる法令の略記例及び略語は次のとおりです。

　　民法1046条2項1号＝民1046②一

家事	家事事件手続法	民	民法
家事規	家事事件手続規則	改正民	平成30年法律72号 改正後の民法
旧家審	〔旧〕家事審判法		
旧家審規	〔旧〕家事審判規則		
相税	相続税法		

＜判例の表記＞

　根拠となる判例の略記例及び出典の略称は次のとおりです。

　　大阪家庭裁判所平成19年2月26日審判、家庭裁判所月報59巻8号47頁
　　＝大阪家審平19・2・26家月59・8・47

家月	家庭裁判所月報	東高民報	東京高等裁判所判決時報(民事)
民集	最高裁判所（大審院）民事判例集	判時	判例時報
		判タ	判例タイムズ

＜参考文献の表記＞

　参考文献の略称は次のとおりです。

民商	「民商法雑誌」（有斐閣）

目　　次

第1章　特別受益・寄与分の概要

第1　特別受益・寄与分と具体的相続分　　　　　　　ページ

1　みなし相続財産と具体的相続分…………………………………………3

2　具体的相続分確定の流れ…………………………………………………3

　(1)　相続開始時に現存する相続財産総額（積極財産の価額）
　　　の確定………………………………………………………………………3

　(2)　「みなし相続財産」の算定……………………………………………3

　(3)　共同相続人各人の具体的相続分の算定………………………………3

　(4)　遺産分割時の評価額と具体的相続分…………………………………4

3　具体的相続分の法的性質…………………………………………………4

第2　特別受益

1　特別受益制度の趣旨………………………………………………………4

2　特別受益者…………………………………………………………………4

　(1)　代襲相続人………………………………………………………………5

　(2)　被代襲者…………………………………………………………………5

　(3)　再転相続人………………………………………………………………5

　(4)　相続人の配偶者・子……………………………………………………5

　(5)　受贈後に推定相続人となった者………………………………………5

　(6)　包括受遺者………………………………………………………………5

3　特別受益の範囲……………………………………………………………6

　(1)　遺　　贈…………………………………………………………………6

　(2)　生前贈与…………………………………………………………………6

4　特別受益が認められる場合の具体的相続分……………………………8

　(1)　特別受益の評価…………………………………………………………8

　(2)　具体的相続分の算定例…………………………………………………9

5	持戻免除の意思表示	9
6	特別受益確定の手続	10
7	改正相続法（持戻免除の意思表示の推定規定の創設）	10

第3　寄与分

1	寄与分制度の趣旨	11
2	寄与分権者	11
	(1)　代襲相続人	11
	(2)　包括受遺者	11
	(3)　相続人の配偶者等の相続人以外の者	11
3	寄与分の要件	12
	(1)　特別の寄与	12
	(2)　相続人の寄与行為によって被相続人の財産が維持・増加したこと	12
4	寄与行為	12
	(1)　家業従事型	12
	(2)　療養看護型	12
	(3)　金銭等の出資	13
	(4)　扶　養	13
	(5)　財産の維持・管理	13
	(6)　相続放棄	13
5	寄与分が認められる場合の具体的相続分	14
	(1)　寄与分の評価	14
	(2)　具体的相続分の算定例	14
6	寄与分を定める手続	14
	(1)　協　議	14
	(2)　調停・審判	14
7	改正相続法（特別の寄与の制度の創設）	15

第2章　特別受益をめぐる事例

第1　特別受益者

1 被相続人から被代襲者が受けた生前贈与は、代襲者が被代襲者を通して、生前贈与により現実に経済的利益を受けている限度で特別受益に該当するとした事例……………………………………………………19

2 代襲相続人について、特別受益の持戻しを行うのは、代襲相続人が代襲により推定相続人となった後に被相続人から直接特別な利益を得た場合に限るとした事例…………………………………………………22

3 相続人が被相続人から生活の資本として贈与を受けたとすれば、それを特別受益として民法903条1項の規定に従って算定した額が相続人の相続分になるとした上で、再転相続人は、相続人の有していた財産を相続するのであるから、被相続人に対する相続分についても、現に相続人が有していた相続分（すなわち特別受益を控除した具体的相続分）を承継するものといわざるを得ないとして、相続人の特別受益を考慮しなかった原審判を変更した事例……………………………25

4 相続が開始して遺産分割が終わらないうちに第2の相続が開始した場合（再転相続の場合）には、第2の被相続人から特別受益を受けた者があるときは、その持戻しをしなければならないとした事例………………29

5 土地所有権を被相続人から生前取得した者が、その後被相続人の養子になった場合につき、民法903条が共同相続人間の遺産分割に関する公平の理念に立脚していること及び事案の経緯に照らし、土地所有権取得が特別受益になるとした事例…………………………………34

6 相続人の配偶者に対する贈与が、実質的には相続人に直接贈与されたのと異ならないとして、相続人の特別受益に当たるとした事例………………39

7 相続人の子が、被相続人から生計の資本としての贈与を受けた場合に、それが相続人の子に対する扶養義務懈怠に起因するときは、実質的には相続人が贈与を受けたのと変わりはないとして、相続人の特別受益に該当するとした事例……………………………………………42

第2　特別受益の範囲

1　婚姻又は養子縁組のための贈与

（1）　婚姻・縁組の支度、持参金

8 婚姻支度品の贈与につき特別受益を認めなかった事例……………………………46

9 婚姻支度の特別受益を認めた事例………………………………………………49

|10| 婚姻支度の特別受益を認めなかった事例……………………………… 52

|11| 婚姻のための費用及び教育費の特別受益を認めた事例………………… 55

（2） 結納金、挙式費用

|12| 結納の式典そのものに生じた費用について特別受益を否定した事例………… 58

|13| 挙式費用等の特別受益を認めなかった事例……………………………… 60

2　生計の資本としての贈与

（1）　高等教育のための学資

|14| 定時制高校の学費の出費は「生計の資本として」の贈与には当たら
ないとされた事例…………………………………………………………… 63

|15| 相続人全員が大学教育を受けている等の事情において相続人の一人
が卒業した歯科大学の学費は「生計の資本として」の贈与には当たら
ないとされた事例…………………………………………………………… 65

|16| 大学卒業までの高等教育に関する学費等として合計1765万円が特別
受益に当たるとの主張が認められなかった事例………………………… 68

|17| 医学部学費が生計の資本としての贈与に当たらないとされた事例………… 71

|18| 自ら進学の機会を放棄した相続人による他の相続人の高等教育のた
めの学費が特別受益に当たるとの主張を否定した事例………………… 74

|19| 歯学部進学に伴う学費、下宿費等については扶養の一部と見るのが
相当であるとして、特別受益に当たらないとされた事例……………… 76

（2）　生命保険等

|20| かんぽ生命保険金について民法903条の類推適用を認めなかった事
例……………………………………………………………………………… 78

|21| 死亡保険金について民法903条の類推適用を認めなかった事例………… 81

|22| 死亡保険金について特別受益に準ずるとし、被相続人から引き継い
だ保険契約の解約返戻金について特別受益を認めた事例……………… 84

|23| 死亡保険金等について特別受益に準ずるとし、生命保険契約の引継
ぎを特別受益とした事例………………………………………………… 88

|24| 生命保険金の受領について民法903条の類推適用を否定した事例……… 92

|25| 生命保険金について特別受益に準ずるとした上で保険金額修正説に
よって持戻額を算定した事例…………………………………………… 95

（3）　死亡退職金・遺族年金等

26　死亡退職金の特別受益を認めなかった事例……………………………98

27　弔慰金を特別受益と認めた事例……………………………………………100

28　退職金・役員功労金等の特別受益を認めた事例………………………103

29　死亡退職金等の特別受益を否定した事例………………………………106

30　死亡退職手当、遺族年金の特別受益を認めなかった事例………………110

31　死亡退職金及び生命保険金の特別受益を認めた事例…………………113

32　死亡弔慰金の特別受益を認めた事例……………………………………115

33　遺族年金を遺産・特別受益と認めなかった事例………………………117

34　退職金年金を相続財産あるいは特別受益と認めた事例………………120

（4）　遺産不動産の無償使用

35　遺留分減殺請求事件において、請求権者が遺産である土地上に建物
を所有し無償で使用している場合の特別受益の有無及び評価について
判断した事例…………………………………………………………………123

36　相続人が被相続人所有の建物、車庫、土地の一部を無償使用してい
た場合にいずれも特別受益を否定した事例………………………………126

37　被相続人が原告ら及び被告に対してそれぞれ所有物件を無償使用さ
せていた場合に、当事者間の公平に欠けることはなかったとして特別
受益を認めなかった事例……………………………………………………129

38　建物の一部を無償使用していた場合に、同居し生活の面倒を見てい
たことから相続の前渡しと評価することはできないとして、生計の資
本としての贈与を否定した事例……………………………………………132

39　土地建物の無償使用、宝石、現金等の贈与に対する特別受益及びそ
の評価について判断した事例………………………………………………134

40　土地の無償使用について使用借権相当額の特別受益を認め、その価
額を土地評価額の20％相当額とした事例…………………………………139

41　土地・建物の無償使用、現金の贈与、生活費の援助等が各相続人に
対してあった場合において、資産が大きいことやそれぞれに対して相
応の金員の交付があったことなどから特に生計の資本として行われた
ものではないと判断し特別受益を否定した事例…………………………141

42　被相続人所有の建物を無償使用していた場合に親子間の通常の使用
貸借を超えるものではないとして特別受益を否定した事例……………145

43 被相続人所有の建物に無償で居住していた場合において、被相続人の居住建物と別であることや好立地で床面積も広いことなどを考慮して恩恵的要素を重視するのは相当でなく生計の資本としての贈与に当たると判断し特別受益を認めた事例……………………………148

　　(5)　その他

44 遺産分割事件において、被相続人から二男に対する借地権の譲渡を、生計の資本たる贈与としての特別受益と認めた上で、その持戻免除の意思表示を否定し、また、長男の妻子による被相続人の介助行為（療養看護）を相続人の履行補助者的立場にある者の無償の寄与行為として長男に170万円の寄与分を認めた事例……………………………150

45 遺産分割事件において、被相続人の財産の維持増加に特別の寄与をした相続人につき、その寄与の度合いと生前贈与を受けた額とを合せて検討することで寄与分（長男0円、二男200万円、婚外子1200万円）を定め、他方、被相続人がその長女の夫の身元保証人として保証債務を履行し、同夫に対する求償債権の免除をしたことは、長女に対する生計の資本としての贈与による特別受益であると認めた事例……………157

46 相続人の一人会社が受けた貸付け・出資について特別受益を認めた事例……………………………161

47 海外で生活する妻に対する送金の一部が生前贈与として特別受益に該当するとされた事例……………………………165

48 被相続人が相続人の一人に生前贈与した土地について遺産の前渡しと評価できるとして特別受益に該当するとされた事例……………………………168

49 相続人の一人が被相続人と同居していた事案において建物部分の賃料相当額と実際に相続人が被相続人に支払っていた賃料との差額について同相続人の特別受益には当たらないとされた事例……………………………171

50 被相続人が、宅地を買い受け、同地上に建物を建築するに際して資金の一部を長女から借り受け、その一部の弁済ができなかったため、長女に対し上記宅地の売主から中間省略による所有権移転登記手続をした事案につき、債務額と上記宅地の価額との差額が著しいことから、同土地の譲渡は代物弁済と贈与の併存した行為であるとし、贈与については特別受益に該当するとされた事例……………………………174

51 被相続人は相続人中の一人に生前贈与をしているが、上記贈与は被相続人の農業経営の維持に協力した受贈者の労に報いるための贈与であることが認められるので、上記譲渡は生計の資本としての贈与とは認められないとした事例……………………………177

52 永年にわたって被相続人とともに農業に従事し、主たる働き手として実質上一家の柱となって相続財産の維持及び増加に寄与し、一家の収益を挙げる主たる力となった相続人の労に報いるための生前贈与は、民法903条にいう持戻財産ではないとした事例……………………… 180

53 被相続人と養子縁組後、被相続人らと同居し農業後継者として家業に専念してきた申立人に対してなされた贈与を、被相続人の財産の維持形成についての申立人の寄与及び被相続人らの扶養等に対する報酬ないしは対価的な意味においてなされたものと認め、これを民法903条1項の特別受益として考慮すべきではないとした事例……………………… 183

第3 持戻免除

54 遺産分割事件において、長男の復員に伴い実家を出た二男に対する土地建物の購入資金の生前贈与による特別受益につき、黙示による持戻免除の意思表示を認め、また、家業である農業を手伝った長男の妻子に農地の維持による寄与分（遺産総額の20％）を認めた事例………………… 186

55 台湾国籍の被相続人の遺産分割事件において、配偶者と血族を区別しないで一律に相続分を定める中華民国民法は日本の公序良俗に反しないとしてこれを準拠法と認め、また、当事者からの寄与分の主張はいずれも認めず、さらに、結婚分居（分家）又は営業による贈与の持戻しを定める同法1173条（特別受益の相続分）の適用を受ける生前贈与等について、いずれも黙示による持戻免除の意思表示を認定した上で、結局、法定相続分に従った遺産の分割を命じた事例………………… 190

56 遺産分割事件の抗告審において、妻に対する不動産共有持分の生前贈与による特別受益の持戻しをし、かつ、妻の寄与分（遺産総額の50％）を認めた原審判の判断を取り消し、妻に対する上記特別受益について持戻免除の黙示の意思表示を認めると共に、生前贈与を超える寄与があったとはいえないとして妻の寄与分を否定した事例………………… 195

57 遺留分減殺事件において、原告が自宅マンションの購入資金の贈与を受けたこと、被告が土地を無償使用していたことについて、いずれも黙示による持戻免除の意思表示があったことを理由に、遺留分算定の基礎財産として算入しなかった事例………………… 199

58 遺産分割事件の抗告審において、被相続人の子4名のうちの1名のみに対する不動産の遺贈による特別受益（遺産の額の約4割に相当）につき、黙示による持戻免除の意思表示を否定した原審の判断を維持した事例………………… 202

59 遺留分減殺事件において、原告の土地の無償使用による特別受益について、黙示による持戻免除の意思表示を認めて、これを遺留分算定の基礎財産に算入しなかった事例………………… 205

60 遺産分割事件の抗告審において、被相続人の相続人3名（妻、長女、二女）に対する株式の生前贈与による特別受益については、すべて黙示による持戻免除の意思表示を認めたが、他方、妻及び長女に対する不動産の生前贈与については、いずれも特別受益と認めた上で、そのうち妻の特別受益は持戻免除の意思表示を認めず、独立生活を営むのが困難な心身の状況にあった長女の特別受益に限って黙示による持戻免除の意思表示を認めた事例⋯⋯⋯⋯⋯⋯⋯⋯⋯⋯⋯⋯⋯⋯⋯⋯⋯⋯⋯⋯⋯⋯ 210

61 遺産分割事件において、土地の無償使用による長男の特別受益（遺産総額の10%）、学費、挙式費用、土地購入資金、建物建築資金の贈与による長女の特別受益につき、それぞれ黙示による持戻免除の意思表示を認めた事例⋯⋯⋯⋯⋯⋯⋯⋯⋯⋯⋯⋯⋯⋯⋯⋯⋯⋯⋯⋯⋯⋯⋯⋯⋯⋯⋯⋯⋯⋯⋯⋯ 214

第3章　寄与分をめぐる事例

第1　相続人以外の者の寄与行為

62 被代襲者の寄与に基づき代襲相続人に寄与分を認めることも、相続人の寄与と同視できる場合には、相続人の寄与分として考慮することも許されるとした事例⋯⋯⋯⋯⋯⋯⋯⋯⋯⋯⋯⋯⋯⋯⋯⋯⋯⋯⋯⋯⋯⋯⋯⋯ 219

63 相続人の妻の行った献身的看護につき、相続人の補助者又は代行者として遺産の維持に特別の寄与がなされたものであると認め、これを相続人の寄与分とした上で、遺産総額や療養看護の期間等の事情を総合的に考慮して裁量的に寄与分額を評価した事例⋯⋯⋯⋯⋯⋯⋯⋯⋯⋯⋯ 222

64 相続人の妻による履行補助者としての療養看護及び相続人自身の金銭援助を相続財産の維持増加に対する寄与と評価し、その程度をそれぞれ金銭に換算して合計400万円の寄与分を認めた事例⋯⋯⋯⋯⋯⋯⋯⋯⋯ 226

第2　寄与分行為

1　特別の寄与

65 被相続人の配偶者が、遺産の形成につき、夫婦の協力義務に基づく一般的な寄与をしたとしても、法定の相続分以上の遺産を取得させることはできないとした事例⋯⋯⋯⋯⋯⋯⋯⋯⋯⋯⋯⋯⋯⋯⋯⋯⋯⋯⋯⋯⋯ 230

66 配偶者が被相続人の生活費負担をしたことは通常の扶助義務の範囲内にとどまるとして、配偶者の寄与分を否定した事例⋯⋯⋯⋯⋯⋯⋯⋯ 234

2 寄与行為の類型

(1) 家事・家業従事

67 被相続人の家業である農業に従事したことを理由とする寄与分を遺産総額の30％と定めた原審判を変更し、農業に従事したこと以外の寄与を認めることができないことも考慮して、農地のみの評価額の30％と定めた事例……………237

68 7年間家業に従事してきた相続人の貢献に対しては、報いる措置が講じられていると評価し、相続人の寄与分を認めなかった事例……………241

69 親である被相続人が営んでいた営業を実質上その子夫婦に承継して経営させたことを組合契約と認め、被相続人死亡により清算が必要になったとして、子夫婦の出資に対応する組合財産3分の2の取得分については、財産形成の「寄与分」として遺産から除外し、親の取得分のみを遺産として取り扱うべきものとした事例……………243

70 配偶者及び直系卑属が通常の協力扶助・相互扶助の程度を超えて相続財産の維持・増加に寄与したとして、遺産分割に際し寄与分の清算を認めた事例……………247

71 老齢の被相続人と養子縁組し、被相続人に代わり家族経営の支柱となって努力した相続人につき、同人が遺産分割に先立つ一部分割協議において遺産の一部を単独取得し、被相続人と同一生計のもとに収益の中から自己及び家族の生活費を支弁してきたこと等を考慮し、寄与分として20％をもって相当とした事例……………250

72 相続開始後に遺産から生じた果実は本来遺産には属さないが、当事者にこれを遺産分割の中で清算することに異論がなく、相続開始後既に数10年を経て別途訴訟により解決すべきとすると、紛争の全体的解決が得られず、相続人間の公平が実現されない可能性が極めて強いとして、果実を遺産と併せて清算することが相当であるとした事例……………254

73 寄与分を定める処分申立事件において、相続人それぞれにつき、被相続人と共に養豚業に従事してきた程度を考慮して、寄与分の有無、額を判断した事例……………258

74 家業に従事して被相続人の資産の増加に貢献した相続人が、被相続人から小遣い程度をもらっていたにすぎない場合には寄与分を認めるのが相当であるとして、寄与分を認めなかった原審判を取り消し、差し戻した事例……………263

75 被相続人の農業後継者として家業に従事した被代襲者の寄与分を代襲者が主張できるとした事例……………267

76 寄与分と遺留分の関係－農家の遺産の維持に貢献した相続人の寄与
分を大きく評価した原審判が他の相続人の遺留分との関係で違法とさ
れた事例……………………………………………………………………… 270

77 被相続人の家業である薬局経営に無報酬又はこれに近い状態で従事
したとはいえないが、薬局を会社組織にし、店舗を新築するなどして
経営規模を拡大した相続人に対し、3000万円の寄与分を認めた事例………… 273

78 被相続人の家業従事、家事労働、扶養、療養看護の各態様ごとに寄
与分を算定した上、これらを合算して寄与分を認めた事例………………… 276

79 被相続人への生活費援助に加え、被相続人に無償で住居に居住させ
光熱費等も負担した子に寄与分20％を認めた事例………………………… 279

80 家業専従の代襲相続人につき50％の寄与分を認めた事例………………… 282

81 家業である農業に長年にわたり無償で従事し被相続人の介護を務め
た相続人には寄与分を認める一方、原審の調査を拒否し審問に不出頭
であった他方相続人の抗告審における寄与分を定める審判申立てを却
下した事例……………………………………………………………………… 285

82 具体的相続分を超過する特別受益がある場合について超過部分を寄
与分から差し引くべきではないとした事例………………………………… 291

83 被相続人が経営する簡易郵便局の事業に従事したこと等を理由とす
る寄与分の申立てを却下した事例…………………………………………… 295

(2) 療養看護

84 重度の認知症の被相続人を10年間にわたり看護してきた相続人に寄
与分を認めた事例……………………………………………………………… 299

85 遺産分割の審判事件が抗告審に係属中、抗告人及び相手方の一人か
ら高等裁判所になされた寄与分を定める審判の申立てを適法とし、さ
らに相手方の一人については、被相続人（母）に対する寄与は、祖父
の遺産の代襲相続に際して他の共同相続人より多額の取得をしたこと
により十分に報いられているとして、申立てを却下した事例…………… 303

86 被相続人の農業の手伝い、療養看護及び遺産不動産の取得維持のた
めの費用支出を理由とする寄与分を遺産総額の30％と定めた原審を変
更し、遺産総額の15％と定めた事例………………………………………… 307

87 介護を理由とする寄与分を認める一方で資産運用による遺産増加を
理由とする寄与分を否定した事例…………………………………………… 311

88 認知症の看護（常時見守り）につき寄与分を認めた事例………………… 317

(3) 金銭等の出資

89 被相続人の子である抗告人が、被相続人に対する身上監護、実家土地等の取得費用の負担、及び被相続人死亡後の相続債務の返済を理由に寄与分を定める申立てをしたところ、原審で寄与分に係る申立てを却下されて抗告した事案において、身上監護及び相続債務の弁済については寄与の事情として認めなかったものの、実家土地等の取得費用の負担については、抗告人あるいは抗告人の配偶者の資産を原資にローン返済されたと推認されるとして、原審判を変更し抗告人の寄与分を定めた上で遺産分割した事例······321

90 被相続人が創業した株式会社は、実質は個人企業に近く被相続人とは経済的にきわめて密着した関係にあったもので、会社への援助と被相続人の資産の確保との間に明確な関連性がある場合には、被相続人に対する寄与と認める余地があるとして、経営危機にあった会社へ資金提供をした相続人の寄与分を否定した原審判を取り消し、20％の寄与分を認めた事例······326

(4) 被相続人の扶養

91 遺産分割のための寄与分を定める処分の申立てをした事案において、本来は子ら全員で親である被相続人を扶養すべきところを申立人が全面的に引き受け、そのため被相続人は自己の財産を消費しないで遺産として残せたのであるから、申立人にはその本来的義務を超えて負担したものとみなされる部分に対応する寄与の効果を認めるのが相当であるとして寄与分を認めた事例······331

92 特別受益を受け持戻免除がされている相続人につき具体的相続分算定に当たり斟酌すべき寄与分の存在を肯定すべき場合及びその限度を判断した事例······335

(5) 財産の維持・管理

93 被相続人所有の不動産の売却に当たり売却価格の増加に対する特別の寄与を認めた事例······338

94 証拠の収集に奔走し、控訴審で逆転勝訴を得た行為に寄与分を認めた事例······341

(6) その他

95 相続開始後、共同相続人の1人が被相続人の家業を事実上単独で承継し遺産の主要部分を営業のために使用していた場合において、遺産の維持管理による寄与分を遺産から控除することが認められなかった事例······345

96 相続人が相続開始後に相続財産を維持し又は増加させたことに対する貢献は、遺産の分割をするに当たり、いわゆる寄与分として評価すべきものではないとした事例……………………………………349

97 夫婦が居住していた不動産の購入資金の大半を相続人である妻が提供していた場合に、相続時の不動産の価値に購入資金提供の割合を乗じた部分について寄与と認めた事例……………………………………353

98 配偶者による金銭出資を理由に3分の1の寄与分を認めた事例……………356

判例年次索引………………………………………………………359

第 1 章
特別受益・寄与分の概要

2

第1 特別受益・寄与分と具体的相続分

1 みなし相続財産と具体的相続分

共同相続人各人が遺産分割の結果取得することになる具体的な相続分額は、通常、相続開始時に現存する相続財産の総額に各相続人の指定若しくは法定相続分を乗じて算定される。しかし、共同相続人中に、被相続人から生前贈与を受けるなどの利益を受けている者がいる場合、あるいは、被相続人の財産の維持・増加に特別の寄与をした者がいる場合には、衡平の見地から、受益額や寄与分を考慮した「みなし相続財産」を基にそれぞれの相続分を算定する。すなわち、「みなし相続財産」の額に各相続人の指定若しくは法定相続分を乗じてそれぞれの相続分（一応の相続分）を算出し、特別受益者については、この一応の相続分から遺贈ないし贈与の額を控除し、寄与分を受けた者については、一応の相続分に寄与分額を加えて具体的相続分とすることになる。

2 具体的相続分確定の流れ

具体的相続分確定の流れをまとめると以下のようになる。

（1） 相続開始時に現存する相続財産総額（積極財産の価額）の確定

相続開始の時点における評価額を合算した額が相続財産総額となる。消極財産は考慮されない。

（2） 「みなし相続財産」の算定

特別受益及び寄与分が認められる場合の「みなし相続財産」の算定は以下のア、イのとおりであるが、共同相続人中に特別受益者と寄与をした者がいる場合には、特別受益と寄与分の間に優劣がない（共に衡平の見地から認められる遺産分割における調整のための制度と考えられる。）ため、アとイの算定を同時に行う。

ア 共同相続人中に特別受益がある者がいる場合は、上記(1)に相続人が受けた贈与額を加算（持戻し）する（民903①）。なお、遺贈は、相続開始時に存在する財産の中からされるものであるため、持ち戻すことはしない（民903①）。

イ 共同相続人中に寄与分がある者がいる場合は、上記(1)から寄与分の額を控除する（民904の2①）。

（3） 共同相続人各人の具体的相続分の算定

上記(2)によって算定された「みなし相続財産」に共同相続人各人の指定若しくは法定相続分を乗じて一応の相続分を算定し、特別受益者については、その算定結果から遺贈又は贈与の価額を控除し、寄与分がある者については、寄与分額を

加算することによって、具体的相続分が確定する。

（4）　遺産分割時の評価額と具体的相続分

　上記(3)で確定した各共同相続人の具体的相続分の合計額中に占める各人の具体的相続分の割合をもって、具体的相続分を遺産分割時の評価額に引き直すことにより各共同相続人の最終的な取得分が確定する。

3　具体的相続分の法的性質

　具体的相続分の法的性質について、判例は、「遺産分割手続における分配の前提となるべき計算上の価額又はその価額の遺産の総額に対する割合を意味するものであって、それ自体を実体法上の権利関係であるということはでき」ないとしており、「共同相続人間において具体的相続分についてその価額又は割合の確認を求める訴えは、確認の利益を欠くものとして不適法と解すべきである。」としている（最判平12・2・24民集54・2・523）。

第2　特別受益

1　特別受益制度の趣旨

　被相続人から生前贈与を受け、あるいは遺贈を受けた相続人がいる場合、遺産分割の結果中にそのことが考慮されないとすれば、共同相続人間の衡平が保たれない。そこで、民法903条は、共同相続人間の衡平の見地から、利益を受けた者の受益額を遺産に持ち戻した上で（上記のとおり、持戻しを要する受益は生前贈与のみである。遺贈は、相続財産からなされるものであり、持戻しを要しない。）各相続人の相続分を算定し、生前贈与又は遺贈を受けた者については、贈与額又は遺贈額を控除して具体的相続分とすることとしている（民903①）。なお、受益額が相続分額と同じ、若しくはこれを超える場合には、受益者は相続分を受けることができない（民903②）。

　民法903条1項は、持戻しによって共同相続人間の衡平を図ることが被相続人の通常の意思に合致するとの考えが前提となった規定であり、被相続人がこれと異なる意思を表示したときは、その意思が尊重される（民903③）。

2　特別受益者

　特別受益者として受益を持ち戻すことを要するのは共同相続人に限定される（民903①）が、これについては、いくつかの問題点がある。

第1章　特別受益・寄与分の概要

(1)　代襲相続人

代襲相続人が代襲原因の発生後に受益した場合は、持戻しの対象となる。代襲原因発生前の受益については、これを持戻しの対象とするべきか否かについて争いがある。通説は、代襲原因発生前の受益は、持戻しの対象とならないとする（事例2参照）が、相続開始時に共同相続人である限り、受益の時期に関係なく受益を持ち戻すべきとの見解もある。

(2)　被代襲者

被代襲者の特別受益について、代襲相続人がこれを持ち戻すべきかどうかが問題とされる。積極、消極両説があるが、実務は積極説に立つものと思われる（折衷的な見解を取る例として、事例1参照）。

(3)　再転相続人

再転相続人は、相続人が有していた相続分を承継する者であるから、相続人が被相続人から受けた特別受益を持ち戻す必要がある（事例3参照）。

なお、再転相続人が相続人からの特別受益を持ち戻す必要があるかについて、実務は積極的に解している（事例4参照）。

(4)　相続人の配偶者・子

相続人の配偶者や子は、「共同相続人」ではないため、これらの者に対する被相続人の贈与が持戻しの対象とならないことは当然である。しかし、実質が相続人に対する贈与と認められるような事情がある場合、その相続人は持戻しをすべきである（事例6、7参照）。

(5)　受贈後に推定相続人となった者

受贈時に推定相続人ではなかった者が後にその地位を有するに至った場合（被相続人が財産を贈与した相手を後に配偶者（養子）とした場合等）、その者が特別受益として持戻しをすべきかについては、全てを持戻しの対象とすべきとする積極説と贈与と婚姻や縁組との間の牽連関係に注目する説が対立している（事例5参照）。

(6)　包括受遺者

包括受遺者は、相続人と同一の権利義務を有するとされる（民990）ため、持戻しをすべきか否かについて問題となる。民法990条の規定を根拠として、持戻義務を認める説と、包括受遺者が共同相続人である場合は持戻義務を認め、共同相続人以外の者である場合は持戻義務を否定する説が対立している。

3 特別受益の範囲

特別受益とされる対象は、遺贈又は婚姻若しくは養子縁組のため若しくは生計の資本としての贈与である（民903①）。

(1) 遺　贈

遺贈は、その目的に関係なく全てが特別受益として持戻しの対象となる（ただし、相続開始時に現存する相続財産額に加算する必要がないことは前述のとおりである。）。なお、「相続させる」旨の遺言について、判例は、特段の事情がない限り遺贈と解すべきではなく、遺産分割方法の指定とみるべきであり、対象となった財産は、何らの行為を要せずして、被相続人の死亡と同時に当該相続人に相続により承継されると解している（最判平3・4・19民集45・4・477）。この「相続させる」旨の遺言によって相続人に帰属する遺産について、実務では、特別受益と解している。したがって、「相続させる」旨の遺言によって相続人が遺産を取得すると、遺贈の場合と同様の算定によって具体的相続分が確定されることになる。

(2) 生前贈与

遺産の前渡しといえる程度の贈与であるかが判断のポイントとなる。

ア　婚姻又は養子縁組のための贈与

婚姻や縁組の際に、いわゆる持参金、支度金等として贈与されたものが、遺産総額との関係で遺産の前渡しと認められる程度の価額である場合、特別受益とされる。結納金や挙式費用は、一般的には特別受益に該当しないとされることが多い（事例❽～⓭参照）。

イ　その他生計の資本としての贈与

生計の資本としての贈与とは、「生計の基礎として役立つような財産上の給付」と解されており、一般に、贈与の動機、遺産総額と贈与額及びその対比等の事情を総合的に考慮してこれに該当するかどうかの判断がされる。心身の状況により稼働困難な相続人に対する生活費援助や、新築や入学の祝金等は、上記の趣旨から特別受益に該当しないといえる。

①　高等教育のための学資

高等教育の費用は、教育の結果が将来の生活基盤として大きな意味を持つことを考えると、生計の資本としての贈与に該当するともいえる。しかし、高等学校教育が義務教育と同等に考えられる日本の教育水準を前提とすると、被相続人の社会的地位や資産状況からみて、親の子に対する扶養義務の範囲内といえる程度の学費等の負担であれば、特別受益に該当する贈与とは

いえないことになり、結局、親の扶養義務の範囲を超える程度の学費等の負担のみが特別受益に該当する。また、高額な学費負担であっても、相続人全員が同等の教育を受け、同程度の学費等の援助を受けている場合には、特別受益として考慮されない（事例14〜19参照）。

② 生命保険等

実務上しばしば問題となる生命保険金請求権は、受取人固有の権利と考えられ、相続財産の範囲に含まれない。しかし、これを相続人が取得した場合、特別受益として考慮すべきかどうかが問題となる。判例は、「保険金受取人である相続人とその他の共同相続人との間に生ずる不公平が民法903条の趣旨に照らし到底是認することができないほどに著しいものであると評価すべき特段の事情が存する場合には、同条の類推適用により、当該死亡保険金請求権は特別受益に準じて持戻しの対象となると解するのが相当である。」（最決平16・10・29民集58・7・1979）としている（事例20〜25参照）。

なお、死亡保険金請求権を特別受益に該当するとした場合、その価額をどのように考えるかは問題である。特別受益額を、被相続人の支払った保険料とする説、相続人が受領した保険金額とする説、相続人が一部負担した保険料を考慮する説等が対立している（事例25参照）。

③ 死亡退職金等

死亡退職金等の遺族給付について特別受益が問題とされる場合があるが、これらは、一般に受給権者の生活保障を目的とする給付であることから、特別受益に該当すると解すべきではないと考えられている。しかし、肯定例もある（事例26〜34参照）。

④ 遺産不動産の無償使用

被相続人の了解の下、相続人が遺産である土地上に建物を建築して同土地を無償使用している場合、遺産の評価の際に、使用借権の負担があるものとして評価されるため、更地評価から1〜3割程度減価されることになる。このような場合、使用借権を特別受益と考えるべきかは問題である。実務では、使用借権の負担付土地として減価評価した上で、使用借権相当額を持ち戻す（土地の無償使用を特別受益とする。）考え方（二段評価をすることにより、結局更地評価となる。）が多く採用されているようであるが、他の評価方法による例も少なくない（事例35、39、40参照）。また、土地の無償使用について、地代相当額が特別受益に当たるとする見解もあるが、地代相当額は、使用借

権と異なり遺産そのものの価額と関係がなく、遺産の前渡しと評価すること
はできないため、特別受益とはならないとするのが実務である（事例38参照）。

　建物の無償使用についても、相続人に独立の占有権原が認められる場合は
特別受益が問題となる。建物使用借権は、一般的に被相続人が持戻しを予定
していない恩恵的要素が強い受益と考えられており、特別受益とされる例は
少ない（事例37、41、42参照）。しかし、恩恵的要素を超える事情があるとして
肯定した例もある（事例43参照）。

⑤　借地権

　相続人が被相続人の所有地に借地権を設定している場合、相当の対価が支
払われていなければ、「贈与と同視することができる」ため、特別受益となる。

　また、被相続人が借地権を相続人に譲渡した場合も、相当の対価の支払が
認められない限り、特別受益になると考えられる（事例44参照）。

　なお、相続開始前に、被相続人が借地権を有している土地を、相続人が地
主から底地価格で購入した場合については、諸般の事情から相続開始時に被
相続人の借地権が残存していると評価できるのであれば、借地権が遺産分割
の対象となり、特別受益の問題は生じない。しかし、借地権が残存していな
いと評価されるときは、実質上、被相続人から借地権の贈与を受けたことに
なり、借地権相当額の特別受益が認められることになる。

4　特別受益が認められる場合の具体的相続分

（1）　特別受益の評価

　生前贈与が特別受益に該当すると判断される場合、その価額を相続開始時の相
続財産額に加算して「みなし相続財産」を算定する。そのため、特別受益につい
ては、相続開始時の評価が必要となる。金銭の贈与がされた場合は、贈与時の金
額に貨幣価値の変動を考慮して相続開始時の金額を算定する。また、金銭以外の
物が生前贈与の対象とされた場合は、貨幣価値の変動を考慮せず、相続開始時の
価額による。なお、受贈者の行為によって贈与の対象財産が滅失したり価額に増
減があった場合は、相続開始時になお原状のままで存在するものとして相続開始
時の評価額を基準に「みなし相続財産」の算定をする。滅失や価額の増減が受贈
者の行為に起因しないときは、滅失の場合は特別受益がないものとし、価額の増
減の場合は価額変動後の財産の相続開始時の評価額を基準とする。

第1章　特別受益・寄与分の概要　9

(2)　具体的相続分の算定例

被相続人：A

相続人：妻B、子C・D

遺産評価額：5000万円（消極財産は考慮されない。）

生前贈与：C700万円、D300万円

【みなし相続財産】

5000万円＋700万円＋300万円＝6000万円

【一応の相続分】

妻B：6000万円×2分の1＝3000万円

子C：6000万円×4分の1＝1500万円

子D：6000万円×4分の1＝1500万円

【具体的相続分】

妻B：3000万円

子C：1500万円－700万円＝800万円

子D：1500万円－300万円＝1200万円

5　持戻免除の意思表示

民法903条3項は、被相続人の持戻免除の意思表示について規定する。被相続人が特別受益の持戻しを明示若しくは黙示に否定することにより、上記4(2)のような持戻計算は必要がなくなる。被相続人が特定の相続人に対して生前贈与や遺贈による利益を保持させようという意思を有する場合、これを尊重する趣旨の規定である。

実務上、被相続人の持戻免除の意思表示が問題となる多くの場合は、黙示の持戻免除の意思表示が認められるかどうかである。民法は、持戻免除の意思表示の方式等について規定を設けておらず、その時期、方式は被相続人の意思に任されている。したがって、明示、黙示を問わず、また贈与と異なる時期に行うことも可能である。黙示の持戻しの免除の意思表示の認定は、事案ごとに、贈与の動機、内容、額、被相続人と相続人の関係、相続人間の関係等の具体的事情を総合考慮して判断されることになる（事例54、56〜61、96参照）。なお、後記のとおり、改正相続法では、配偶者に対する贈与に関し、持戻免除の意思表示の推定規定が創設されている（民903④）。

遺贈について持戻免除の意思表示をする場合は、遺贈が要式行為であることから、遺言によって行う必要があるとする見解がある。実務は、遺贈について、黙示の持戻免除の意思表示を否定はしないものの、生前贈与に比べて被相続人のより明確な意思表示の存在を必要とする考え方をとっているものと思われる（事例58参照）。

6 特別受益確定の手続

判例は、特別受益に該当するか否かの判断について、「遺産分割申立事件、遺留分減殺請求に関する訴訟など具体的な相続分又は遺留分の確定を必要とする審判事件又は訴訟事件における前提問題として審理判断されるのであり、右のような事件を離れて、その点のみを別個独立に判決によって確定する必要もない」（最判平7・3・7民集49・3・893）として、特定の財産が特別受益財産であることの確認を求める訴えは、確認の利益を欠き、不適法であるとしている。

7 改正相続法（持戻免除の意思表示の推定規定の創設）

平成30年7月6日に成立し、同月13日に公布された「民法及び家事事件手続法の一部を改正する法律」（平成30年法律72号）は、原則として（配偶者の居住に関する権利に関する規定等の例外がある。）、令和元年7月1日に施行された。

特別受益に関連する改正として、配偶者に対する贈与に関し、持戻免除の意思表示の推定規定の創設（民903④）がある。これは、相続税法上、婚姻期間20年以上の夫婦間の居住用不動産等の贈与について特例が設けられている（相税21の6）ことと同様に、生存配偶者の生活保障の見地から、一定の要件を満たすことにより、被相続人の持戻免除の意思表示を推定するものである。

創設された民法903条4項は、「婚姻期間が20年以上の夫婦の一方である被相続人が、他の一方に対し、その居住の用に供する建物又はその敷地について遺贈又は贈与をしたときは、当該被相続人は、その遺贈又は贈与について第1項の規定を適用しない旨の意思を表示したものと推定する。」と規定する。

同項の趣旨は、長年婚姻関係にあった夫婦については、一方配偶者の資産形成に他方が貢献していることが通常であるため、生活の基盤となる居住用不動産の贈与等は、他方配偶者の貢献に報い、老後の生活保障のために行われることが多いとの考えを基本とするものである。

同項の創設により、持戻免除の意思表示が推定されるため、該当する遺贈又は贈与を特別受益として持戻計算する必要がなくなり、配偶者の具体的相続分が増加し、配偶者保護に資することになる。

なお、民法903条については、他に、同条3項に「その意思表示は、遺留分に関する規定に違反しない範囲内で、その効力を有する」とある部分が、改正法により削除された。

第1章　特別受益・寄与分の概要　　11

第3　寄与分
1　寄与分制度の趣旨
　共同相続人中に、被相続人の財産の維持又は増加に特別の寄与をした者がいるときは、遺産から寄与分を控除した上で各相続人の相続分を算定し、寄与をした者については、寄与分額を加えて具体的相続分とする（民904の2①）。寄与分は、特別受益制度と同様に、共同相続人間の衡平の見地からみとめられる相続分の修正要素である。

　寄与分の法的性質については、寄与をした相続人が相続財産上に有する利益と考える身分的財産権説と、寄与分を相続人間の衡平を図る事後的調整要素とみる調整説の対立がある。両説の違いは、寄与分を申し立てた相続人についてのみ貢献の有無程度を考慮するのか（身分的財産権説）、申し立てた相続人以外の相続人についても貢献の有無を検討し、その程度を比較衡量することによって、特別の寄与を判断するのか（調整説）にある。実務では、申立てをした相続人についてのみ寄与の有無を判断しているが、両説への配慮が前提となっているようである。

2　寄与分権者
　寄与分を受ける者は相続人に限定される（民904の2①）が、いくつかの問題点がある。
（1）　代襲相続人
　代襲相続人は、被代襲者の寄与行為について、寄与分を主張することができる（事例62、75、80参照）。また、代襲相続人は、代襲原因発生の前後を問わず、自身の寄与分を主張することもできる（事例80参照）。
（2）　包括受遺者
　包括受遺者は、相続人と同一の権利義務を有する（民990）が、「共同相続人」そのものではなく、寄与分を受けることはできない。なお、民法990条を根拠として寄与分を受けることができるとする見解もある。
（3）　相続人の配偶者等の相続人以外の者
　相続人以外の者が被相続人の財産の維持、増加に貢献している場合、実務では、この者に近い関係にある相続人の寄与とみる（相続人の寄与に包含する）ことにより、遺産分割の手続の中で紛争の一回的解決を図ってきた（事例62～64参照）。しかし、後記のとおり、改正相続法では、新たに特別寄与分の制度が創設され（民1050）、一定の要件の下に、寄与行為を行った者の権利として寄与分が認められることとなった。

3 寄与分の要件

(1) 特別の寄与

寄与分が認められるためには、相続人が被相続人との身分関係に基づき通常期待される程度を超えて、被相続人の財産の維持増加に貢献したこと、すなわち「特別の寄与」が必要である（事例65、66参照）。このように「特別の寄与」を寄与分の要件とする理由は、被相続人との関係から通常期待される程度の貢献は、相続分の中に評価されているため、相続分の修正要素と考える必要がない上、この程度の貢献を相続分の修正要素とみることは、相続分を極めて可変的なものとすることになって、権利関係の安定を著しく害するおそれがあるからとされている。

(2) 相続人の寄与行為によって被相続人の財産が維持・増加したこと

相続人の行為によって、被相続人の積極財産の増加、消極財産の減少、積極財産減少の阻止、消極財産増加の阻止がされることが必要である。なお、相続人の寄与によって被相続人の財産が増加しても、その後相続開始までの間に財産が失われれば寄与分の主張をすることはできない。

4 寄与行為

民法904条の2第1項は、寄与行為の例示として「被相続人の事業に関する労務の提供又は財産上の給付」と「被相続人の療養看護」を掲げた上で、その他の方法によるものも認めている。同項の趣旨を踏まえて判断されたこれまでの裁判例の集積によって、寄与行為は、いくつかの類型に分けられ、それぞれの類型に応じた算定方法が取られている。

(1) 家業従事型

被相続人が営む農業等の自営業に無報酬あるいは殆ど報酬を受けることなく従事してきた場合に認められる。実務上、主張されることが最も多い類型とされる。無報酬であることや一定期間家業に専従してきたことなどが、特別の寄与が認められるポイントとなる。また、寄与分の算定については、諸般の事情を総合考慮して裁量的に具体的金額あるいは遺産総額の一定割合を寄与分とする方法や、家業の種類、規模、収益のほか、寄与をした者の家業従事期間、作業内容・程度等を総合的に判断して給与相当額を算出した上で生活費相当額を控除する方法など、事例に応じた方法が取られている（事例67〜83参照）。

(2) 療養看護型

特段の報酬を得ることなく被相続人の療養看護に従事した場合に認められる。被相続人が一定期間療養看護を必要とする状況にあり、専従的に看護をしてきた

こと、介護の内容が夫婦間の協力扶助義務や親族間の扶養義務を超えるものであることなどが判断のポイントとなる。療養看護をしたことにより、被相続人が看護費用の出費を免れたことが必要であり（特別の寄与）、その結果、一般に、看護を職業とする者の日当額に看護日数と裁量割合を乗じた金額を寄与分とする計算方法が取られるが、他の類型の寄与分も併せて認められる場合には、その他の算定方法が取られることもある（事例81、84〜89、92参照）。

(3) 金銭等の出資

被相続人に対する財産上の給付が寄与となる場合である。被相続人の営む事業への出資、被相続人所有の不動産への出資（購入資金援助、抵当権実行を免れるための資金援助等）、施設入所費の援助などがその例である。継続性や専従性の有無が問題とならないため、比較的容易に寄与が認められ、算定についても裁量の余地が少ない類型といえよう（事例89、90参照）。

なお、共に稼働している夫婦それぞれの収入を原資として購入した遺産である不動産について、収入の比率等を基準として寄与を認めた例がある（事例97、98参照）。

(4) 扶 養

要扶養状態にある被相続人に対し、報酬を受けることなく継続的に扶養をした場合に認められるが、親族間に扶養義務が認められているため、これを明確に超える扶養料の支出があり、その結果被相続人の財産維持に貢献したと評価できることが必要であろう（事例91、92参照）。

(5) 財産の維持・管理

被相続人の財産管理に貢献した場合であり、管理行為に見合う報酬が支払われている場合は寄与に該当しない。また、当該財産について管理行為が必要な状態であったことが前提となる。賃貸不動産の管理に係る労務提供が典型的な例であるが、不動産の売却価格の増加に貢献した場合や、不動産に係る訴訟における証拠収集に尽力したことに特別の寄与を認めた例もある（事例93、94。なお、相続開始後、相続財産の維持・管理に貢献した相続人について寄与分を認めることはできない（事例95、96参照）。）。

(6) 相続放棄

相続放棄をすることによって、他の相続人の相続分を増大させたことを特別の寄与と評価することができるかは問題であるが、否定的に解すべきであろう。相続放棄は様々な理由からなされるものであり、その結果他の相続人の相続分が増加することは、相続放棄の反射的効果にすぎない。

5 寄与分が認められる場合の具体的相続分

(1) 寄与分の評価

　寄与分算定の評価時期は、相続開始時である。算定の方法は、事案に応じて、①相続財産全体のうちの一定割合をもって寄与分とする方法、②一定金額を定める方法、③相続財産中の特定の物をもって寄与分とする方法がある。

(2) 具体的相続分の算定例

　　被相続人：Ａ

　　相続人：妻Ｂ、子Ｃ・Ｄ

　　遺産評価額：5000万円（消極財産は考慮されない。）

　　寄与分：Ｂ600万円、Ｃ200万円

　【みなし相続財産】

　　5000万円－600万円－200万円＝4200万円

　【一応の相続分】

　　妻Ｂ：4200万円×2分の1＝2100万円

　　子Ｃ：4200万円×4分の1＝1050万円

　　子Ｄ：4200万円×4分の1＝1050万円

　【具体的相続分】

　　妻Ｂ：2100万円＋600万円＝2700万円

　　子Ｃ：1050万円＋200万円＝1250万円

　　子Ｄ：1050万円

6 寄与分を定める手続

(1) 協議（民904の2①）

　寄与分は、共同相続人全員の協議によって定めることができる。相続人の一部を除いて行われた協議は無効であるが、遺産分割協議と同様に、持回りによる協議も許される。寄与分の定めは、遺産分割の前提としてなされていることが必要であり、遺産分割協議終了後の寄与分の主張は許されない。

(2) 調停・審判

　民法904条の2第2項及び4項は、寄与分について協議が調わないとき、又は協議をすることができないときに、遺産分割とは別に寄与分について審判の申立てをすることができることを規定している（家事191～193）。また、寄与分を定める処分は、別表第二事項（家事別表第二十四）であるため、調停の申立てをすることがで

第1章　特別受益・寄与分の概要　　15

きる（家事244）。調停が不成立によって終了する場合は、審判手続に移行する（家事272①④）。

7　改正相続法（特別の寄与の制度の創設）

　相続人の配偶者が被相続人の療養看護を行い、その財産の維持、増加に貢献した場合、民法上、寄与分を受ける者が相続人に限られているため、これまでの実務では、相続人の寄与に包含して考慮することにより解決を図ってきた。改正相続法では、新たに特別の寄与の制度が創設され（改正民1050）、被相続人の親族が、無償で被相続人の療養看護等の労務の提供をしたことによって、被相続人の財産の維持又は増加に特別の寄与をした場合に、相続人に対して特別寄与料の請求を行うことができることとなった。

　相続人以外の者の寄与分の主張を認めることについては、紛争の長期化、複雑化が懸念されていたが、平成30年法律72号改正後の民法1050条は、以下のとおり規定し、特別寄与料の請求権者、寄与行為の態様を限定している。

第1050条　被相続人に対して無償で療養看護その他の労務の提供をしたことにより被相続人の財産の維持又は増加について特別の寄与をした被相続人の親族（相続人、相続の放棄をした者及び第891条の規定に該当し又は廃除によってその相続権を失った者を除く。以下この条において「特別寄与者」という。）は、相続の開始後、相続人に対し、特別寄与者の寄与に応じた額の金銭（以下この条において「特別寄与料」という。）の支払を請求することができる。

2　前項の規定による特別寄与料の支払について、当事者間に協議が調わないとき、又は協議をすることができないときは、特別寄与者は、家庭裁判所に対して協議に代わる処分を請求することができる。ただし、特別寄与者が相続の開始及び相続人を知った時から6箇月を経過したとき、又は相続開始の時から1年を経過したときは、この限りでない。

3　前項本文の場合には、家庭裁判所は、寄与の時期、方法及び程度、相続財産の額その他一切の事情を考慮して、特別寄与料の額を定める。

4　特別寄与料の額は、被相続人が相続開始の時において有した財産の価額から遺贈の価額を控除した残額を超えることができない。

5　相続人が数人ある場合には、各相続人は、特別寄与料の額に第900条から第902条までの規定により算定した当該相続人の相続分を乗じた額を負担する。

第 2 章
特別受益をめぐる事例

18

第2章　特別受益をめぐる事例　　19

第1　特別受益者

1　被相続人から被代襲者が受けた生前贈与は、代襲者が被代襲者を通して、生前贈与により現実に経済的利益を受けている限度で特別受益に該当するとした事例

（徳島家審昭52・3・14家月30・9・86）

当事者及び遺産の概要	
被相続人	A（昭和38年4月19日死亡）
相続人及び法定相続分	X₁：亡妻Bの包括受遺者、Bの曽孫（申立人）3分の1 X₂：長男（申立人）6分の1 Y₁、Y₂：亡二男Cの子（相手方）各12分の1 Y₃：三男（相手方）、Y₄：四男（相手方）各6分の1
遺産の額	1520万3570円（相続開始時） 6055万0880円（遺産分割時）
遺産の構成	不動産（農地、宅地、建物）

当事者の主張	
X（申立人）	Y（相手方）
被代襲者の特別受益：A（被相続人）は、C（二男）に外国留学の費用を贈与しており、これはCの代襲相続人であるY₁、Y₂（二男の子・相手方）の特別受益である。	――

事実経過（裁判所が認定した事実）	
	A（被相続人）、○○村の役場の書記を経て、助役、村長と昇進し、その傍ら家業の農業に従事してきた。
T4.3	Y₃（三男・相手方）、幼時に○○家に養子に出される。のち、○○家の家督相続人となる。
T7	X₂（長男・申立人）、旧制中学に入学するも農業後継ため中退し、以来一家の主力となって家業の農業に精励する。

——	C（二男）、高卒後、大学専門部を卒業し、外国に留学することになり、Aは頼母子講を落札し、落札金9200円を留学費用としてCに贈与。Cの渡米前に大学の恩師が満州国立法院長に任命されたため、Cも同国立法院に就職することになり、留学を取り止める。
S11〜S16	昭和11年、Y4（四男・相手方）、旧制中学卒業し、昭和14年、大学専門部を卒業し、昭和16年12月、○○大学卒業。○○大学在学中、Aから学資援助を受ける。
S23.3	X2の二男D、中学（現県立○○高校）卒業後、A及びX2と同居して農業に従事。
S30.3	A、自らが連帯保証人となっていたY4の借入金（元本56万円）について、代位弁済する。
S30.9	C、死亡。代襲相続人は、子Y1、Y2。
S38.4.19	A、死亡。
S44.5	亡B、X2、遺産分割申立。
S44.12.10	亡B、相続分を曽孫X1（Dの子）に遺贈する旨の自筆証書遺言。
S45.2.21	B、死亡。

裁 判 所 の 判 断

1　被代襲者の特別受益

　C（二男）の外国留学は他の兄弟と違って特別の高等教育を受けることに該当するから、被相続人から贈与されたその費用は民法903条の生計の資本としての特別受益に含まれる。ところが、本件においてCはA（被相続人）の相続開始以前に死亡し、相手方Y1、Y2（二男の子・相手方）が父Cを代襲相続しているので、被代襲者（父）が生前贈与を受けて死亡した場合に代襲者（被相続人の孫）の具体的相続分はどうなるかという問題がある。

　当裁判所は、被代襲者は被相続人から享受した特別受益を自ら消費してしまうこともあるし、被代襲者の特別受益について代襲相続人が常に持戻義務を課せられるならば時に酷な結果を生じ、かえって衡平を失うおそれがあるので、代襲者（孫）が被代襲者（父）を通して被代襲者が被相続人（祖父）から受けた贈与によって現実に経済的利益を受けている場合に限りその限度で特別受益に該当し、この場合には代襲者に被代襲者の受益を持ち戻させるべきであると考える。

　そうすると、外国留学の費用はCの一身専属的性格のもので、代襲者であるY1、Y2はそれによる直接的利益を何ら受けないものであることが明らかであるから、受益者Cが死亡したのちは、上記代襲相続人に対し特別受益と認め持ち戻させるのは相当でないというべきである。

第2章　特別受益をめぐる事例　　21

コ　メ　ン　ト

1　被代襲者の特別受益

　特別受益者の範囲について、民法903条1項は、共同相続人のうち、被相続人から遺贈を受け、又は婚姻又は養子縁組のため、若しくは生計の資本として贈与を受けた者と定めているところ、代襲相続人は自らが贈与を受けていない場合であっても、被代襲者が受けた特別受益を持ち戻す必要があるのかが問題となる。

　被代襲者が受けた特別受益について、これを持戻しの対象とする積極説、被代襲者が特別受益に相当する贈与を受けたとしても、代襲者が直接に利益を受けるものではないことから、持戻しの対象とならないとする消極説、被代襲者の特別受益について代襲相続人が利益を受けている場合に限って持戻しを認める折衷説があるが、積極説が妥当であり、審判例もおおむねこれに従っている。

　代襲相続人は、被代襲者に相続権があったら（＝被代襲者が生存していたら）取得したであろう具体的相続分を受けると解すべきである。代襲相続人は、被代襲者が生存していたら受けるべき利益を超える利益を受けるべきではない。

　ちなみに、最高裁大法廷平成28年12月19日決定（民集70・8・2121）では、共同相続された普通預金債権、通常貯金債権及び定期預金債権が遺産分割の対象となると判示したが、原審において、被代襲者が被相続人から受けた贈与（5500万円程度）について、代襲相続人の特別受益となるかが争われている。代襲相続人は本審判例を先例として引用して、特別受益に当たらないと主張したが、原審大阪高裁平成27年3月24日決定（民集70・8・2174）は、「代襲相続人は自己の固有の権利として遺産を取得するものではなく、被代襲者が取得すべき遺産を取得すべきものであるから、被代襲者が特別受益を費消したとしてもこの事実を代襲相続人の具体的相続分の算定に反映させなければならないとする根拠は見当たらない。なお、上記審判例は、被代襲者に対する外国留学費用は被代襲者の一身専属的性格を持つもので、代襲相続人がそれによる直接的利益を何ら受けないものであることが明らかであるという事案についてのものであり、使用目的も定めない高額の金銭の贈与がなされた本件とは事案を異にするものである」として代襲相続人の主張を退けている。

　本事例は折衷説を採用しているが、実務の大勢は、被代襲者が受けていた特別受益は代襲相続人においてこれを持ち戻さなければならないとしており、この点留意する必要がある。

22　第2章　特別受益をめぐる事例

2　代襲相続人について、特別受益の持戻しを行うのは、代襲相続人が代襲により推定相続人となった後に被相続人から直接特別な利益を得た場合に限るとした事例

（大分家審昭49・5・14家月27・4・66）

当事者及び遺産の概要	
被相続人	A（昭和39年2月18日死亡）
相続人及び法定相続分	X：長女（申立人）4分の1 Y₁：亡長男Bの子（相手方）、Y₂：亡長男Bの子（相手方）各8分の1 Y₃：二女（相手方）、Y₄：三女（相手方）各4分の1
遺産の額	1743万9611円（相続開始時） 1億0273万2668円（遺産分割時）
遺産の構成	土地建物、預金

当事者の主張	
X（申立人）	Y（相手方）
代襲相続人の特別受益：Y₁（長男の子・相手方）がA（被相続人）から受けた生前贈与は受益の時期を問わず特別受益として持ち戻すべきである。	——

事実経過（裁判所が認定した事実）	
S23頃	A（被相続人）、Y₁（長男の子・相手方）に甲物件を贈与。
S27.12	A、Y₁に乙物件を贈与。
S33.11	A、Y₁・Y₂（長男の子・相手方）・C（長男の妻）に丙物件を贈与（各持分3分の1）。
——	B（長男）、死亡。
S35.12.14	A、株式をY₁に贈与。
S37.7	A、Y₁・Y₂・Cに丁土地を贈与（各持分3分の1）。
S39.1.9	A、Y₁に建物を贈与。

第2章　特別受益をめぐる事例　　23

> ### 裁 判 所 の 判 断

1　代襲相続人の特別受益

　代襲相続人について民法903条を適用して特別受益分の持戻しを行うのは、当該代襲相続人が代襲により推定相続人となった後に被相続人から直接特別な利益を得た場合に限ると解すべきであり、したがってたとえば当該代襲相続人が推定相続人になる以前に被相続人から贈与を受けた場合、あるいは被相続人から贈与を受けたのは被代襲者であり、代襲相続人は当該被代襲者から当該財産を相続したにすぎない場合などは、当該受益分について民法903条を適用することはできない。

　以上によれば、Y₁は株式、丁土地に対する3分の1の共有持分、建物を、Y₂は丁土地に対する3分の1の共有持分を特別受益として持ち戻すべきである。

> ### コ　メ　ン　ト

　代襲相続人が被相続人から受けた特別な利益について、持戻しの対象となるか否かについては、利益を受けた時期が代襲原因発生（被相続人の死亡、相続放棄、廃除）の後であれば持戻しの対象とすることに異論はない。

　代襲原因発生前の特別受益について持戻しの対象とすべきかどうかについては、持戻しの対象とならないとする考え方（通説）と、代襲原因発生の前後を問わずいずれも持戻しの対象とすべきであるとする考え方（有力説）がある。

　持戻しの対象とならないとする考え方は、代襲原因発生前の代襲相続人は相続人ではないため、たとえ特別受益を受けても遺産の前渡しとはいえないことをその理由としている。先例もこの考え方に立ち、「代襲相続人が被代襲者の死後又は相続権を失った後に被相続人から受けた特別受益額は、民法903条1項の対象となるが、それ以前に代襲相続人が被相続人から婚姻、養子縁組のため若しくは生計の資本として受けた贈与の額は含まれないと解すべきである」（昭32・8・28民事甲1609民事局長回答）としている。

　本事例は通説に従う審判例である。

　一方で、特別受益が共同相続人間の衡平を図るための制度であることからすれば、贈与時の資格にこだわらず、相続開始当時に共同相続人であれば持ち戻すべきであると主張する考え方があり、これに従う審判例もある（鹿児島家審昭44・6・25家月22・4・64）。

　共同相続人間の衡平を図るという特別受益制度の趣旨に照らせば、代襲原因発生の前後を問わず持戻しをするべきであろう。

　この場合、被相続人から代襲相続人に対する贈与の趣旨、目的、贈与された財産の価値・種類等諸事情を考慮して、代襲相続人が得た利益が遺産の前渡しに当たるのか

否かを精査することになる。

＜参考判例等＞

○受益者が受益の当時推定相続人であったか否かは重要でなく、代襲相続人は受益の時期い
　かんにかかわらず持戻義務を負うものと解するとした事例（鹿児島家審昭44・6・25家月22・4・
　64）

第2章　特別受益をめぐる事例　　25

3　相続人が被相続人から生活の資本として贈与を受けたとすれば、それを特別受益として民法903条1項の規定に従って算定した額が相続人の相続分になるとした上で、再転相続人は、相続人の有していた財産を相続するのであるから、被相続人に対する相続分についても、現に相続人が有していた相続分（すなわち特別受益を控除した具体的相続分）を承継するものといわざるを得ないとして、相続人の特別受益を考慮しなかった原審判を変更した事例

（大阪高決平15・3・11家月55・8・66）

当事者及び遺産の概要	
被相続人	A（平成7年12月27日死亡） B（平成13年4月20日死亡）
相続人及び 法定相続分	Aについて 　Y_1：亡長男Cの妻（相手方）20分の1（（注）Bの相続分を承継しない。） 　Y_2、Y_3：Cの子（相手方）各40分の3（Y_1、Y_2、Y_3　遺産分割申立人） 　Y_4、Y_5：亡二男Dの子（相手方）各10分の1 　X_1：三男（抗告人）、Y_6：長女（相手方）、X_2：二女（抗告人）各5分の1 Bについて 　Y_2、Y_3、Y_4、Y_5各10分の1（Y_2、Y_3　遺産分割申立人） 　X_1、Y_6、X_2各5分の1
遺産の額	不明
遺産の構成	土地建物、借地権、預金

当事者の主張	
X（抗告人）	Y（相手方）
再転相続人の特別受益：被相続人AがC（長男）に対し住宅建築資金2000万円を贈与したが、これはY_1（長男の妻・相手方）、Y_2、Y_3（長男の子・相手方）の特別受益である。	再転相続人の特別受益：Cの特別受益は存在しない。

事実経過（裁判所が認定した事実）	
──	A・B（被相続人）は、甲4の土地に住み、多数の農地を有して農業を営んでいた。

26 第2章 特別受益をめぐる事例

S42.5	C（亡長男、S12年生）、婚姻し、自宅を出てＡＢと別に住む。
S42.7	D（亡二男、S13年生）、婚姻し、甲9、10の土地に住む。
S42.12	Y6（長女、相手方）、婚姻し、大阪市に住む。
S46.6	D、ＡＢらの自宅の土地に工場を設け、事業を始める。X1も事業に携わる。
S46.12	X1（三男、抗告人）、事実上婚姻し、実家近くの借家に住む。
S49.7	X2（二女、抗告人）、婚姻し、大阪市に住む。
S50.3	D夫婦、ＡＢらと同居する。
	X1、Dに代わり、甲9、10の土地に住む。
S55.10	D、死亡。
S56.6	Dの妻、事業を継承しないで甲7の土地に移り、ＡＢらと別居。
	X1も事業継承しないで、他に就職。
S59.10	Cら夫婦、松原市に中古住宅を購入する。
S63.4	Cら夫婦、甲4の土地に移って、ＡＢらと同居。
H3.12	Cら夫婦、ＡＢらとうまくいかず、ＡＢと別居し、松原市の中古住宅に戻る。
H5	B、介護施設入所。
H6.4	X1夫婦、甲4の土地でＡＢ夫婦と同居。
H7.12	A、死亡。
H9.1	C、死亡。Cの相続人は、相手方Y1（妻、相手方）、Y2（長男、相手方）、Y3（二男、相手方）
H13.4	B、死亡。
	（Aの遺産につきY1〜Y3が、Bの遺産につきY2、Y3が、遺産分割の申立て）

原 審 の 判 断

　被相続人AがC（長男）に対し住宅建築資金2000万円を贈与したという事実が存在したとしても、「Cは既に死亡しAの相続人ではないから、これをY1らの特別受益と認めることはできない」

裁 判 所 の 判 断

1　再転相続人の特別受益

　「CはAの長男であってその相続人であるから、Aから生計の資本等として贈与を受けたとすれば、それを特別受益として民法903条1項の規定に従って算定した額がCの相続分となる。そして、Cがその後の平成9年1月13日に死亡したことにより、その相続人である相手方Y1ら3名がCの有していた財産を相続するのであるから、Aに対する相続分についても、現にCが有していた相続分（すなわち特別受益を控除した具体的相続分）を承継するものといわざるを得ない。」

2 贈与の有無

「（ア）Cは、昭和42年に結婚して家を出、昭和59年10月ころ松原市の相手方Y₁らの肩書住所地に中古建物付き土地を購入した。

（イ）その取得資金のうち1000万円をAが現金で出したことについては、相手方Y₁ら3名以外の者が陳述しており、間違いないと思われる。

（ウ）残金1000万円については、○○銀行から借入れをしたようである。すなわち、資料と当事者の供述を総合すると、昭和59年10月にCが1000万円の手形を振り出して○○銀行から貸付けを受け、昭和60年8月に手形を切り替えたが、その後昭和60年12月31日にAの定期預金を担保に入れてC名義の同日付けの借入れ（ローン）に変更したごとくである。同ローンは、昭和61年1月から63年11月までは毎月元金10万円と利息を支払い、昭和63年12月31日に残金650万円を一括支払うというものであった。

Y₁ら3名以外の当事者は、このローンは結局Aが支払ったと主張し、Aの貸金庫にCが振り出した額面1000万円の約束手形2通及び貸付利息計算書が残されていたことを挙げている。しかし、月々のローンはその金額等からして、Cが返済したのではないかともうかがえるのであって、詳細は不明というほかはない。」

「これらの事実関係を総合すると、Cは、Aからおおむね1000万円以上2000万円以下の贈与を受けたものと認めるのが相当である。」

3 持戻し及びその評価について

「前記の事実からすれば、上記贈与は生計の資本としてされたものと認められ、また、Aが持戻しを免除する意思を表示したと認めるべき資料はない。

そして、前記の事実に加え、他の相続人もある程度はAの援助を受けていることもうかがえること、Cは金銭の贈与を受けたと認められるが、蓄えたわけではなく不動産の購入資金に充てたこと、上記贈与によって取得した松原市の土地建物もその後の不動産市況の低落の影響を受けていることなどを考慮し、遺産の不動産の評価時点（平成12年）における上記特別受益の額を1500万円と認めて具体的相続分額ないしY₁ら3名の取得分額を算定するのが相当である。」

コ　メ　ン　ト

特別受益を受けた相続人が相続開始の段階では生きていたが、遺産分割未了の間に死亡した場合、特別受益を受けた相続人の相続人、すなわち再転相続人が特別受益の持戻しをすべきか否かが問題となる。

再転相続人は、死亡した相続人の相続分を承継するのであるから、相続人が被相続

人から受けている特別受益について、その持戻しをすることは当然であるといえる。

　本事例は、原審判を変更して、再転相続人による特別受益の持戻しを肯定したものであり、実務上参考になる。

　また、住宅取得のための贈与の有無が争われ、1000万円以上2000万円以下の贈与を認定しつつ、諸事情を考慮して特別受益の額を1500万円と評価している点は、事例として参考になる。

　なお、本事例では、原審において不動産の評価について当事者の合意がなされたが「遺産分割における遺産の評価に関しては、民事訴訟における主要事実の自白のような拘束力があるものではない」とし、「相続人代理人の陳述は錯誤に基づくものとうかがえるところ、原審が当事者に示した遺産整理表が、同代理人の錯誤を誘発する一因がなかったとはいえない」として、不動産の評価を減額しており、この点も実務上参考になる。

第2章　特別受益をめぐる事例　　29

4　相続が開始して遺産分割が終わらないうちに第2の相続が開始した場合（再転相続の場合）には、第2の被相続人から特別受益を受けた者があるときは、その持戻しをしなければならないとした事例

（最決平17・10・11民集59・8・2243）

当事者及び遺産の概要	
被相続人	A（平成7年12月7日死亡） B（平成10年4月10日死亡）
相続人及び 法定相続分	Aについて 　B：Aの配偶者（第2次被相続人）2分の1 　X：三男（遺産分割審判申立人）・Y_1：長男（許可抗告申立人）・Y_2：二男 　　（許可抗告相手方）各6分の1 Bについて 　X：三男（遺産分割審判申立人）・Y_1：長男（許可抗告申立人）・Y_2：二男 　　（許可抗告相手方）各3分の1
遺産の額	Aについて、4718万4737円 Bについて、不明
遺産の構成	Aについて、不動産、現金 Bについて、不動産（ただし、Y_1に相続させる旨の遺言あり。）

当事者の主張	
Y_1（許可抗告申立人）	Y_2（許可抗告相手方） X（遺産分割審判申立人）
再転相続の実質：分割前のA（第1次被相続人）の遺産に対するB（第2次被相続人）の相続分は財産権であり、Bの死亡により当然にその相続人らに承継され、遺産分割の対象になる。	再転相続の実質：Aの遺産に対するBの相続分は遺産分割の対象となる財産権ではなく、遺産分割の対象にならない。
第2次被相続人からの特別受益：Bの相続についてY_2（二男・許可抗告相手方）に特別受益があり、持戻しを要す。	第2次被相続人からの特別受益：Bの相続についてY_2の特別受益を考慮する必要はない。

第2章　特別受益をめぐる事例

事実経過（裁判所が認定した事実）	
S17	A（第1次被相続人）が、B（第2次被相続人）と婚姻。Y1（長男・許可抗告申立人）、Y2（二男・許可抗告相手方）、X（三男・遺産分割審判申立人）出生。
S42	Y1は地元にとどまり、Aの事業手伝い、事業承継。X、Y2は大学を卒業し、独立して生計を立てる。
S43	Aは、Y1に、事業の本拠地を含む不動産を贈与する。
S55	Aは、Xと共同して土地を買い受け、建物を新築。共有持分を2分の1とする。Xの自宅とする。
S56	Y2は事業が破綻し、破産宣告を受け、音信不通となる。
S56.9	Aは、Y2が振り出した手形につき、土地を売却して、Y2のため1500万円で手形を買い戻す。
S56.11	Y1は、Aから贈与を受けた土地を売却する（代金2130万7000円）。
S61	Aは、土地を購入し、Y1に贈与。
H4	Aは、Y2の債務を弁済する（660万円）。
H6頃	Bは、Y2の債務を弁済する（72万3559円）。
H7	A、死亡。死亡時の現金から葬儀費用等必要経費を控除した残金1500万円のうち、Y1が1000万円、Xが500万円保管。
H10	B、Aの遺産分割協議未了のまま、死亡。Bは死亡時に不動産甲・乙を所有していたが、いずれもXに相続させる旨の遺言をしていた。
H15	Xが、Y1・Y2に対し、A及びBの遺産分割を求める調停申立て。不調となり、審判移行。

原々審の判断

　A（第1次被相続人）の遺産に対するB（第2次被相続人）の相続分をBの遺産として、Bを被相続人とする遺産分割において分割すべきであるとし、具体的相続分の算定に当たっては、債務弁済についてY2（二男・許可抗告相手方）への特別受益を認めた。

原審の判断

1　被相続人Bの遺産分割審判申立てについて

　一件記録を検討しても、甲・乙の不動産以外にB（第2次被相続人）の遺産が存在した事実を認めることはできないし、甲・乙の不動産の所有権は、遺産分割によらずして、当然に抗告人X（三男・遺産分割審判申立人）に承継されたと解されるから、審判によって分割すべきBの未分割遺産は存在せず、それ故、Bの遺産分割審判の申立

第2章　特別受益をめぐる事例　　31

ては、分割対象遺産が存在しない不適法な申立てとして却下を免れないとした。したがって、Y₂（二男・許可抗告相手方）について、Bによる債務弁済金について「特別受益を考慮する場面はない」とされた。

　原審は、Bには相続開始時において遺産分割の対象となる固有の財産はなく、Aの遺産に対するBの相続分は、「遺産分割において相続財産を取得することができる地位（いわば抽象的な法的地位）であって、遺産分割の対象となり得る具体的な財産権ではない」「相続分については、遺産分割によらない承継関係（いわゆる再転相続）が生ずるものと解され、したがって、遺産分割に適用される民法903条は、再転相続には適用されないこととなる」としている。

2　被相続人Aの遺産分割審判申立てについて

　Y₁（長男・許可抗告申立人）がA（第1次被相続人）から贈与された不動産（3788万5666円）について、生計の資本として贈与されたものとして、Aの遺産分割における特別受益とし、Y₂について、手形の買戻金（1500万円）及び債務弁済金（660万円）、合計2160万円は、生計の資本として、贈与されたものとして、Aの遺産分割における特別受益とした。

裁 判 所 の 判 断

1　相続財産の共有の性質

　「遺産は、相続人が数人ある場合において、それが当然に分割されるものでないときは、相続開始から遺産分割までの間、共同相続人の共有に属し、この共有の性質は、基本的には民法249条以下に規定する共有と性質を異にするものではない〔参照判例省略〕。そうすると、共同相続人が取得する遺産の共有持分権は、実体上の権利であって遺産分割の対象となるというべきである。」

2　再転相続の実質

　本件におけるA及びBの各相続の経緯は、Aが死亡してその相続が開始し、次いで、Aの遺産の分割が未了の間にAの相続人でもあるBが死亡してその相続が開始したというものである。そうすると、Bは、Aの相続の開始と同時に、Aの遺産について相続分に応じた共有持分権を取得しており、これはBの遺産を構成するものであるから、これをBの共同相続人である抗告人及び相手方らに分属させるには、遺産分割手続を経る必要があり、共同相続人の中にBから特別受益に当たる贈与を受けた者があるときは、その持戻しをして各共同相続人の具体的相続分を算定しなければならない。

コ　メ　ン　ト

1　本事例の意義

　Ａ（第1次被相続人）が死亡し、相続（第1次相続）が開始後、遺産分割未了の間に、Ａの相続人Ｂ（第2次被相続人）が死亡し、相続（第2次相続）が開始した場合（いわゆる広義の「再転相続」のケース）、再転相続人がＢから特別受益を受けていた場合、これを持ち戻すべきかについては、考え方が分かれていた。

　ここでは、第1次被相続人Ａの相続において、第2次被相続人Ｂが取得する権利はいかなるものか、すなわち、再転相続の実質がどのようなものであるのかが問題となる。本決定以前の下級審裁判例は、2つに分かれていた。

　1つは、再転相続の実質について、第2次被相続人Ｂが、第1次被相続人Ａの未分割遺産についてその相続分に従って取得したもの（共有持分権）を、さらに再転相続人が相続するものと解し、この第2次被相続人Ｂの取得分は、第2次被相続人の遺産を構成し、遺産分割の対象財産となるとする見解である（「遺産説」）。

　この見解によれば、再転相続人が第2次被相続人取得分について個別に承継をするためには、第1次被相続人に係る遺産分割とは別に、第2次被相続人に係る遺産分割手続を要することになる。遺産分割の実務上は、遺産説に立つ裁判例が大勢であり、原々審審判もこの見解に立つものである。

　遺産説によれば、第2次被相続人から特別受益を受けた者があるときは、遺産分割の時点で特別受益を考慮し、具体的相続分を算定しなければならないことになる。

　他の1つは、再転相続の実質を、割合としての相続分を承継するものとして、第1次被相続人の未分割遺産についての第2次被相続人の相続分は、遺産分割手続における分配の前提となる遺産の総額に対する計算上の割合を意味するものであって、それ自体は第2次被相続人の遺産を構成する具体的財産権ではなく、遺産分割の対象財産とならないとする見解である（「非遺産説」）。

　これによれば、第2次被相続人の相続人が取得する「相続分」は遺産分割手続によらずに当然に承継されるから、当該承継に民法903条の規定（特別受益の相続分）の適用はない。

　本事例は、再転相続の実質について「非遺産説」をとる高裁決定を破棄し、「遺産説」をとることを初めて明らかにした上で、再転相続の事案における第2次被相続人に係る遺産分割事件における第2次被相続人からの特別受益の扱いについて持戻しを要する旨示した決定であり、遺産分割実務上、重要な決定である。

<参考判例等>

○相続財産の共有は、民法改正の前後を通じ、民法249条以下に規定する「共有」とその性質を異にするものではない。（最判昭30・5・31民集9・6・793）

○共同相続人の一部から遺産を構成する特定不動産の共有持分権を譲り受けた第三者が当該共有関係の解消のためにとるべき裁判手続は、遺産分割審判ではなく、共有物分割訴訟である。（最判昭50・11・7民集29・10・1525）

○共同相続人間において特定の財産が被相続人の遺産に属することの確認を求める訴えは、適法である。（最判昭61・3・13民集40・2・389）

5 　土地所有権を被相続人から生前取得した者が、その後被相続人の養子になった場合につき、民法903条が共同相続人間の遺産分割に関する公平の理念に立脚していること及び事案の経緯に照らし、土地所有権取得が特別受益になるとした事例

（神戸家審平11・4・30家月51・10・135）

当事者及び遺産の概要	
被相続人	A（平成2年8月21日死亡）
相続人及び法定相続分	X：Aの先妻の子（申立人）4分の1 Y₁：Aの妻（相手方）2分の1 Y₂：Aの養子（相手方）4分の1
遺産の額	1億0994万6090円（相続開始時） 5346万0075円（遺産分割時）
遺産の構成	土地建物、現金

当事者の主張	
X（申立人）	Y（相手方）
遺産の範囲：本件土地について、A（被相続人）からY₁（妻・相手方）への所有権移転登記は通謀虚偽表示である。	遺産の範囲：本件土地は、AがY₁に売却したものであり、Aの遺産ではない。
養子縁組前の特別受益：本件土地の生前取得はY₂（養子・相手方）の特別受益である。本件土地の隣地及びマンションの遺贈は、Y₂の特別受益である。	養子縁組前の特別受益 ――
生命保険金：生命保険金の受領はY₁の特別受益である。	生命保険金 ――
持戻免除 ――	持戻免除：Aが遺言書を作成したのは、自己所有の本件土地をマンションの敷地として無償で提供したからである。また、Y₂の嫁ぎ先である寺で、A及びY₁の死後、祭祀承継してもらうことを考慮したからであり、Aは持戻免除を認めていた。

第2章　特別受益をめぐる事例　　35

事実経過（裁判所が認定した事実）	
S47.12.18	本件土地につき、A（被相続人）からY₂（養子・相手方）に売買を登記原因とする所有権移転登記手続が行われる。
——	A、本件土地の隣地（本件隣地）を購入し、地上に建物（マンション）建築を開始。
S59.12.22	A、マンション建築途中に、本件隣地及びマンションをY₂に遺贈する旨の公正証書遺言を作成する。
S60.2.26	A、Y₂を養子とする縁組届出。 ・本件土地の相続開始時価額：3216万5000円 ・本件隣地及びマンションの相続開始時価額：9219万7000円

裁 判 所 の 判 断

1　遺産の範囲

　本件土地はA（被相続人）の所有に帰属し何らかの理由（例えば、銀行融資、Aが新たな居住用不動産を取得するにあたっての税金対策）でY₂（養子・相手方）の名義を借用していたとも考えられる。

　しかし、他方でAは、本件土地の隣地である別紙物件目録1の第1の1及び2記載の土地（以下、「本件隣地」という。）を購入し、本件土地と合わせてその土地上に同第2の1記載の建物（以下、「マンション」という。）を建築したのであるが、その建築途中であった昭和59年12月22日本件隣地及びマンションをY₂に遺贈する旨の公正証書遺言を作成し、更に昭和60年2月26日Y₂を養子とする縁組届出を行った。これらの行動から、Aは、本件土地がY₂の所有に帰属していることを前提として、一体利用されている本件隣地及びマンションを遺贈する旨の遺言書を作成し、自己の死後それらの不動産を総てY₂に取得させることにしたと推認できる。すなわちAは上記のような遺言書を作成したのであるから、その作成当時仮に自己が本件土地の所有権者であるとの認識を持っていれば、当該遺言書の中に本件土地の帰属についても記述してしかるべきであるからである。

　したがって、Aの相続開始時には本件土地は、Y₂の所有に帰属しており、遺産の範囲には帰属しない。

　なお、これまで述べたところからY₂がAから本件土地の所有権を取得するために金銭を支払ったことは証明されていない。

2 特別受益

「Y₂が、本件土地の所有権をAから生前取得したこと、Y₂がそれに対して金銭を支払ったことの証明がないこと、公正証書遺言により本件隣地及びマンションの所有権をY₂が取得したことは、いずれも既に述べたことである。またAがこれらの物件をY₂に取得させるにあたり持ち戻し免除の意思を表示したと認めるに足りる証拠はない。

以上の事柄によれば、Y₂が取得した上記不動産について民法903条所定の財産として考慮するのが公平上相当である。

Y₂は、Aが上記内容の遺言書を作成した理由に関し、自己所有の本件土地をマンション敷地の一部として無償で提供したからである旨主張しているが、この主張は、既に述べた当裁判所の判断とは異なるもので採用することができない。また、Y₂は、自己の嫁ぎ先が神戸市○○区内のお寺でAやY₁の死後Y₂に祭祀を承継してもらうことを考慮して上記遺言書が作成されたとも主張するが、上記遺言書にそれらの事柄に関する記載が全くないこと、上記不動産の価格（相続開始時価額1億2400万円余）が高額であること等を考慮すれば、仮に祭祀の問題についてY₂の主張どおりであったとしてもそのことによって、Aが持ち戻し免除まで認めていたとは到底いえない。」

3 養子縁組前の特別受益

「Y₂は、本件土地の所有権を取得した後Aと養子縁組し推定相続人の地位を取得しているが、民法903条が共同相続人間の遺産分割に関する公平の理念に立脚しているものであること、既に述べた本件事案の経緯に照らせば、当初から推定相続人たる地位を取得していた場合に準じて扱うのが相当である。」

4 生命保険金

Y₁（妻・相手方）の特別受益について、「保険金請求権は、そもそも保険契約に基づき保険金受取人の固有財産として発生した財産権であるから民法903条の特別受益とは性質を異にするものであるが、共同相続人間の実質的公平という観点から原則として同条の特別受益に準じて扱うべきものであると解される。ところが、本件ではY₁が受領した保険金額は330万円余りであり、加えて同人は被相続人の配偶者として被相続人の死後自己の責任において葬儀等を執り行う立場にあるものであることを考慮すると、この程度の金額は被相続人の死後葬儀費用や当面のその他の諸雑費にあてるためY₁に取得させたと見ることがかえって公平に適するものと解される。

したがって、本件生命保険金を特別受益と扱うのは相当ではなく、この点に関する申立人の主張は理由がない。」

第2章　特別受益をめぐる事例　　37

コ　メ　ン　ト

1　養子縁組前の特別受益

　受贈時に推定相続人ではなかった者が、後に養子縁組（又は婚姻）によって推定相続人の資格を得た場合、受贈者は受益を持ち戻さなければならないのかについては争いがある。

　実務上支配的な考え方は、遺産分割における共同相続人間の衡平の観点から、相続開始時に受益者が相続人であるかぎり受益の時期にかかわらず全て持戻しの対象とすべきであるとする。

　一方で、受贈時に推定相続人ではなかった者は贈与額を持ち戻す必要はないが、贈与が養子縁組のための支度金であるなど、贈与と養子縁組との間に牽連関係がある場合は、持戻しを行うべきであるとする考え方があり、これに従う裁判例もある。

　しかしながら、贈与と養子縁組（又は婚姻）との間の実質的な牽連関係の判断は困難であり、共同相続人間の実質的衡平を図るという特別受益制度の趣旨に照らすと、受益の時期にかかわらず持戻しの対象とするのが相当であろう。

　本事例は、前説を採用し、遺産分割に関する公平の理念及び事案の経緯から、養子縁組との間の牽連関係を問うことなく、Y2（養子・相手方）が当初から推定相続人の地位を有していた場合に準じて扱うのが相当であるとして持戻しをすべきであると判断しており、実務上参考になる。

2　生命保険

　最高裁平成16年10月29日決定（民集58・7・197）は、「相続人が取得する死亡保険金請求権又はこれを行使して取得した死亡保険金は、民法903条1項の定める遺贈又は贈与に係る財産にはあたらないとするのが相当である」とした上で、「もっとも、上記死亡保険金請求権の取得のための費用である保険料は、被相続人が生前保険者に支払ったものであり、保険契約者である被相続人の死亡により保険金受取人である相続人に死亡保険金請求権が発生することなどにかんがみると、保険金受取人である相続人とその他の共同相続人との間に生ずる不公平が民法903条の趣旨に照らし到底是認することができないほどに著しいものであると評価すべき特段の事情が存する場合には、同条の類推適用により、当該死亡保険金請求権は特別受益に準じて持戻しの対象となると解するのが相当である。上記特段の事情の有無については、保険金の額、この額の遺産の総額に対する比率のほか、同居の有無、被相続人の介護等に対する貢献の度合いなどの保険金受取人である相続人及び他の共同相続人と被相続人との関係、各相続

人の生活実態等の諸般の事情を総合考慮して判断すべきである」とした。

そこで、特段の事情が存在する場合、すなわち例外的に持戻しの対象となる場合とはどのような場合なのかが問題になる。

本事例は、前掲最高裁決定以前の審判例ではあるが、保険金請求権について原則として特別受益に準じて扱うべきものであるとする一方で、保険金額330万円の生命保険金について、死後の葬儀費用や当面の諸雑費にあてるために取得させたとみることが妥当であるとして持戻しの対象外としており、実務上参考になる。

＜参考判例等＞
○養子縁組の合意後、届出前になされた大学の学資としての贈与は、推定相続人となっていないときのことであっても実質は養子縁組をすることが決まってからなされたものであり、民法903条1項に準じ、相続財産に加算されなければならないとした事例（神戸家明石支審昭40・2・6家月17・8・55）
○被相続人を保険契約者及び被保険者とし、共同相続人の1人又は一部の者を保険金受取人とする養老保険契約に基づき保険金受取人とされた相続人が取得する死亡保険金請求権は、民法903条1項に規定する遺贈又は贈与に係る財産には当たらないが、保険金の額、この額の遺産の総額に対する比率、保険金受取人である相続人及び他の共同相続人と被相続人との関係、各相続人の生活実態等の諸般の事情を総合考慮して、保険金受取人である相続人とその他の共同相続人との間に生ずる不公平が民法903条の趣旨に照らし到底是認することができないほどに著しいものであると評価すべき特段の事情が存する場合には、同条の類推適用により、特別受益に準じて持戻しの対象となる。（最決平16・10・29民集58・7・1979）

第2章　特別受益をめぐる事例　　39

6　相続人の配偶者に対する贈与が、実質的には相続人に直接贈与されたのと異ならないとして、相続人の特別受益に当たるとした事例

（福島家白河支審昭55・5・24家月33・4・75）

当事者及び遺産の概要	
被相続人	A（昭和53年2月28日死亡）
相続人及び法定相続分	X：長男（申立人）4分の1 Y₁：長女（相手方）、Y₂：二女（相手方）、Y₃：三女（相手方）各4分の1
遺産の額	2147万3000円
遺産の構成	不動産

当事者の主張	
X（申立人）	Y（相手方）
相続人の配偶者に対する贈与：Y₁（長女・相手方）の夫であるBに対する本件土地の贈与は、Y₁の特別受益に当たる。	──

事実経過（裁判所が認定した事実）	
S25	Y₁（長女・相手方）は、Bと婚姻。Bは婚姻後、Y₁の氏を称し、Y₁の両親（A及びC）と同居。 X（長男・申立人）は未だ6歳であったため、Y₁が両親Aらとともに田畑の耕作に従事する。
S36.3	Xは農業高校を卒業し、農家の手伝いをする。
S36.12	Y₁夫婦は分家し、Y₁の両親と生計・居住を別にし、同時にAから本件土地（大半が農地）の贈与を受け、Y₁は本件土地を耕作するようになる。
S46.3	Y₁の母C、死亡。
S47.2	Aは、昭和46年10月15日付贈与を原因として、Y₁の夫Bに本件土地について所有権移転登記手続をする。

裁 判 所 の 判 断

1　相続人の配偶者に対する贈与

「本件贈与は、相続人であるY₁（長女・相手方）に対してではなく、その夫である

Bに対してなされているのであるから、形式的に見る限り特別受益にはあたらないことになる。しかし、通常配偶者の一方に贈与がなされれば、他の配偶者もこれにより多かれ少なかれ利益を受けるのであり、場合によっては、直接の贈与を受けたのと異ならないこともありうる。遺産分割にあたっては、当事者の実質的な公平を図ることが重要であることは言うまでもないところ右のような場合、形式的に贈与の当事者でないという理由で、相続人のうちある者が受けている利益を無視して遺産の分割を行うことは、相続人間の実質的な公平を害することになるのであって、贈与の経緯、贈与された物の価値、性質これにより相続人の受けている利益などを考慮し、実質的には相続人に直接贈与されたのと異ならないと認められる場合には、たとえ相続人の配偶者に対してなされた贈与であってもこれを相続人の特別受益とみて、遺産の分割をすべきである。」

「これを本件についてみると、前認定の贈与にいたる経緯から明らかなとおり、本件贈与はY₁夫婦が分家をする際に、その生計の資本としてY₁の父親である被相続人からなされたものであり、とくに贈与された土地のうち大部分を占める農地についてみると、これを利用するのは農業に従事しているY₁であること、また、右贈与は被相続人の農業を手伝ってくれたことに対する謝礼の趣旨も含まれていると認められるが、農業を手伝ったのはY₁であることなどの事情からすると、被相続人が贈与した趣旨はY₁に利益を与えることに主眼があったと判断される。登記簿上Bの名義にしたのは、Y₁が述べているように、夫をたてたほうがよいとの配慮からそのようにしたのではないかと推測される。」

「以上のとおり本件贈与は直接Y₁になされたのと実質的には異ならないし、また、その評価も、遺産の総額が、2147万3000円であるのに対し、贈与財産の額は1355万1400円であり、両者の総計額の38パーセントにもなることを考慮すると、右贈与によりY₁の受ける利益を無視して遺産分割をすることは、相続人間の公平に反するというべきであり、本件贈与はY₁に対する特別受益にあたると解するのが相当である。」

コ メ ン ト

被相続人が相続人の配偶者に対して贈与をしても、相続人に対する贈与ではないので特別受益には当たらない。例外的に、実質的には相続人に対する贈与であり、遺産の前渡しであると見られるにもかかわらず、名義上のみ配偶者に対する贈与としている場合には、特別受益に当たると解される。

本事例は、遺産分割に当たっては当事者の実質的な公平を図ることが重要であるとして、贈与の経緯、贈与された物の価値・性質、贈与により相続人の受けている利益

などの諸事情を考慮し、実質的には相続人に直接贈与されたのと異ならないと認められる場合には、たとえ相続人の配偶者に対してなされた贈与であっても、これを相続人の特別受益と認められるとしている。相続人以外の者への贈与について相続人の特別受益が例外的に認められる事例として実務上参考になる。

7 相続人の子が、被相続人から生計の資本としての贈与を受けた場合に、それが相続人の子に対する扶養義務懈怠に起因するときは、実質的には相続人が贈与を受けたのと変わりはないとして、相続人の特別受益に該当するとした事例

（神戸家尼崎支審昭47・12・28家月25・8・65）

当事者及び遺産の概要	
被相続人	A（昭和45年9月7日死亡）
相続人及び法定相続分	X：姉（申立人）9分の1 Y₁：妻（相手方）3分の2 Y₂：弟（相手方）9分の1 Y₃：甥（相手方・代襲相続）18分の1 Y₄：姪（相手方・代襲相続）18分の1
遺産の額	8291万5133円（相続開始時） 9372万4993円（遺産分割時）
遺産の構成	不動産、株式、退職慰労金、電話加入金、預貯金等

当事者の主張	
X（申立人）	Y（相手方）
——	——

事実経過（裁判所が認定した事実）	
M33～	B（被相続人の弟、Y₃、Y₄の父）は、養父、養母と養子縁組し、養子となる。Bの養父が死亡し、Bは中学3年入学当時から、○○大学商科を卒業するまでA（被相続人）から生活費、学費一切の援助を受ける。
T11	AとY₁（妻・相手方）が結婚する。
S1頃	X（姉・申立人）は、同人の子Cを残して家出をし、AはCの○○帝国大学工学部○○学科在学中の学費及び生活の一切を援助する。
S17.4	○○工業株式会社が設立され、Aが代表取締役となる。
S40	B死亡。
S45.9	A死亡。

第2章　特別受益をめぐる事例　　43

裁　判　所　の　判　断

1　会社役員の退職慰労金について

「取締役の退職慰労金は在職中における職務執行の対価として、或いは在職中の功労に対する対価として支給されるものであるが、その死亡時に支給される場合に株主総会において受取人を定めなかったときは相続財産となるものと解するのが相当である（株主総会において受取人を定めたときは、遺産に準じたものとして取り扱うべきであろう）。本件では、上記会社の株主総会において受取人を指定していないので、上記死亡退職金は相続財産と認めるべきである。」

2　相続人の子に対する贈与の特別受益該当性について

　X（姉・申立人）は、「子を残して家出をしたことがあり、その間（昭和の初めごろ）A（被相続人）がXの子であるC（明治45年生）の○○帝国大学工学部○○学科在中の学費および生活の一切を援助したことが認められ、AはCの扶養義務者ではなかったから、これはAのCに対する学費、生活費の贈与と見ることができる。ところで、このように共同相続人中のある相続人の子が被相続人から生計の資本として贈与を受けた場合において、そのことがその相続人が子に対する扶養義務を怠ったことに起因しているときは、実質的にはその相続人が被相続人から贈与を受けたのと選ぶところがないから、遺産分割に当っては民法903条を類推適用してその相続人の特別受益分とみなし、持戻義務を認めて相続分を算定するのが公平の見地からいって妥当である。本件について見ると、AのCに対する上記贈与はXの家出による扶養義務不履行が原因であるから、これをXの特別受益とみることができる。」

3　被代襲者の特別受益について

　Y_3（甥・相手方）、Y_4（姪・相手方）の亡父B（被相続人の弟）は、「○○、明治33年10月25日○○及び同人妻○○の養子となり同日被相続人戸籍から入籍したのであるが、商業学校1年のとき養父が死亡したので、中学3年入学時からY_2（弟・相手方）に預けられ、○○大学商科を卒業するまで被相続人から生活費、学費一切の援助を受けた。これは生計の資本としての贈与とみることができ、代襲相続人Y_3、Y_4の相続分を定めるに当たり各二分の一の割合で民法903条による持戻義務を認めるべきであると解する。」

第2章　特別受益をめぐる事例

コ　メ　ン　ト

　相続人の配偶者・子は、特別受益者となりうる共同相続人には該当しないことから、被相続人が相続人の配偶者・子に贈与をしたとしても、原則持戻しの対象とはならない。しかしこのような原則の例外として、被相続人の、相続人の配偶者・子に対する生計の資本としての贈与が、実質的にみて、相続人に対する贈与と同視しうる場合には、民法903条の類推適用により、特別受益性が肯定されるべきであり、通説・裁判例も同様に考えている。

　本件において、X（姉・申立人）にはC（申立人の子）がいたが、Xが家出をしたため、A（被相続人）がCの学費及び生活の一切を援助していたという事実があった。本事例は、「共同相続人の子が被相続人から生計の資本として贈与を受けた場合において、そのことがその相続人が子に対する扶養義務を怠ったことに起因しているときは、実質的にはその相続人が被相続人から贈与を受けたのと選ぶところがない」として、AのCに対する贈与が、Xが扶養義務を怠ったことに基づくものであることから、公平性の観点から、特別受益該当性を肯定しているものである。大阪高裁平成22年8月26日決定（平21(ラ)1227）は、相続人の経済状態が逼迫していたことから、被相続人が相続人の子に対して学費を援助した事案で、特別受益性を認めている。

　このほか、本事例では、代襲相続人であるY₃（甥・相手方）、Y₄（姪・相手方）について、Aの被代襲者B（被相続人の弟、Y₃、Y₄の父親）に対する学費の援助について、Y₃、Y₄に対する特別受益性を認めているが、これは代襲相続人が、本来被代襲者が取得すべき遺産を取得するものであることから、妥当な結論であろう。

　本事例は、退職慰労金の性質について、判例のこれまでの理解である「在職中における職務執行の対価として、或は在職中の功労に対する対価として支給されるもの」との法的性質を踏まえて、死亡時における受取人を指定していない場合における退職慰労金が相続財産に当たるとの解釈を明示した。受取人指定の場合には、遺贈と同様に扱うべきとの判断も、法的性質からの一貫した解釈を示したものであろう。

　なお、本事例においては、現金・預金債権について、可分債権とした上で、分割審判の対象となりうる場合についての考え方を明示していたが、この点は最高裁大法廷平成28年12月19日決定（民集70・8・2121）において普通預金債権、通常貯金債権及び定期預金債権は相続開始と同時に当然分割されることはないとして、遺産分割の対象となることが判旨されているところである。

＜参考判例等＞

○相続人の妻に対する贈与につき、贈与の経緯、贈与されたものの価値、これにより相続人の受けている利益などを考慮し、実質的には相続人に直接贈与されたのと異ならないとして、相続人の特別受益と認めた事例（福島家白河支審昭55・5・24家月33・4・75）

第2　特別受益の範囲
1　婚姻又は養子縁組のための贈与
(1)　婚姻・縁組の支度、持参金

8　婚姻支度品の贈与につき特別受益を認めなかった事例

（大阪家審昭38・9・18家月16・1・137）

当事者及び遺産の概要	
被相続人	A（昭和30年5月15日死亡）
相続人及び法定相続分	X₁：長女（申立人）15分の2 X₂：二女（申立人）15分の2 X₃：亡二男の長女（申立人）15分の2 Y₁：妻（相手方）3分の1 Y₂：長男（相手方）15分の2 Y₃：三女（相手方）15分の2
遺産の額	2644万7864円
遺産の構成	宅地、建物、動産、預金

当事者の主張	
X（申立人）	Y（相手方）
――	――

事実経過（裁判所が認定した事実）	
S19	二男戦死
S30	A（被相続人）死亡 A存命中から茶道具商を手伝ってきたY₃（三女・相手方）が、営業を承継する。 Y₂（長男・相手方）がY₃に代わって営業を継続。
S35	遺産分割調停係属
S35	亡二男の妻（X₃の母）、「相続分放棄書」提出

第2章　特別受益をめぐる事例　　47

裁 判 所 の 判 断

1　婚姻支度品の特別受益について

「X₂（二女・申立人）が婚姻に際し、式服2枚（化繊混織）たんす1棹水屋1箇及び台所用品若干を嫁入仕度品として贈与を受けた―それ以外にたんす1棹、ミシン1台衣類若干を持参したが、それはいずれも従前使用していたもので、嫁入支度品として考えることは適当でなく、そのうちミシン1台は、Y₃（三女・相手方）に贈与した―もので、その価格は、詳らかでないが、当時の価格として多分に数百円のものであったと推測されるもののところたんすは戦災で消失し、水屋は昭和32年頃に古物として100円足らずの価格で処分し、台所用品は消耗し式服は現在保存しているがその価格は言うに足りない―衣料品の出廻った今日類似の市販品はなく物が物だけに利用価値も売買価値もきわめて少ない―もので、水屋、式服及び台所用品の相続開始当時の価額は、どのように高く見積もっても、新品としても3万円まで、中古品としてはたかだか2000円を出ないものであったと認めることができるもののところ、この特別受益は、本件遺産の相続開始当時の価額約740万円に比べて極めて少額であって、相続分の算定にほとんど影響のないものであるから、この場合も特別受益はないものとして参入をしないものとする。」

2　高等教育の特別受益について

「Y₂（長男・相手方）、X₂及びY₃は、いずれも旧制中学校卒業の教育を受けているが、A（被相続人）の往年の家計において、子たる当事者に中等程度の教育を施したことは、格別多額の負担でなかったもので、親権者として当然の義務の範囲に属するものであったと解せられ、これをいわゆる生計の資と解することは出来ないので、これら教育に充てられた費用を、上記当事者の特別受益と認めることはできない。」

3　被代襲者への特別受益について

「二男が生前、後に戦災により消失した貸家1軒の贈与を受けたものではないかと認められぬこともないが、二男の責めによらない事由に因り減失したものであるから、この場合も、X₃（亡二男の長女・申立人）の特別受益とすることはできない。」

コ メ ン ト

本事例は、婚姻支度品の贈与があったとしても、一部は戦災で消失しており、その他の支度品もその価額は遺産の額（740万円）と比較して極めて少額（高く見積もっても新品だとして3万円、中古品だと2000円）であることから、相続分の算定にほとんど

影響がないとして、特別受益として算入しないとするものである。

　婚姻のための贈与であっても、遺産額と比較して少額の贈与である場合は、相続分の前渡しと評価できるような贈与であり特別受益として持戻計算しないと相続人間の衡平を失する贈与であるとは言い難いことから、特別受益として扱わないとされる。本件は、贈与品の評価額が極めて少額で、特別受益に当たらないとした事例である。

　本事例では、婚姻支度品の他、学資の支出と被代襲者の受けた贈与が特別受益に当たるかについても判示している。

　学資の支出については、高等教育は、相続人の将来の生活の基礎となるものであるから、一般的には「生計の資本としての贈与」に該当する可能性があるといえる。本件のように、昭和初期頃までは、義務教育終了後の旧制中学等への進学が高等教育に含まれることはあまり異論のないところであり、一般的には特別受益に該当する。しかし本事例は、被相続人の当時の資力を勘案して扶養義務の範囲に属するとして特別受益に当たらないとしている。なお、学資を支出してもらっていない相続人も養家で高等教育を受けるなど、子の全員が高等教育を受けている。

　被代襲者の受けた特別受益については、代襲相続人に持戻義務を認める積極説にたったうえで、戦災という不可抗力により消失していることから、持戻しの計算をする必要がないとしている。

　なお、本事例は、調停手続中に、X3（亡二男の長女・申立人）の母Bが、「相続分放棄書」と題した書面を裁判所に提出していることについて、「もともとBはA（被相続人）の相続人でないから、この書面はまったく意味のないものであるが、この場合のBがX3の法定代理人たる資格においてしたものと解しても、それは他の当事者に対する直接の意思表示でないから、実体上の権利変動を生じないものと言うべく、X3は、本来の相続権を有する」と判断しており、この点も参考となる審判である。

　また、本事例は、茶道具商を営んでいたAの遺産を妻及び5人の子供が相続した事案であるが、生前からAの茶道具商を手伝っていたY3（三女・相手方）と、後にY3に変わって営業を承継するようになったY2（長男・相手方）及びY1（妻・相手方）が、審判手続の最後の段階に至るまで遺産分割を拒否し（調停に出頭しなかったために過料の審判が出されている。）、さらに相続財産中に係争物件が含まれており、遺産分割が非常に困難となっている。裁判所は、分割方法に苦心し、後見的視点から、Y2に遺産の主要部分を相続させ、その他の相続人に対し債務を負担させた上、5年及び15年と長期の据置期間を設け、併せてその間の利息金支払、不履行の場合の遅延損害金の支払を命じる分割方法をとっている。代償金の支払方法として長期の据置期間を設けることが可能であるとしても、本件は限界的事例であると思われる。

第 2 章　特別受益をめぐる事例　　49

9　婚姻支度の特別受益を認めた事例

（大阪高決昭40・4・22家月17・10・102）

当事者及び遺産の概要	
被相続人	A（死亡日不明）
相続人及び法定相続分	X：抗告人（法定相続分不明） Y：相手方（法定相続分不明） Z：利害関係人（法定相続分不明）
遺産の額	不明
遺産の構成	不動産（宅地・建物）、有価証券、現金等

当事者の主張	
X（抗告人）	Y（相手方）
学資の支出による特別受益：Y（相手方）は、A（被相続人）から、生前学資の支給を受けている。	学資の支出による特別受益 ――
婚姻のための贈与による特別受益：Yは、Aから嫁入支度の贈与を得た。	婚姻のための贈与による特別受益 ――

事実経過（裁判所が認定した事実）	
	Y（相手方）、京都府立〇〇高等女学校高等科卒業。 Y、婚姻の際、A（被相続人）より一通りの婚姻支度を受ける。 X（抗告人）、〇〇大学に入学して一年間Aから学資の支給を受ける。 （以上、順不同）
――	A、死亡
S36.7	Z（利害関係人）、Xに対しAの遺産である本件不動産の持分を贈与する旨の手紙（昭和36年7月17日付）交付
S36.9	Y、本件不動産を他に賃貸して収益を得るようになる。

裁 判 所 の 判 断

1　Yの受けた学資の支出及び婚姻の支度金給付による特別受益について

　「X（抗告人）は、Y（相手方）は、A（被相続人）から、生前学資の支給を受け、嫁入支度の贈与をえたと主張している。」

「本件記録によると、Yは、京都府立○○高等女学校高等科を卒業し、婚姻のさいAより一通りの婚姻支度を受けていることが認められる。したがってYは、民法903条にいうところの婚姻のための贈与を受けた特別受益者であるから、同条の相続分の算定に当って、右贈与額は当然斟酌されなければならない。」

2　Xの受けた学資の支出による特別受益について

「X（抗告人）は○○○大学に入学して一年間A（被相続人）から学資の支給を受けたことが本件記録上明らかであるから、右生計の資本としての贈与であるかどうかを、Aの社会的地位、資力その他諸般の事情によって検討し、これが肯定されるときは、前同様民法903条の相続分の算定に斟酌すべきである。原審判はこの点においても、何ら考慮した形跡がなく、法定相続分によって遺産の分割をしているのは、前同様失当である。」

コ　メ　ン　ト

　本事例は、遺産分割審判に対する即時抗告事件で、原審判を取り消して差し戻したものである。

　差戻理由の一つとして、Y（相手方）が婚姻支度をAから受けていることが認められ、これが特別受益に当たるところ、相続分の算定に当たって、Yの受けた婚姻支度の贈与額が斟酌されなければならないにもかかわらず、原審ではこれについて何ら考慮せず法定相続分によって遺産分割していることが挙げられている。

　Yへの学資の支出が特別受益に当たるとのX（抗告人）の主張については、高等女学校高等科の卒業事実を認定しているものの、これについては特別受益であるかについて特に判示せず、逆に抗告人Xの大学入学後1年間の学資の支給について、これが特別受益に当たるか、A（被相続人）の社会的地位、資力その他諸般の事情によって検討する必要があるにもかかわらず、これをしていないことを差戻しの理由の一つとして挙げている。

　もっとも、婚姻支度金についても、他の贈与と同じく、遺産総額に比して少額である場合には、相続分の前渡しとは言い難く特別受益には当たらないとされる場合もある。また、被相続人の資産状態、社会的地位等に照らしその扶養義務の範囲内に属するときは、特別受益として計上しないとする判例もあり、Xの学資支給と同様、特別受益に当たるか否かについて再度検討する必要がある。差し戻された裁判所ではこれらの事情を検討をした上で特別受益に当たるか判断することになると思われる。

　なお、本事例は、以上の差戻しの理由の他にも、「Z（利害関係人）は、A（被相続

人）から相続分に等しい生前贈与をすでに受けているため遺産分割に与る意思がなく、遺産である本件不動産の自己の持分をＸに贈与する旨の意思表示をしており、遺産を分割する必要とその理由がない」との抗告理由に対して、現在Ｚが相続分のあることを主張し、これにそう遺産の分与を求めている以上、持戻贈与に当たる生前贈与があったか否か検討すべきであり、Ｘに対して自己の持分を贈与する旨の意思表示は、自己の相続分を認識した上でこれをＸに贈与する明確な意思のもとしたためられたものと認めることは困難であるとして、Ｚも相続人であるとした上で、「Ｚ以外の相続人ＸＹが本件不動産だけを遺産とすることに合意しているからといって、これについてのみ遺産の分割をすることは、特段の事情がない限り許されず、原審が本件不動産のみを分割の対象としたのは失当である」として、取消し差戻しの理由としている。

　この他、原審が当事者の対立感情融和のため、本件不動産をＸとＹの共有とし、代償金をＺに支払うよう命じた分割方法についても、紛争の抜本的解決に資さず相当でないとして、取消し差戻しの理由としている。分割の方法として代償分割、換価分割が可能である場合は、共有分割を採用すべきでなく、対立感情融和の目的は共有分割という方法をとることの理由にはならないとしている。

　多数の論点について判示している決定であり、参考になると思われる。

　なお、本事例は、相続開始後に生じた不動産賃貸料についても、相続財産ではないが遺産分割の審判の対象にすべきであるとし、これを審判の対象から除外したことも取消し差戻しの理由としている。しかし、この点について判例（最判平17・9・8民集59・7・1931）は、「遺産である賃貸不動産を使用管理した結果生ずる金銭債権たる賃料債権は、遺産とは別個の財産というべきであって、各共同相続人がその相続分に応じて分割単独債権として確定的に取得するものと解するのが相当である」とし、当然に遺産分割の対象となるものではないとしている。実務においても、相続開始後遺産分割までの間に生ずる不動産賃貸料は、当然に遺産分割の対象となるものではなく、相続人全員が遺産分割の対象に含めることに合意した場合にのみ遺産分割の対象としている。

52　　第2章　特別受益をめぐる事例

10　婚姻支度の特別受益を認めなかった事例

（神戸家姫路支審昭43・2・29家月20・8・88）

当事者及び遺産の概要	
被相続人	A（昭和38年9月26日死亡） Aの妻（昭和41年1月27日死亡）
相続人及び 法定相続分	X：三男（申立人）8分の1 Y₁：長女（相手方）8分の1 Y₂：二女（相手方）8分の1 Y₃：長男（相手方）8分の1 Y₄：二男（相手方）8分の1 Y₅：五男（相手方）8分の1 Y₆：六男（相手方）8分の1 Y₇：三女（相手方）8分の1
遺産の額	1614万8000円
遺産の構成	宅地、建物、田、預金、現金等

当事者の主張	
X（申立人）	Y（相手方）
──	──

事実経過（裁判所が認定した事実）	
S4	Y₃（長男・相手方）出生　生まれつきの聾唖あり。 知能の発達の遅れ、他人との意思疎通に障害あり。 A（被相続人）生前は、Aを助けて農耕に励み、現在も農業労働のほとんど を担っている。
S5	Y₄（二男・相手方）出生 高校卒業後、助教員を2年した後、大学に入学。 Aから「跡取りだから2年で帰れ」と言われ、2年終了で中学校の教員に就職。 田（遺産）の耕作者として届出、収穫を全部取得。
S9	X（三男・申立人）出生 中学卒業後、Aと同じ鉄工会社に勤務。
S38	A死亡
S41.1	Aの妻死亡
S41.2	X、実家に戻り、Y₃の世話を引き受ける。

第2章　特別受益をめぐる事例　　53

裁 判 所 の 判 断

1　婚姻支度の贈与特別受益について

「Y₁及びY₂については、婚姻の仕度としてＡ（被相続人）から相当の贈与を受けたことが窺われないでもないが、その贈与の価額を明認することが出来ないのみならず、右はＡらの資産状態、社会的地位等に照らし、その扶養義務の範囲内に属するものと認めるを相当とするから、いずれもこれを生計資本たる特別贈与に計上しない。」

コ メ ン ト

本事例は、相続人のうちの数名が婚姻の支度としての相当の贈与を受けた事情が窺われるが、その価額は明らかでなく、また、被相続人らの資産状態、社会的地位等に照らしても、扶養義務の範囲内に属するものとして、特別受益として認めなかったものである。

婚姻のための贈与の事実があったとしても、必ずしも特別受益に当たらず、学資の支出などといった生計の資本としての贈与と同様、被相続人の資産状態や社会的地位等に照らして扶養義務の範囲内のものである場合は、特別受益に当たらないことを明らかにしたものである。婚姻のための贈与が特別受益に当たるかの判断において、扶養義務との関係について同様の基準を述べたものとして福井家裁昭和40年8月17日審判（家月18・1・87）がある。

いずれの審判も、贈与の価額が明認できないことに加えて、扶養義務の範囲内に属することを特別受益に当たらないことの理由としているが、贈与の価額がまったく判らないのであれば、特別受益として認定することもできず、扶養義務の範囲内に属するか否かについても判断することは困難である。価額が明認できないことだけで特別受益に当たらないとすることが可能であるにもかかわらず、さらに扶養義務との関係に言及している。価額が明認できない程度の贈与であるという事情自体、扶養の範囲にとどまる贈与であると評価する一事情になっているのではないかと思われる。また、そもそも、学資と異なり、婚姻支度費用の支弁が親の扶養義務の範囲に入ることがあるのかについては、意見が分かれるところである。

なお、本事例は、障害を持つ長男に、遺産の田を相続させ、その収益を長男の生活費に充てたいと思う二男以外の全相続人と、跡取りとして遺産のほとんどの相続を主張した二男との間で協議が難航し審判となった事案である。

裁判所は、現物分割、代償分割が困難なため、審判前の中間処分（昭和55年の一部改正前の旧家事審判規則107条）により、遺産管理者兼換価人を選任して遺産の一部を

換価させ、そのうえで遺産分割（終局審判）をしている。

現行法上は、家事事件手続法194条に中間処分としての換価を命ずる裁判が定められている。旧家事審判規則と異なり、換価人は相続人の中から選任されることになっている。

中間処分としての換価を命ずる裁判は、実務ではあまり例がなく、その点でも参考になる審判である。

第2章　特別受益をめぐる事例　　　55

11 婚姻のための費用及び教育費の特別受益を認めた事例

（大阪家審昭50・3・26家月28・3・68）

当事者及び遺産の概要	
被相続人	A（昭和42年1月5日死亡）
相続人及び法定相続分	X：四男（申立人）21分の2 Y₁：妻（相手方）3分の1 Y₂：長女（相手方）21分の2 Y₃：二女（相手方）21分の2 Y₄：長男（相手方）21分の2 Y₅：三女（相手方）21分の2 Y₆：四女（相手方）21分の2 Y₇：五女（相手方）21分の2
遺産の額	1280万4000円（相続開始時） 8336万9000円（遺産分割時）
遺産の構成	宅地、家屋、田、土地耕作権

当事者の主張	
X（申立人）	Y（相手方）
──	──

事実経過（裁判所が認定した事実）	
S4.4	A（被相続人）・Y₁（妻・相手方）婚姻
S21.4	Y₄（長男・相手方）、尋常高等小学校卒業以来、A経営の八百屋及び園芸を手伝う。
S31	Y₃（二女・相手方）婚姻
S35	Y₅（三女・相手方）婚姻
S38	Y₄（長男・相手方）婚姻
	Y₂（長女・相手方）婚姻
S42	A死亡
S46	Y₇（五女・相手方）婚姻
S49	X（四男・申立人）、A宅でY₁と暮らしていたが、別居。

56　第2章　特別受益をめぐる事例

裁 判 所 の 判 断

1　婚姻のための費用、学費の支出による特別受益について

　「A（被相続人）の子女中、X（四男・申立人）及びY6（四女・相手方）を除く、Y4（長男・相手方）、Y2（長女・相手方）、Y3（二女・相手方）、Y5（三女・相手方）及びY7（五女・相手方）の5名は、内容は兎も角、一応当時の義務教育を受け、当時のAの資力、社会的地位その他の事情を考え相当と思料される程度の費用をもって婚姻させて貰っているので、右5名の間においては特に特別受益について考慮するを要しない。又Xは、Aの生存中に婚姻するに至らなかった者であるが、同人のみが、唯1人私立高等学校普通科に通学卒業しているので、その間に要した入学金、学資その他の通学に必要な費用を支出して貰ったこととなるが、右金額は上記他の5名の姉兄の婚姻費用の支出による受益と同等と看做することができるので、Xについても特に考慮の余地はない。そこでY6の関係について見るに、同人は幼時の疾病の結果智能程度が低く、義務教育をも履修せず、かつ現在も独身の生活を送っているので、同人だけが、教育費も婚姻費用をも受け得なかったこととなる。従って、同人の関係について他の兄姉妹弟の受けた特別受益相当額を計算すると、Xの高等学校入学金は金10万円、月謝は金4500円で3年間の合計額は金16万2000円となるところ、総理府統計局による消費者物価指数は、Xの就学当時である昭和39年を100とした場合、昭和49年12月当時の指数は236.5であるから、右学費を昭和49年12月当時の価額に換算すると、

（100000円＋162000円）×2.265＝593430円

　金59万3430円となり、他の兄姉妹等の特別受益も右金額と大差ないものと考えられるので、遺産分割に当たり、Y6の関係で右金額を考慮することとする。」

2　寄与分について

　「別紙物件目録記載土地耕作権は、前記の如く、A生存中からY4がAと共にこれを耕作し続けて現在に至っているもので、同土地の耕作権はY4の行為によって現在引き続いて存在するもので、他の相続人には特に寄与した形跡が無いので、これについては、Y4に寄与分として取得させるのを相当とし、特に本件遺産分割に際しては考慮の外におくこととする。」

コ メ ン ト

　本事例は、相続人である7人の子のうち、5人は義務教育の費用及び婚姻のための費用の支弁を受け、1人は私立高校の学費の支弁を受け、1人は教育費・婚姻のための費

用の支弁をまったく受けていないという事案において、まったく支弁を受けていない
Y6（四女・相手方）を除く6人については、その受けた金額が同等とみなすことができ
るので特別受益として考慮せず、Y6との関係でのみ、同金額を遺産分割に当たり考慮
するとしたものである。

　相続人の間で婚姻のための費用と学費というように支出の目的が違っても、受けた
金額が同等であれば特別受益として扱わないのは、特別受益の制度が相続人間の衡平
を図るための制度であることから当然のことである。しかし、すべての共同相続人が
同様の利益を受けていない本件のような場合には、特別受益を個々に認定した上で、
その価額を相続開始時の相続財産に加算して、具体的相続分を算定していくのが通常
である。

　本事例は、教育費・婚姻のための費用の支弁をまったく受けなかったY6との関係で
のみ、他の相続人が受けた特別受益の金額を考慮するとして、遺産の評価額から同金
額を控除した額に基づいて相続分を算定し、Y6についてのみ同金額を相続分に加算し
て取得分を定めるという方法をとっている。

　この算定方法は、共同相続人が子のみの場合は通常の算定方法と取得分に差異がな
いが、本件のように共同相続人中に配偶者も含まれる場合には、配偶者の取得分が減
額される結果となる。このような結論については、配偶者の利益を損なうものであっ
て、許されないと評価することもできる。しかし、本件のように被相続人の資力・社
会的地位その他の事情から婚姻のための費用についても、教育費についても扶養義務
の範囲内であるから特別受益に当たらないとする結論もあり得るような事案におい
て、Y6（四女・相手方）のみ何らの支給も受けていないという事情を遺産分割におい
て何ら考慮しないのは衡平を失するとの観点から、被相続人と共に扶養義務を負う配
偶者に一定程度の負担を負わせる方法で、相続人間の衡平を図る算定をしたものと評
価することも可能である。

　また、本事例は、遺産の一部である土地耕作権について、長男であるY4が、尋常高
等小学校卒業以来、被相続人の経営する八百屋及び園芸業を手伝い、同土地の耕作を
被相続人と共に続けて現在に至っており、他の相続人には特に寄与した形跡がないと
して、土地耕作権（評価額355万2000円）をY4に寄与分として取得させ、これを遺産分
割の対象から除外している。家業（農業）に従事したことについて寄与分を認めた事
例として参考となる。

(2) 結納金、挙式費用

12 結納の式典そのものに生じた費用について特別受益を否定した事例

(名古屋地判平16・11・5平9(ワ)4409・平9(ワ)4660)

当事者及び遺産の概要	
被相続人	A（平成8年2月9日死亡）
相続人及び 法定相続分	X₁：長女（原告）10分の1 X₂：X₁の夫・養子（原告）10分の1 Y₁：二女（被告）10分の1 Y₂：三女（被告）10分の1 A：妻（訴外）2分の1 B：Y₁の夫・養子（訴外）10分の1
遺産の額	7億0937万7305円
遺産の構成	不動産、預金等

当事者の主張	
X（原告）	Y（被告）
――――	――――

事実経過（裁判所が認定した事実）	
S47 S55	X₁（長女・原告）とX₂（養子・原告）婚姻 Y₁（二女・被告）とB（養子・許外）婚姻 (注)X₁、Y₁双方の婚姻に際して結納の式典費用の支出があったのか、どちらか片方だけにかかる支出があったのかは判決からは不明である。

裁 判 所 の 判 断

1 結納の式典そのものに生じた費用による特別受益について

　まず、当事者各主張の特別受益項目が民法903条1項に定める「婚姻のため」の贈与に当たるかを検討するに、嫁入り道具や持参金等がこれに当たることはいうまでもない。しかしながら、結婚式や結納の式典そのものに生じた費用については、婚姻する者のみならずその両親ないし親戚一同にとって重要な儀式であることに鑑みると、両

親が子の結婚式や結納の式典に生じた費用を支出したとしても、それを両親から子に対する「婚姻のため」の贈与と評価すべきでないと解するのが相当である。

コ　メ　ン　ト

1　結納の式典そのものにかかった費用についての特別受益性を否定している。結納式にかかる費用は、挙式費用（事例11、13参照）と同様の性質を持つものといえ、かかる結論は妥当といえよう。

2　では、結納金そのものの特別受益性についてはどうか。

　　この点、学説には特別受益性を肯定する説（谷口知平・久喜忠彦『新版注釈民法(27)［補訂版］』202頁（有斐閣、平成25年））のほか、「現在の社会慣行に照らせば、相続分の前渡しとみられるほどの金額でない場合が少なくない」ことを理由として特別受益性を否定する説（松原正明『全訂判例先例相続法Ⅱ』35頁（日本加除出版、平成18年））がある。

　　また、最近の裁判例には「特別受益に含まれる婚姻のための贈与とは、持参金、支度金、結納金など婚姻のために特に被相続人からしてもらった支度の費用が含まれるものであり」として結納金についての特別受益性を認めるもの（京都地判平10・9・11判タ1008・213）、「原告の認めている程度の結納金等の額であれば、同金額が〔中略〕遺産総額に占める割合や、親が子を思う心情から支出するものであるという結納金の性質などを考えると、これらを原告の特別受益と認めることはできない」として特別受益性を否定するもの（東京地判平18・5・26平14(ワ)15325）がある。

　　前者の裁判例での結納金額は100万円、後者は30万円であることからすれば、結納金の特別受益性はその額の多寡によるものであり、「親が子を思う心情による支出」とされる程度の金額であれば特別受益性は否定され、それを超える程度の金額であれば特別受益性は肯定されるものといえよう。

＜参考判例等＞
○結納金の特別受益性を認めた事例（京都地判平10・9・11判タ1008・213）
○結納金の特別受益性を認めなかった事例（東京地判平18・5・26平14(ワ)15325）

第2章　特別受益をめぐる事例

13　挙式費用等の特別受益を認めなかった事例

（東京地判平28・10・25平26（ワ）26704）

当事者及び遺産の概要

被相続人	A（平成24年11月14日死亡）
相続人及び法定相続分	X：二女（原告）4分の1 Y₁：長男（被告）4分の1 Y₂：二男（被告）4分の1 B：長女（訴外）4分の1
遺産の額	3008万6387円
遺産の構成	不動産（土地、建物）、預貯金、貸金債権等

当事者の主張

X（原告）	Y（被告）
挙式費用等による特別受益：A（被相続人）は他の子に対して結婚式の費用等を援助しているから、X（二女・原告）に対する援助のみが特別受益に当たるとはいえない。	挙式費用等による特別受益：家具、寝具の代金及び挙式費用としての174万4320円の支払は生計の資本としての贈与であって、特別受益に当たる。 Y₁（長男・被告）、B（長女・訴外）は働いて相当の金額をAに渡していたのに対し、Xは、そうしていなかったことから、Xへの支出のみを特別受益と認めるべきである。

事実経過（裁判所が認定した事実）

S54	A（被相続人）、B（長女・訴外）の婚姻に際し家具寝具代金として50万1400円負担。
S55	A、Y₁（長男・被告）の婚姻に際し、家具寝具代金として11万9440円を負担。
S56	A、X（二女・原告）の婚姻に際し、家具代金70万5400円、寝具代金20万円、挙式費用83万8920円を負担。

第2章　特別受益をめぐる事例　　61

裁 判 所 の 判 断

1　挙式費用の負担による特別受益について

「儀礼的な性格もあり、遺産の前渡しといえないから特別受益にならない。」

2　家具代金及び寝具代金の負担による特別受益について

　家具代金及び寝具代金合計90万5400円については、X（二女・原告）が鹿児島県徳之島に嫁ぐために高額となった運送費用を含むものと認められるから、家具及び寝具の代金としてはさほど高額とはいえず、遺産の前渡しとまではいえないこと、A（被相続人）は、昭和54年のB（長女・訴外）の婚姻に際し、家具寝具代金として50万1400円、Y1（長男・被告）の昭和55年の婚姻に際し、家具寝具代金として11万9440円を負担していることに照らすと、特別受益に当たるとはいえないと解するのが相当である。

　なお、Y（被告）は、Y1及びBは、働いて相当の金額をAに渡していたのに対し、Xは、そうしていなかったことから、Xへの支出のみを特別受益と認めるべきであると主張し、証拠によれば、Y主張事実が窺われるが、Aは、家具寝具代金をY1、B及びXに対し、一時金として支出したのであるから、平生の家計の負担とは区別して考えるべきであり、平生の家計の負担が異なるとしても、それを理由に原告が受領した家具寝具代金についてのみ特別受益として扱うのは相当ではなく、Yの主張は失当である。

コ メ ン ト

1　本事例では、挙式費用について、「儀礼的な性格」もあるとして遺産の前渡しであるとはいえないとしている。

　本事例同様、挙式費用について特別受益性を否定する裁判例は数多く存在する。否定の理由については、①親の世間に対する社交上の出費としての性質が強いものであり、原則として特別受益に当たらないとするもの（東京地判平20・2・29（平15（ワ）11299））、両親ないし親戚一同にとって重要な儀式であることに鑑みるとそれを両親から子に対する「婚姻のため」の贈与と評価すべきではないとするもの（名古屋地判平16・11・5（平9（ワ）4409・平9（ワ）4660）（事例12参照））等、本事例と同様に挙式費用の性質に基づくもののほか、②扶養ないし養育の一内容としての支出であって遺産の前渡しとしての趣旨を含まないとするもの（東京地判平28・12・26（平23（ワ）29166・平24（ワ）25335））、③被相続人の資産状況からすれば自然な愛情の範囲を超えるものではなく生計の資本としての贈与を受けたとはいえない（東京地判平23・12・12（平21（ワ）21780））

とするもの等がある。これらの裁判例からすると、挙式費用については特別受益性を否定するのが原則的な考え方であるといえよう（なお、上記名古屋地裁平成16年11月15日判決は、同様の理由により「結納の式典そのもの」に生じた費用についても特別受益性を否定している。）。

　なお、挙式費用について特別受益性を肯定した事例として長野家裁昭和57年3月12日審判（家月35・1・105）、仙台地裁平成5年9月7日判決（民集52・2・447）があるが、前者においてはこれを肯定する理由について述べられていない。後者においては、肯定の理由につき、昭和49年当時の「結婚披露宴費用のうち祝儀代を引いた残額20万円の援助」について、「右程度の援助は、本来通常必要なものであるが、他の弟妹が結婚に伴う援助を受けていないことを考えると、特別受益に該当するものといわざるを得ない」としている。

2　また、家具及び寝具代金等の婚姻の支度のための費用については、価格（家具及び寝具の代金としてはさほど高額とはいえず、遺産の前渡しとまではいえない。）、他の相続人も婚姻に際し支度のための費用を受け取っていることを理由に特別受益性を否定している。上記名古屋地裁判決では「婚姻のため」の贈与に当たるかを検討するに、嫁入り道具や持参金等がこれに当たることはいうまでもないと述べており（＜参考判例等＞欄記載の京都地裁平成10年9月11日判決も同旨）、原則論としてはこのとおりであろう。しかし、同相続人間の実質的衡平を図るという特別受益制度の趣旨に鑑みれば、価格や他の相続人の婚姻時の支度との均衡を考慮したうえで特別受益該当性を判断することは妥当といえよう。

　なお、本事例では、「一時金として支出したのであるから、平生の家計の負担とは区別して考えるべき」として、相続人の被相続人家計に対する平生の負担の有無は一時金の特別受益該当性とは関連しないと判断しており、この点も参考になる。

＜参考判例等＞

○結婚費用等は生計の資本ではないから特別受益に当たらないとした事例（東京地判平15・12・15（平15（ワ）14678・平13（ワ）27908））

○特別受益に含まれる婚姻のための贈与には、「親の世間に対する社交上の出費たる性質が強い結婚式及び披露宴の費用は含まれない」とした事例（京都地判平10・9・11判タ1008・213）

2 生計の資本としての贈与
(1) 高等教育のための学資

14 定時制高校の学費の出費は「生計の資本として」の贈与には当たらないとされた事例

(盛岡家審昭42・4・12家月19・11・101)

当事者及び遺産の概要	
被相続人	A （昭和39年11月9日死亡）
相続人及び法定相続分	X：妻（申立人）21分の7 Y_1：四男（相手方）21分の2 Y_2：五男（相手方）21分の2 Y_3：六男（相手方）21分の2 Y_4：七男（相手方）21分の2 Y_5：長女（相手方）21分の2 Y_6：二女（相手方）21分の2 Y_7：三女（相手方）21分の2
遺産の額	300万0550円
遺産の構成	不動産

当事者の主張	
X （申立人）	Y （相手方）
定時制高等学校教育に関する学費（特別受益）：Y_4（七男・相手方）、Y_7（三女・相手方）は定時制高等学校教育を受けているところ、同教育を受けるに当たっての学費は特別受益に当たるため、持ち戻すべきである。	定時制高等学校教育に関する学費（特別受益）：定時制高等学校教育のための学費は特別受益には当たらない。

事実経過（裁判所が認定した事実）	
M35	X （妻・申立人）出生。
T12	Y_5 （長女・相手方）出生。
S5	Y_1 （四男・相手方）出生。
S7	Y_2 （五男・相手方）出生。

S10	Y₃（六男・相手方）出生。
S13	Y₆（二女・相手方）出生。
S16	Y₄（七男・相手方）出生。
S20	Y₇（三女・相手方）出生。
S39	A（被相続人）死亡。
S40	X、遺産分割調停申立て。その後、調停不調。
S41	X、遺産分割調停申立て。
	その後、遺産分割調停不成立。遺産分割審判手続に移行。

裁 判 所 の 判 断

1　Y₄、Y₇の定時制高等学校教育の学費（特別受益）について

　Y₄（七男・相手方）、Y₇（三女・相手方）の両名だけは定時制高等学校教育を受け、被相続人より学費等を出費してもらっているが、大学教育を受け、不相応に多額の出資をしてもらっているならともかく、この程度の教育に要した学費は今日民法903条1項所定の「生計の資本として」の贈与とみるべきではないと解する。

コ メ ン ト

　民法は、「生計の資本として」なされたものと認められる贈与について、特別受益として持戻しの対象としている。そして、共同相続人の中に、被相続人から遺贈又は一定の目的で贈与を受けた者がいる場合に共同相続人間の公平を図るという特別受益の趣旨からして、相続分の前渡しと評価できる程度の贈与のみが特別受益に当たるとされている。

　高等教育に関する学費についても、「生計の資本」としての贈与になりうるが、それはあくまでも上記趣旨からして、それが相続分の前渡しに当たると判断される必要がある。実際、大学教育を含む高等教育を受けることが一般的になってきている今日では、単に高等教育に関する学費であるというだけでは、特別受益に当たるとは考えられていない。被相続人の生前の資力や他の相続人との比較等を考慮して判断されることになる。

　本事例においては、当事者のうちY₄（七男・相手方）、X₇（三女・相手方）のみが定時制高等学校教育を受けており、同教育に関する学費が特別受益に当たるか否かが問題となった。しかしながら、裁判所は、単に定時制高等学校教育に関する学費の出資のみでは、「生計の資本として」の贈与には当たらないと判断している。ただし、本事例では同時に大学教育に関して不相応に多額の出資がなされているような場合については「生計の資本として」の贈与に当たりうることを指摘している。

　なお、本事例は昭和42年の判断であるという点は留意する必要があると思われる。

第2章　特別受益をめぐる事例　　65

15　相続人全員が大学教育を受けている等の事情において相続人の一人が卒業した歯科大学の学費は「生計の資本として」の贈与には当たらないとされた事例

（京都地判平10・9・11判タ1008・213）

当事者及び遺産の概要	
被相続人	A（昭和62年2月23日死亡）
相続人及び法定相続分	X：二女（原告）3分の1 Y_1：長男（被告）3分の1 Y_2：長女（被告）3分の1
遺産の額	7億5362万7678円
遺産の構成	不動産（土地）、預貯金、有価証券等

当事者の主張	
X（原告）	Y_1（被告）
歯科大学の学費（特別受益）について：Y_1（長男・被告）は、A（被相続人）から、婚姻のため又は歯科大学の学費を含めて生計の資本として計金7178万3000円の贈与を受けており、これらは特別受益に当たる。	歯科大学の学費（特別受益）について：Y_1は学費として金2352万3000円の贈与を受けたが、同贈与はAの生前の収入及び家庭事情からみて当然の扶養の範囲内として行われたものであり、特別受益には当たらない。

事実経過（裁判所が認定した事実）	
T11	A（被相続人）出生。
S18	A、大阪歯科医専卒業。
S21	A、歯科医開業。
S27	Y_2（長女・被告）出生。
S28	X（二女・原告）出生。
S30	Y_1（長男・被告）出生。
S62	A、遺言作成。
S62	A、死亡。
H2	X、遺言無効確認等請求訴訟を提起。

第2章　特別受益をめぐる事例

裁 判 所 の 判 断

1　歯学部教育に関する学費（特別受益）について

　被告Y1（長男）は前記認定の各財産の贈与は、亡A（被相続人）の生前の収入及び家庭事情から見て、当然の扶養の範囲内として行われたものであり、特別受益には当たらないと主張する。

　そこで考えるに学費に関しては、親の資産、社会的地位を基準にしたならば、その程度の高等教育をするのが普通だと認められる場合には、そのような学資の支出は親の負担すべき扶養義務の範囲内に入るものとみなし、それを超えた不相応な学資のみを特別受益と考えるべきである。本事例においては、前掲の各証拠並びに弁論の全趣旨によれば、被告Y1のみが医学教育を受けているとはいえ、原告X（二女）及び被告Y2（長女）のいずれも大学教育を受けていること、亡Aは開業医であり被告Y1による家業の承継を望んでいたことが認められ、これらの事実のほか、弁論の全趣旨により同人の生前の資産収入及び家庭環境に照らせば、相続人らはこれを相互に相続財産に加算すべきではなく、亡Aが扶養の当然の延長ないしこれに準ずるものとしてなしたものと見るのが相当である。

コ メ ン ト

　民法は、「生計の資本として」なされたものと認められる贈与について、特別受益として持戻しの対象としている。そして、共同相続人の中に、被相続人から遺贈又は一定の目的で贈与を受けた者がいる場合に共同相続人間の公平を図るという特別受益の趣旨からして、相続分の前渡しと評価できる程度の贈与のみが特別受益に当たるとされている。

　大学教育を含む高等教育を受けることが一般的になってきている今日では、単に高等教育に関する学費であるというだけでは、特別受益に当たるとは考えられていない。金額の多寡だけではなく、被相続人の生前の資力や他の相続人との比較等を考慮して相続分の前渡しに当たるか否かが判断されることになる。

　この点、例えば私立の医科大学の場合、通常は高額な入学金が必要になることから医科大学の学費等については、実務上もよく特別受益に当たるとの主張がなされることがある。

　本事例でも、相続人の一人の歯学部に関する学費が特別受益に当たるかどうかが争点となっている。この点について裁判所は、学費に関しては、親の資産、社会的地位を基準にしたならば、その程度の高等教育をするのが普通だと認められる場合には、

そのような学資の支出は親の負担すべき扶養義務の範囲内に入るものとみなし、それを超えた不相応な学資のみを特別受益と考えるべきである、との原則を示している。その上で、本事例においては、Y₁（長男・被告）のみならず他の当事者も大学教育を受けていること、開業医であったA（被相続人）はY₁が承継することを望んでいたこと、Aの生前の資産収入及び家庭環境等の事情を根拠として、Y₁の歯学部に関する学費の支出をAが扶養の当然の延長ないしこれに準ずるものと判断している。

　このように私立の医科大学の学費などの高額な支出であったとしても、即座に特別受益と判断されるわけではないということには留意する必要がある。

68 第2章 特別受益をめぐる事例

16 大学卒業までの高等教育に関する学費等として合計1765万円が特別受益に当たるとの主張が認められなかった事例

（京都家宮津支審平18・10・24家月60・9・99）

当事者及び遺産の概要	
被相続人	A（平成14年死亡）
相続人及び法定相続分	X：四女（申立人）5分の1 Y1：長男（相手方）5分の3 Y2：五女（相手方）5分の1 B：長女（Y1に相続分譲渡） C：次女（A死亡後、本申立前に死亡） D：Cの夫（Y1に相続分譲渡） E：Cの子（Y1に相続分譲渡）
遺産の額	9360万3235円
遺産の構成	不動産（土地、建物）、株式等

当事者の主張	
X（申立人）	Y1（相手方）
高等教育に関する学費（特別受益）：Y1（長男・相手方）が中学入学から大学卒業まで実家を離れて生活した際にA（被相続人）が支出した学費765万円及び下宿費1000万円（1年分を100万円として10年分）は特別受益に当たるため、持ち戻すべきである。	高等教育に関する学費（特別受益）：学費及び下宿費は、特別な受益には当たらない。

事実経過（裁判所が認定した事実）	
T12	B（長女・申立外）出生。
T14	C（次女・申立外）出生。
S4	X（四女・申立人）出生。
S6	Y1（長男・相手方）出生。
S10	Y2（五女・相手方）出生。
S19	Y1、○○大学○○中学校入学。以来、10年間実家を離れて下宿生活。
S21	X、高等女学校卒業後、○○師範学校に進学。

S24	X、○○師範学校卒業。
S29	Y₁、○○大学法学部卒業。Y₂、○○高校卒業。
S30	Y₂、○○短期大学入学。
H14	A（被相続人）死亡。
H16	X、遺産分割調停申立。
	遺産分割調停不成立。遺産分割審判手続に移行。

裁 判 所 の 判 断

1 高等教育に関する学費（特別受益）について

本事例記録によれば、Y₁（長男・相手方）は、昭和6年に出生し、昭和19年4月に○○市内の○○大学○○中学校に入学し、叔父宅に1年間寄宿した後、10年間○○市内で下宿生活を送り、昭和29年3月○○大学法学部を卒業したことが認められる。

しかし、他方で、X（四女・申立人）は、昭和4年に出生し、昭和21年3月に高等女学校を卒業後、○○師範学校に進学し、昭和24年3月に同校を卒業したこと、また、Y₂（五女・相手方）は昭和10年に出生し、昭和29年3月に○○高校を卒業した後、○○市内でXと同居し、昭和30年4月に○○短期大学に入学したこと、また、B（長女・申立外、大正12年生まれ）も師範学校を卒業し、C（次女・申立外、大正14年生まれ）も高等女学校を卒業したことが認められ、かかる進学状況に照らせば、当時において、Y₁のみが他の姉妹に比して高等教育を受けたということはできない。

したがって、同相手方の学費及び下宿費について特別な受益と解することはできず、この点に関する申立人の主張は採用できない。

コ メ ン ト

民法は、「生計の資本として」なされたものと認められる贈与について、特別受益として持戻しの対象としている。そして、共同相続人の中に、被相続人から遺贈又は一定の目的で贈与を受けた者がいる場合に共同相続人間の公平を図るという特別受益の趣旨からして、相続分の前渡しと評価できる程度の贈与のみが特別受益に当たるとされている。

高等教育に関する学費についても、「生計の資本」としての贈与になりうるが、それはあくまでも上記趣旨からして、それが相続分の前渡しに当たると判断される必要がある。実際、大学教育を含む高等教育を受けることが一般的になってきている今日では、単に高等教育に関する学費であるというだけでは、特別受益に当たるとは考えられていない。被相続人の生前の資力や他の相続人との比較等を考慮して判断されるこ

とになる。

　本事例でも、単にY₁（長男・相手方）のみが大学まで卒業したこと、すなわち高等教育に関する学費の援助を受けていたか否かを検討するのではなく、他の姉妹らが受けた学費と比較しており、その上でY₁が受けた学費が相続の持戻しと同視されるだけの高額な出費であるとは認められないと判断されている。

　なお、本事例の抗告審（大阪高決平19・12・6家月60・9・89）は、「本件のように、被相続人の子供らが、大学や師範学校等、当時としては高等教育と評価できる教育を受けていく中で、子供の個人差その他の事情により、公立・私立等が分かれ、その費用に差が生じることがあるとしても、通常、親の子に対する扶養の一内容として支出されるもので、遺産の先渡しとしての趣旨を含まないものと認識するのが一般であり、仮に、特別受益と評価しうるとしても、特段の事情のない限り、被相続人の持戻免除の意思が推定されるものというべきである」との理由で原審同様にXの主張を否定している。

第2章　特別受益をめぐる事例　　71

17　医学部学費が生計の資本としての贈与に当たらないとされた事例

（東京地判平20・2・29平15（ワ）11299）

当事者及び遺産の概要	
被相続人	A（平成11年11月21日死亡）
相続人及び法定相続分	X：非嫡出子（原告）10分の1 　　（非嫡出子の法定相続分は、平25法94改正前民法900条による） Y₁：妻（被告）2分の1 Y₂：嫡出子（被告）5分の1 Y₃：嫡出子（被告）5分の1
遺産の額	不明
遺産の構成	預貯金、有価証券、不動産等

当事者の主張	
X（原告）	Y₂（被告）
医学部の学費が特別受益に当たるか否か： Y₂（子・嫡出子・被告）は、大学医学部の学資6820万2200円を含む学費8334万0734円をA（被相続人）に支払ってもらっており、これは特別受益に当たる。	医学部の学費が特別受益に当たるか否か： 学費のうち特別受益の関係で問題となるのは、事実上、大学医学部の学費だけである。そして、Y₂には次の事情が認められるので、Y₂にかかった学費は特別受益に該当しない。 ①Aは裕福な医師であり、Y₂に対し医学部への進学を強く希望して勧めた結果、進学したものであること ②Y₂は、医師国家試験にも合格しており、医師になるつもりでいたのに、急に病に倒れたAから、同族会社の経営の後継者に指定されたために、医師になることを断念し、せっかくの高い学費が生計の資本として活かされなくなったこと ③Y₂は医学部の卒業と同時に、同族会社の経営を引き継いだことにより、一度も医療実務に就くことなく現在に至っており、その間の医療技術の加速度的な進歩により、医師業務に従事する能力を事実上失っ

ていること

④Y₂が医師になることを諦め、Aの後継者として同族会社の経営に当たったことにより、同族会社の維持・発展が果たされたのであるから、その同族会社の価値を含む遺産を対象とする遺留分減殺において、Y₂が受けた医学部の学費を特別受益とするのは条理に反し、著しく不公平な結果となること

事実経過（裁判所が認定した事実）

H7.12.15	A（被相続人）、公正証書遺言作成。
H11.11.21	A、死亡。
H12.9.7	X（子・非嫡出子）、Y₁（妻・被告）らを相手に遺留分減殺の意思表示。
H15.5.21	X、本件訴訟を提起。

裁 判 所 の 判 断

1 Y₂が支払ってもらった8334万0734円の学費（うち大学医学部の学資6820万2200円）が特別受益に当たるか否か

　X（子・非嫡出子・原告）は、Y₂（子・嫡出子・被告）が8334万0734円の学費（うち大学医学部の学資6820万2200円）を支払ってもらっており、これが特別受益に当たると主張する。

　しかしながら、Y₂がXの主張する学費を要したことを認めるに足りる証拠はない。

　Y₂が私立学校で初等、中等教育を受けた点については、その学費は初等、中等教育の経費であり、A（被相続人）が裕福であることなどに照らせば、Aが親として子に対する扶養義務を果たしたにすぎず、贈与に当たらない。

　次に、Y₂の大学医学部の学費が特別受益に当たるかどうかを検討する。学資に関しては、親の資産、社会的地位を基準にして、その程度の高等教育をするのが普通であると認められる場合には、当該学資の支出は親の負担すべき扶養義務の範囲内に入ると解される。しかるところ、証拠及び弁論の全趣旨によれば、Aは裕福な医師であり、Y₂に対し医学部への進学を強く希望して勧めてY₂が進学したことが認められる。これらの事情の下で、親であるAの職業、資産、社会的地位を基準にすると、Y₂が医学部に進学して教育を受けるのは特別なことではなく、上記学資の支出は親の負担すべき扶養義務の範囲内に入るとみることができる。しかも、証拠及び弁論の全趣旨によ

れば、Y2は医師国家試験に合格して医師になるつもりでいたが、Aが急に病に倒れ、同人から同族会社の経営の後継者に指定されたために、医師になることを断念し、そのため高い学費が生計の資本として生かされなくなったこと、Y2は、医学部の卒業と同時に同族会社の経営を引き継いだことにより、一度も医療実務に就くことなく現在に至っており、その間の医療技術の加速度的な進歩により、医師業務に従事する能力を事実上失っていること、Y2が医師になることを諦めてAの後継者として同族会社の経営に当たったことにより、同族会社の維持・発展が果たされたことが認められる。このような事情を総合勘案すると、少なくとも上記学費は生計の資本としての贈与に当たらない。

コメント

　本事例は、相続人の一人の医学部の学費が特別受益に当たるか否かが争点となった事案であるところ、その後の事情で結局、同相続人が医師となることを断念していたという点に特徴がある。

　本事例においても、「生計の資本」としての贈与になるか否かは、単に金額の多寡で判断されているわけではなく、特別受益の趣旨に基づき、被相続人の生前の資力や他の相続人との比較等を考慮して判断されている。

　この点、裁判所は、「学資に関しては、親の資産、社会的地位を基準にして、その程度の高等教育をするのが普通であると認められる場合には、当該学資の支出は親の負担すべき扶養義務の範囲内に入ると解される。」と原則を述べた上で、本事例の具体的な検討を行っている。

　裁判所は、①A（被相続人）は裕福な医師でありY2（子・嫡出子・被告）に対し医学部への進学を強く希望して勧めてY2が進学したことが認められること、②親であるAの職業、資産、社会的地位を基準にすると、Y2が医学部に進学して教育を受けるのは特別なことではなく、上記学資の支出は親の負担すべき扶養義務の範囲内に入るとみることができる、としている。さらには、Y2が結局、医師になることを断念し、そのため高い学費が生計の資本として生かされなくなったこと、Y2は、医学部の卒業と同時に同族会社の経営を引き継いだことにより、一度も医療実務に就くことなく現在に至っており、その間の医療技術の加速度的な進歩により、医師業務に従事する能力を事実上失っていること、Y2が医師になることを諦めてAの後継者として同族会社の経営に当たったことにより、同族会社の維持・発展が果たされた等の事情を認定し、その結果学費は生計の資本としての贈与に当たらない、と判断している。なお、裁判所が示した根拠はいずれもY2の主張を採用したものである。

第2章　特別受益をめぐる事例

18 自ら進学の機会を放棄した相続人による他の相続人の高等教育のための学費が特別受益に当たるとの主張を否定した事例

（東京地判平22・2・24平19（ワ）17751）

当事者及び遺産の概要	
被相続人	A （平成18年2月13日死亡）
相続人及び法定相続分	X：三男（原告）3分の1 Y：二男（被告）3分の1 B：長男（訴外）3分の1
遺産の額	1億3832万3979円
遺産の構成	不動産、賃借権、動産、債権等

当事者の主張	
X （原告）	Y （被告）
進学関連の特別受益の有無：Y（二男・被告）は、中学時代から学校嫌いであり自らの意思によって高校に進学しないことを選択し、高等教育を受ける機会を放棄した。そして、A（被相続人）は、自らの子らに勉学を奨励し、子らに高等教育を受けさせるに十分な資産や地位を有しており、X（三男・原告）の高等教育費用を負担したとしても、それは特別受益には当たらない。	進学関連の特別受益の有無：Xは私立高校及び大学（文科系）に進学したところ、これらにかかった学費等合計646万9080円は特別受益に当たる。

事実経過 （裁判所が認定した事実）	
——	A （被相続人）、出生。
S16.11	A、前妻と婚姻。
	A、前妻との婚姻中にB（長男・訴外）、Y（二男・被告）、X（三男・原告）出生。
S25.11	A、前妻と離婚。
S29.9	A、C（後妻）と婚姻。
	B及びXの最終学歴は私立大学卒、Yの最終学歴は中学卒。
H4.7〜8	A、遺言公正証書2通作成。
H6.4.4	C、死亡。
H18.2.13	A、死亡。

第2章　特別受益をめぐる事例　　75

裁　判　所　の　判　断

1　進学関連の特別受益の有無について

　A（被相続人）の資産状況や社会的地位からして、B（長男・訴外）、Y（二男・被告）及びX（三男・原告）がそれぞれ中学校卒業以降の時点において高校や大学において高等教育を受けることを希望するときはそれをかなえるのが十分に可能であったこと、現に長男のBと三男のXは私立大学を卒業していること、他方、二男のYは、自らの適性等を判断し、中学校卒業後に進学しないまま小さな企業に就職し、技術やノウハウを学び、Aが代表取締役をしている会社に戻ってからAに協力したことが認められる。

　以上によれば、Aの3子はそれぞれの適性等に応じて進学や就職をしたもので、Yも進学を希望したのであればAの資力等の要因によってそれが妨げられることはなかったのに、自ら就職を選択し、進学の機会を放棄したものということができる。このような場合において、たまたまB及びXが私立大学にまで進学しその学費等はAにおいて負担しているからといって、B及びXだけがYに比して相続財産に持ち戻されるべき特別の受益があるとすることはできない。

　したがって、Yの主張は採用することができない。

コ　メ　ン　ト

　本事例は、自らの意思で高等教育を受けることを望まなかった者が、後に他の相続人らの高等教育のための学費が特別受益に当たると主張している点で注目される事案である。

　結局、裁判所は、自ら就職を選択し、進学の機会を放棄したことなどを根拠として、Y（二男・被告）の主張を排斥している。

　これは、Yも希望すれば進学できたという状況においては、進学の機会は全相続人に平等に与えられていたといえ、これを自ら放棄した相続人については特別受益として考慮しなくても共同相続人間の公平を図るという特別受益の趣旨を害さないとの判断が働いたものと思われる。

第2章　特別受益をめぐる事例

19 歯学部進学に伴う学費、下宿費等については扶養の一部と見るのが相当であるとして、特別受益に当たらないとされた事例

（東京地判平25・3・28平21(ワ)15138）

当事者及び遺産の概要	
被相続人	A（平成16年12月30日死亡）
相続人及び 法定相続分	X：子（原告）2分の1 Y：子（被告）2分の1
遺産の額	7138万8853円
遺産の構成	不動産（土地、建物）、預貯金

当事者の主張	
X（原告）	Y（被告）
歯学部進学に伴う学費、下宿費：X（子・原告）の医科大学歯学部の学費や在学中の下宿費についてはA（被相続人）ではなく、Aの夫（X・Yの父）が負担している。	歯学部進学に伴う学費、下宿費：Xは医科大学歯学部進学に伴う入学金、授業料、実験実習費合計273万円をAに負担してもらっており、消費者物価指数を用いてA死亡時の価値に引き直した金383万6862円の受益を得ている。また、医科大学歯学部在学中の生活費として72か月にわたり月額10万円をAに負担してもらっており、合計金720万円の受益を得ている。

事実経過（裁判所が認定した事実）	
S49.3	X（子・原告）、岩手医科大学歯学部に合格（入学金等納入額合計273万円）。
S54	X、岩手医科大学歯学部卒業。
H10.6.15	A（被相続人）、財産全部を包括してY（子・被告）に相続させる旨の遺言。
H16.12.30	A、死亡。
H17.10.5	X、Yに対して遺言に基づくAの遺産の相続について遺留分減殺請求。

第2章　特別受益をめぐる事例　　77

裁 判 所 の 判 断

1　原告の歯学部進学に伴う学費、下宿費及び生活費について

　X（子・原告）は、岩手医科大学歯学部に進学しており、同大学に対する納入額総額は273万円であるところ、Y（子・被告）は、短大を卒業しており、在学期間及び学部の性質に照らし、Xは、Yよりも高額の学費を要したものと認められる。

　A（被相続人）は、その資産状況に照らすと、Xの大学在学中も相応の資産及び収入を有していたものと推認することができ、これを妨げるに足りる証拠はない。そうすると、原告の学費、下宿費及び生活費については、これをAが負担したものとしても、扶養の一部と見るのが相当であり、生計の資本としての贈与と認めることはできない。

コ　メ　ン　ト

　本事例は遺留分減殺請求訴訟であるところ、この中で、Y（子・被告）が、X（子・原告）の歯学部進学に伴う学費等をA（被相続人）が負担したことについてXの特別受益に当たると主張した。

　Yの主張に対し、裁判所は、相続時のAの資産状況等に照らして、Aが上記学費等を負担した当時、相応の資産及び収入を有していたものと推認することができるとして、Yの主張を斥けている。その前提として、裁判所は、Aの遺産として、土地2筆合計金4416万9800円、建物2物件合計846万6876円及び預貯金合計1875万2177円があると認定しており、同遺産合計金7138万8853円と対比すれば、Aが負担したXの歯学部進学に伴う学費、下宿費及び生活費合計273万円はAにとって過大な支出であったと考えることは難しいであろう。

　なお、平成30年の相続法の改正により、遺留分減殺制度の内容も見直された。改正内容の詳細にまでは触れないが、主に遺留分減殺請求の効力や遺留分の算定方法についての改正がなされている。

　今回の改正では、遺留分減殺請求の効力について、遺留分権利者は、遺留分侵害額に相当する金銭の支払のみを請求できることとなった（改正民1042ないし1049）。また、遺留分の算定方法については、遺留分算定の基礎となる財産に含める生前贈与について、第三者に対する贈与については、従前どおり原則として相続開始前の1年間にしたものに限りその価額を算入するものとし、相続人に対する贈与については原則として相続開始前の10年間とすることとなった（改正民1043）。

（2）　生命保険等

20 かんぽ生命保険金について民法903条の類推適用を認めなかった事例

（東京地判平27・6・25平25（ワ）24866）

当事者及び遺産の概要

被相続人	A（平成25年1月6日死亡）
相続人及び 法定相続分	X：長女（原告）2分の1 Y：二女（被告）2分の1
遺産の額	4697万1749円
遺産の構成	不動産、預金等

当事者の主張

X（原告）	Y（被告）
かんぽ生命保険金による特別受益：遺言ですべての財産を取得したY（二女・被告）に特段に給付する必要はない。保険金額（1322万9632円）が高額であるから不公平感が強い。Yの生活を保障したいとのA（被相続人）の目的、意図も存在しない。	かんぽ生命保険金による特別受益：X（長女・原告）はすでに2690万円余りの特別受益を得ている。Yも1000万円余りの特別受益を得ているものの、平成21年からA死亡時までAの世話・介護をしてきた。Aの葬儀、納骨、墓地の移転等の世話や費用の支出はYが単独で行ってきた。これらに要した多額の支出や労苦は特別受益の算定に当たって考慮するべき。

事実経過（裁判所が認定した事実）

H17〜21	A（被相続人）、X（長女・原告）に対し合計約2091万円を交付。
H19	A、遺言公正証書作成（各不動産をそれぞれXとY（二女・被告）に相続させ、預貯金についてはXYともに1／2ずつ相続させる内容のもの）。 同年までは主にXが、その後は主にYがAの自宅を訪問して同人の世話をする。
H22	A、遺言公正証書作成（H19年作成の遺言を全部撤回し、一切の財産をYに相続させるとする内容のもの）。

H24.2.11	X、Aのもとを訪問し自筆証書遺言を作成させる（ただし、無効との判断）。Xの帰りがけにAは転倒して受傷。
H24.2.16 ～	Y、Aの施設入所を手配、見舞等行う。
H25	A死亡。Y、かんぽ生命保険金1322万9632円受領。 (注)時期、内容は不明であるがYはAの生前に1004万9300円の特別受益を得ている。

裁 判 所 の 判 断

1　かんぽ生命保険金による特別受益について

　X（長女・原告）は、Y（二女・被告）が保険金受取人として受領した株式会社かんぽ生命保険金1322万9632円（以下「本件保険金」という。）を特別受益とすべきである旨主張する。保険契約に基づき保険金受取人とされた相続人が取得する死亡保険金請求権又は死亡保険金は、民法903条1項に規定する遺贈又は贈与に係る財産には当たらないが、保険金受取人である相続人とその他の共同相続人との間に生ずる不公平が、同条の趣旨に照らし、到底是認することができないほどに著しいものであると評価すべき特段の事情が存する場合には、同条の類推適用により、死亡保険金請求権は、特別受益に準じて、持戻しの対象となるものである。そして、特段の事情の有無については、死亡保険金の額、この額の遺産の総額に対する比率、同居の有無、被相続人の介護等に対する貢献の度合い、各相続人の生活実態等の諸般の事情を総合考慮して、保険金受取人である相続人と、その他の共同相続人との間に生ずる不公平が民法903条の趣旨に照らし到底是認することができないほどに著しいものかを判断することが相当である（以上につき、最高裁平成16年10月29日決定・民集58巻7号1979頁等参照）。

　本件においては、①保険金の額、②遺産総額に対する比率、③平成19年以降は、主にYがA（被相続人）の自宅を訪問して、Aの世話をし、平成24年2月11日にAが怪我をした後、死亡時まで、YがAを施設に入所させたり、病院への見舞いにいっていたという経緯、④Xは、Aより、前記のとおりの贈与を受けていたこと、⑤Xの経済状況が厳しいものであることをうかがわせる事情もないことなどを総合し、平成19年までは、主にXが、Aの自宅を訪問して、Aの世話をしていたことを考慮しても、民法903条の類推適用により、特別受益に準じて、本件保険金を持戻しの対象とすべき特段の事情があるということはできない。

コ メ ン ト

　判例（最判平16・10・29民集58・7・1979）は、「保険契約に基づき保険金受取人とされた相続人が取得する死亡保険金請求権又は死亡保険金は、民法903条1項に規定する遺贈

又は贈与に係る財産には当たらないが、保険金受取人である相続人と、その他の共同相続人との間に生ずる不公平が民法903条の趣旨に照らし到底是認することができないほどに著しいものであると評価すべき特段の事情が存する場合には、同条の類推適用により特別受益に準じて持戻しの対象となる」とした上で、上記特段の事情の判断基準として「①死亡保険金の額、②この額の遺産の総額に対する比率、③同居の有無、④被相続人の介護等に対する貢献の度合い、⑤各相続人の生活実態等の諸般の事情」を列挙し、これらを総合考慮して判断すべきとしており、本件は上記判断基準へのあてはめの一つの例として参考になる。

　本事例では、①死亡保険金の額、②この額の遺産総額に対する比率については、①が1322万円程度、②は28％程度となっている。また、③Ｙ（二女・被告）はＡ（被相続人）と同居はしていないものの、④介護等に対する貢献の度合いはＸ（長女・原告）よりも高い。さらに、⑤Ｘの経済状況が厳しいものであることをうかがわせる事情はない。

　このような場合には「特段の事情」は認められないとするのが本事例であり、「特段の事情」に関する判断の例として参考になろう。

第2章　特別受益をめぐる事例　　81

21 死亡保険金について民法903条の類推適用を認めなかった事例

（東京地判平25・10・9平22（ワ）15334）

当事者及び遺産の概要	
被相続人	A（平成21年10月1日死亡）
相続人及び法定相続分	X：長女（原告）2分の1 Y：三女（被告）2分の1
遺産の額	積極財産：15億0345万2931円（相続債務：10億0381万3397円）
遺産の構成	不動産、預貯金等

当事者の主張	
X（原告）	Y（被告）
死亡保険金受領による特別受益：A（被相続人）が契約した年金保険契約に基づきY（被告）が受領する死亡保険金が4億円に上るのに対し、相続財産の額は10億2157万1536円となり、大きな不公平が存在する。	死亡保険金受領による特別受益：本件遺産総額は14億7000万円であるところ、Yが受領する保険金額は4億円と遺産総額の3割にも満たない。不公平は、民法903条の趣旨に照らし到底受忍できないほどに著しいものと評価すべき特段の事情とはいえない。

事実経過（裁判所が認定した事実）	
S39	A（被相続人）、所有地を都に売却し、売却代金でマンションビルを建築する夢を持ち始める。
H8.2	X（長女・原告）、AがX夫婦のために購入したマンション、Aが改造等したXの夫の鍼灸院を去り、夫が夫の父の資金援助を受けて建てたマンションに転居。これを機にAはXと言葉を交わすことはほとんどなくなった。
H15、16～	A、都との間の所有地売却交渉を熱心に行う。
H17.11	A、交通事故に遭い身体が不自由に。Y（三女・被告）がAの身の回りの世話をするようになる。
H18	A、Yに都との交渉の代理を依頼。
H19.11	Yの交渉により、都との土地売買契約成立。9億円の入金が確実となる。Aは計画実現に向けての行動を開始し、計画途中に自身が死亡した場合に備えて税理士の紹介を受けるなど、計画が頓挫しないよう種々の対策の検討を開始。

H19.12	A、「私の財産を妻とYに相続させる」との自筆証書遺言作成。
H20.5	A、相続税対策として税理士のアドバイスを受け、保険受取人を亡妻とする3000万円の積立利率金利連動型年金契約、及び、保険受取人をYとする3000万円の積立利率金利連動型年金契約を締結し、一時払保険料として計6000万円を支払う（年金保険契約1）。
H20.8	A、ビルの建築工事を6億7095万円で発注、その後着工。
H20.11〜12	Aの妻、死亡。A、「一切の財産をYに相続させる」との公正証書遺言作成。
H20.12	Y家族、夜間のみAと同居開始
H21.3	A、銀行から5億円を借入れし、Yがこれについて連帯保証。
H21.5〜7	A、入院
H21.6	A、年金保険契約1につき継続年金受取人、死亡給付金受取人を亡妻からYに変更。
H21.8	A、相続税対策として税理士のアドバイスを受け、3億4000万円の積立利率金利連動型年金契約を締結し、一時払保険料として3億4000万円を支払う（年金保険契約2）。これは、本件マンション竣工引渡時にはAは建設会社に3億3595万円を支払う必要のあるところ、その前にAが死亡して銀行預金が凍結されても年金保険契約2の解約返戻金により支払が可能になり、また、同保険を解約せずにすんだ場合には、長期の年金払とすることで相続税評価額を低く抑えることができるという効果のあるものであった。
H21.10	A死亡。

裁 判 所 の 判 断

1 生命保険金による特別受益について

「保険契約に基づき保険金受取人とされた相続人が取得する死亡保険金請求権は、民法903条1項に規定する遺贈又は贈与に係る財産には当たらないと解するのが相当である。もっとも、保険金の額、この額の遺産の総額に対する比率のほか、同居の有無、被相続人の介護等に対する貢献の度合いなどの保険金受取人である相続人及び他の共同相続人と被相続人との関係、各相続人の生活実態等の諸般の事情を総合考慮して、保険金受取人である相続人とその他の共同相続人との間に生ずる不公平が民法903条の趣旨に照らし到底是認することができないほどに著しいものであると評価すべき特段の事情が存する場合には、同条の類推適用により、当該死亡保険金請求権は特別受益に準じて持戻しの対象となると解するのが相当である（最高裁平成16年10月29日第二小法廷決定・民集58巻7号1979頁参照）。

　上記各契約における保険金の額は合計4億円であり、持戻後遺産評価額15億3145万2931円に対する比率は2割6分程度である。Y（三女・被告）は、平成17年以降、亡A（被相続人）の身の回りの世話や介護を全て引き受け、亡Aの夢でもあったビル建築

計画についても亡Aを代理して計画実現のために交渉等を行い、相続開始後も、完成した本件建物を運営し、建築のためにかかった費用に関する負債9億9938万0591円を全て負って返済を続けている。Yが保険金として受領する4億円は、本件建物建築費用と完成後の運営費用のために設定されたものであり、この資金がないと、将来本件建物の運営事業に支障が生ずる可能性が高い。他方、X（長女・原告）は平成8年以降、亡Aとは疎遠となり、上記本件建物建築及び本件建物の運営に一切関わっていない。

　以上の事情を総合考慮すると、保険金受取人である相続人とその他の共同相続人との間に生ずる不公平が民法903条の趣旨に照らし到底是認することができないほどに著しいものであると評価すべき特段の事情があるとまではいえない。したがって、上記各契約に基づき受領する保険金について民法903条の類推適用はなく、特別受益に準じて持戻しの対象とすべきものということはできない。」

コメント

　本事例も、「保険金受取人である相続人と、その他の共同相続人との間に生ずる不公平が民法903条の趣旨に照らし到底是認することができないほどに著しいものであると評価すべき特段の事情」（最判平16・10・29民集58・7・1979）の有無に関するものである。上記判例が特段の事情の判断基準として示す「①保険金の額、②この額の遺産の総額に対する比率、③同居の有無、④被相続人の介護等に対する貢献の度合い、⑤各相続人の生活実態等の諸般の事情」についてのあてはめの一例として参考になる。

　本事例では、①保険金の額は4億円とかなり多額であるが、②この額の遺産総額に対する比率については26％程度である。また、③Y（三女・被告）はA（被相続人）と同居はしていないものの、④Aの身の回りの世話や介護についてはYが全て引き受けている。加えて、YはAの夢であったビル建築計画について交渉等を行い、相続開始後も、完成したビルを運営し、建築費用に関する負債9億9938万0591円を全て負って返済を続けているという事情があり、さらに本件死亡保険金4億円はビルの運営費・建築費のためのものであって、ビル運営維持のために必要であるという特筆すべき事情がある。

　このような場合には「特段の事情」は認められないとするのが本事例であり、「特段の事情」に関する判断の例として参考になろう。

84　第2章　特別受益をめぐる事例

22　死亡保険金について特別受益に準ずるとし、被相続人から引き継いだ保険契約の解約返戻金について特別受益を認めた事例

（名古屋高決平18・3・27家月58・10・66）

当事者及び遺産の概要	
被相続人	A（平成14年5月31日死亡）
相続人及び法定相続分	X：妻（抗告人・原審申立人）2分の1 Y₁：Aの先妻との長女（相手方・原審相手方）4分の1 Y₂：Aの先妻との長男（相手方・原審相手方）4分の1
遺産の額	8423万4184円
遺産の構成	不動産、保険解約返戻金（遺産分割の対象とする旨の合意あり）等

当事者の主張	
X（抗告人）	Y（相手方）
死亡保険金等受領による特別受益：仮に死亡保険金等を持戻しの対象とする場合であっても、平成11年1月6日の婚姻以降はX（妻・抗告人）が保険料を負担してきたのであるから、持戻しの対象となる金額を死亡保険金等の全額とするのではなく、払込期間に応じて減額すべきである。	死亡保険金等受領による特別受益 ――
被相続人がY₁の名義で加入して保険料を支払い続け、Y₁が引継ぎを受けた生命保険の解約返戻金の受領による特別受益 ――	被相続人がY₁の名義で加入して保険料を支払い続け、Y₁が引継ぎを受けた生命保険の解約返戻金の受領による特別受益：かかる保険契約の引継ぎは、Y₁（先妻との長女・相手方）がそれまでA（被相続人）に貸し付けていた金銭について返済請求をしないことの対価としてなされたものであり、一種の代物弁済である。
被相続人から契約名義人の変更を受けてY₂が引き継いだ生命保険の解約返戻金の受領による特別受益 ――	被相続人から契約名義人の変更を受けてY₂が引き継いだ生命保険の解約返戻金の受領による特別受益 ――

第2章　特別受益をめぐる事例　　85

アパート無償使用による特別受益：Y₂（先妻との長男・相手方）が平成9年1月から平成14年5月末までA所有の賃貸アパートの401号室を、平成13年6月から平成14年5月末まで402号室を使用してきたことを特別受益として評価すべきである。	アパート無償使用による特別受益 ――

事実経過（裁判所が認定した事実）	
H9.1	Y₂（被相続人と先妻との長男・相手方）、A（被相続人）所有の賃貸アパートの401号室の使用開始（H14.5末まで）
H11.1	A、X（妻・抗告人）と婚姻。
H11.1ころ	①A、死亡保険金3072万6196円となる終身保険特別保障型契約につき、死亡保険金受取人をY₂からXへ変更。 ②A、死亡保険金507万8246円となる保険契約につき、死亡保険金受取人をY₂からXへ変更。 ③A、死亡保険金358万4848円となる保険契約につき、死亡保険金受取人をY₂からXへ変更。 ④A、死亡保険金1215万1556円となる保険契約につき、死亡保険金受取人をY₂からXへ変更。
H13.6	A、Aの名義で加入してAが保険料を負担してきた生命保険につき契約名義人をY₂に変更し、Y₂がこれを引き継ぐ（当時の解約返戻金等の額：357万2661円）。 Y₂、A所有賃貸アパートの402号室の使用開始（H14.5末まで）
H14.1	A、Y₁（被相続人と先妻との長女・相手方）名義で加入してAが保険料を負担してきた生命保険につきY₁に引き継ぐ（当時の解約返戻金等の額：少なくとも150万円を下らない）。
H14.5	A死亡。

裁　判　所　の　判　断

1　死亡保険金による特別受益について

「保険契約に基づき相続人が取得した死亡保険金等は、民法903条1項に規定する遺贈又は贈与に係る財産には当たらないと解するのが相当であるが、保険金受取人である相続人とその他の相続人との間に生ずる不公平が民法903条の趣旨に照らし到底是認することができないほどに著しいものであると評価すべき特段の事情が存する場合には、同条の類推適用により、当該死亡保険金等は特別受益に準じて持戻しの対象となると解するのが相当である（最高裁第二小法廷平成16年10月29日決定・裁判所時報

1375号3頁以下参照）。

　これを本件についてみると、死亡保険金等の合計額は5154万0864円とかなり高額であること、この額は本件遺産の相続開始時の価額の約61パーセント、遺産分割時の価額の約77パーセントを占めること、A（被相続人）とX（妻・抗告人）との婚姻期間は3年5か月程度であることなどを総合的に考慮すると上記の特段の事情が存するものというべきであり、上記死亡保険金等は民法903条の類推適用により持戻しの対象となると解するのが相当である。

　なお、Xは、仮に死亡保険金等を持戻しの対象とする場合であっても、平成11年1月6日の婚姻以降はXが保険料を負担してきたのであるから、持戻しの対象となる金額を死亡保険金等の全額とするのではなく、払込期間に応じて減額すべきであると主張するが、Aは毎月42万5000円程度の家賃収入を得ていたのであるから、Xがその収入をAとの生活のために支出していたとしても、平成11年1月6日の婚姻以降はXが保険料を負担してきたものであるとまでは評価できず、上記のXの主張は理由がない。」

2　AがY₁の名義で加入して保険料を支払い続け、Y₁が引継ぎを受けた生命保険の解約返戻金の受領による特別受益について

　「Y₁（先妻との長女・相手方）は、平成14年1月ころに、それまでAがY₁の名義で加入して保険料を支払い続けていた〔中略〕保険の引継を受けたのであるから、その当時の解約返戻金に相当する150万円〔中略〕の贈与を受けたものと評価することができる。

　なお、Y₁は、上記保険契約の引継は、Y₁がそれまでAに貸し付けていた金銭について返済請求をしないことの対価としてなされたものであるから、一種の代物弁済に相当すると主張するが、これを裏付ける的確な資料は存在せず、上記Y₁の主張は採用できない」

3　Aから契約名義人の変更を受けてY₂が引き継いだ生命保険の解約返戻金の受領による特別受益について

　「Y₂（先妻との長男・相手方）は、平成13年6月ころに、それまでAが加入して保険料を支払い続けていた〔中略〕保険について契約名義人の変更を受けて契約を引き継いだが、その当時の解約返戻金等の額は357万2661円であるから、同額の贈与を受けたものと評価することができる」

第2章　特別受益をめぐる事例　　87

4　アパート無償使用による特別受益について

　「Aはその所有する賃貸アパートの二室について実子であるY₂が使用することを認めていたのであるから、上記使用についてはAの黙示の持戻免除の意思表示があったものと評価するのが相当であって、上記のXの主張は理由がない」

　　　　　　　　　　　　　　　コ　メ　ン　ト

　本事例も、「保険金受取人である相続人と、その他の共同相続人との間に生ずる不公平が民法903条の趣旨に照らし到底是認することができないほどに著しいものであると評価すべき特段の事情」（最判平16・10・29（民集58・7・1979））の有無に関するものである。上記判例が特段の事情の判断基準として示す「①保険金の額、②この額の遺産の総額に対する比率、③同居の有無、④被相続人の介護等に対する貢献の度合い、⑤各相続人の生活実態等の諸般の事情」についてのあてはめの一例として参考になる。

　本事例では、①保険金（本件では死亡給付金）の額は5154万円であって、②この額の遺産総額に対する比率については相続開始時の価額の約61％、遺産分割時の価額の約77％程度に及ぶ。また、A（被相続人）とX（妻・抗告人）の生活状況については明らかではないが、両者の婚姻からAの死亡までの期間は3年5か月程度にすぎない（③、④、⑤に関する事情）。このような場合には「特段の事情」は認められないとするのが本決定であり、「特段の事情」に関する判断の例として参考になろう。

　なお、AからY両名（相手方）が引き継いだ保険については、引継当時の解約返戻金額が特別受益とされていること、Aが所有する賃貸アパートのうち2室をY₂（先妻との長男・相手方）が無償使用した点につき、黙示の持戻免除の意思表示があったと評価している点も参考になる。

第2章　特別受益をめぐる事例

23 死亡保険金等について特別受益に準ずるとし、生命保険契約の引継ぎを特別受益とした事例

（東京高決平17・10・27家月58・5・94）

当事者及び遺産の概要	
被相続人	A（平成8年死亡と思われる）
相続人及び法定相続分	X：不明（抗告人・原審申立人）2分の1 Y：不明（相手方・原審相手方）2分の1
遺産の額	1億0134万円
遺産の構成	建物等

当事者の主張	
X（抗告人）	Y（相手方）
生命保険金受領による特別受益：死亡保険金請求権は受取人が固有に取得するものであって贈与や贈与に類似するものではない。また、受取人を変更する行為が民法903条に定める贈与又は遺贈に該当しないことも明らかである。仮に特別受益に当たるとしても、A（被相続人）はY（相手方）が相続人として受取人になることを嫌って受取人をX（抗告人）に変更したものであり、XにA夫婦やAの世話を委せようと考えてなされたものであるから、持戻免除の意思表示があったと考えるのが自然である。	**生命保険金受領による特別受益**：生命保険金が特別受益となるか否かは、相続人間の公平を図るか否かにあり、受け取った保険金額や受取人変更の経緯に照らし、これに該当することが明らか。AがA夫婦の老後介護をXに依頼したことに沿う証拠はない。当時、Aの妻が入退院を繰り返し、肝硬変に伴う肝性脳症（意識障害）をきたし、受取人を変更する必要があったため、Aはこれを行ったにすぎない。
生命保険契約引継による特別受益：Aの希望によりXが買い取ったものである。	**生命保険契約引継による特別受益**：生命保険金が特別受益となるか否かは、相続人間の公平を図るか否かにあり、受け取った保険金額や受取人変更の経緯に照らし、これに該当することが明らかである。

第2章　特別受益をめぐる事例　　89

事実経過（裁判所が認定した事実）	
H3.5	X（抗告人）、歯科医師国家試験に合格。
H5.12	A（被相続人）、生命保険＜2＞（保険金額5000万円）の受取人をAの妻からXに変更。
	A、生命保険＜3＞を411万6650円を全納して契約（被保険者A、受取人A。保険期間5年、満期保険金500万円）
H7.7	Aの妻死亡。
H7.8	A、生命保険＜1＞（保険金額5000万円）の受取人をAの妻からXに変更。
H8.5	A、生命保険＜3＞の契約者、受取人をXに変更。
H8.11	X、生命保険＜3＞の死亡保険金受取人を第三者に変更。
H8	A死亡（月日不明）
	その後時期は不明だが、Xが＜1＞の死亡保険金5007万6582円、＜2＞の死亡保険金5122万3498円を受領。なお、＜3＞の解約返戻金（相続開始時）の源泉税控除後の金額は441万8931円。

裁 判 所 の 判 断

1　死亡保険金受領による特別受益について

　「X（抗告人）は、A（被相続人）が契約した生命保険＜1＞＜2＞（保険金額各5000万円）につき受取人となることで、固有の権利として死亡保険金請求権を取得し保険金を受領したものであり、これは民法903条1項に規定する遺贈又は贈与に当たらないと解されるが、「保険金受取人である相続人とその他の共同相続人との間で生ずる不公平が民法903条の趣旨に照らし到底是認することができないほどに著しいものであると評価すべき特段の事情が存する場合には、同条の類推適用により、当該死亡保険金請求権は特別受益に準じて持戻しの対象となると解するのが相当である。」（最高裁平成16年10月29日決定民集58巻7号1979頁）。本件においては、Xが生命保険＜1＞＜2＞により受領した保険金額は合計1億0129万円（1万円未満切捨）に及び、遺産の総額（相続開始時評価額1億0134万円）に匹敵する巨額の利益を得ており、受取人の変更がなされた時期やその当時XがAと同居しておらず、A夫婦の扶養や療養介護を託するといった明確な意図のもとに上記変更がなされたと認めることも困難であることからすると、一件記録から認められる、それぞれが上記生命保険金とは別に各保険金額1000万円の生命保険契約につき死亡保険金を受取人として受領したことやそれぞれの生活実態及びAとの関係の推移を総合考慮しても、上記特段の事情が存することが明らかというべきである。したがって、生命保険＜1＞＜2＞についてXが受け取った死亡保険金額の合計1億0129万円（1万円未満切捨）はXの特別受益に準じて持戻しの対

象となると解される。」

2　生命保険契約引継による特別受益について

　「また、Ｘは、平成8年5月22日、保険料が全納されていた生命保険＜3＞の契約者、受取人となることにより、Ａから契約上の地位の移転を受けたものであり、これが生計の資本としての贈与にあたるものであり、その相続開始時の解約返戻金額441万円をもって特別受益額と評価するのが相当である。Ｘは、同＜3＞の契約上の地位をＡの求めに応じ買い取ったと主張するが、その事実を認めるに足りる証拠はない。

　そして、Ｘは、上記変更等による利益の付与につき、Ａから持ち戻し免除の意思表示がなされたと主張するが、その事実を認めるに足りる証拠はない。すなわち、Ｘは、平成3年5月には歯科医師国家試験に合格し、上記付与の当時歯科医師として稼働しており、Ａにおいて、Ｘの生活を保障する趣旨で上記利益を付与したとは考えがたく、また、Ｙ（相手方）とＸとを対比し、ＸにＡやＡ夫婦の扶養や療養介護を託するといった明確な意図のもとに上記利益を付与したとみることも困難である。そして、一件記録によれば、Ａは、Ｘとは良好な関係にあったが、Ｙとは暴力を振るわれるといった事態に至るなど関係に苦慮していたことが認められるが、遺言書を作成したり、遺産の相続について特別の意思を表明した事実は認められないのであって、Ａが上記持ち戻し免除の意思表示をしたと認めることは困難である。」

コ　メ　ン　ト

　本事例も、「保険金受取人である相続人と、その他の共同相続人との間に生ずる不公平が民法903条の趣旨に照らし到底是認することができないほどに著しいものであると評価すべき特段の事情」（最判平16・10・29（民集58・7・1979））の有無に関するものである。上記判例が特段の事情の判断基準として示す「①保険金の額、②この額の遺産の総額に対する比率、③同居の有無、④被相続人の介護等に対する貢献の度合い、⑤各相続人の生活実態等の諸般の事情」についての当てはめの一例として参考になる。

　本事例では、死亡保険金の受領（生命保険＜1＞＜2＞）につき、①保険金の額は約1億0129万円であって、②この額の遺産総額に対する比率については相続開始時の価額（1億0134万円）の約99.95％にも及ぶ。また、③受取人の変更がなされた時期やその当時Ｘ（抗告人）はＡ（被相続人）と同居していない。⑤については、ＡはＹ（相手方）から暴力を振るわれるなどＹとの関係に苦慮していた一方、Ｘとは良好な関係にあったようであるが、ＡがＡ夫婦の扶養や療養介護を託するといった明確な意図のもとに保険金受取人の変更を行ったと認めることも困難であるとしている。なお、お

そらく⑤に関連して、それぞれ（ＸとＹのことと思われる）が＜1＞＜2＞＜3＞の保険金とは別に各1000万円の死亡保険金を受領した事実やそれぞれの生活実態及びＡとの関係の推移も考慮している（④については決定書中からは明らかではない。）。

　その結果、このような場合には、死亡保険金の受領につき「特段の事情」が認められるとするのが本決定である。「特段の事情」に関する判断の例として参考になろう。

　なお、生命保険の引継（契約上の地位の移転）については、ストレートに特別受益性を認めている（この点、上記「死亡保険金の受領」と異なる。）。

　本決定では（黙示の）持戻免除の意思表示がなされたとの主張についても排斥している。その理由としては、当時Ｘが歯科医師として稼働しており生活保障の趣旨で利益を付与したとは考えにくいこと、ＹとＸを対比したうえでＸにＡ・Ａ夫婦の扶養や療養介護を託するといった明確な意図のもとに利益を付与したとみることは困難であること、ＡはＸとは良好な関係にあったがＹとは暴力を振るわれるといった事態に至るなど関係に苦慮していたことが認められるものの、遺言書を作成したり、遺産の相続について特別の意思を表明した事実は認められないことをあげている。

92 第2章 特別受益をめぐる事例

24 生命保険金の受領について民法903条の類推適用を否定した事例

（東京地判平27・10・21平23（ワ）20921・平25（ワ）33894）

当事者及び遺産の概要	
被相続人	A（平成20年7月7日死亡）
相続人及び法定相続分	X₁：Aと1番目の妻との間の子（原告）14分の1 X₂：Aと1番目の妻との間の子（原告）14分の1 X₃：Aと1番目の妻との間の子（原告）14分の1 X₄：Aと2番目の妻との間の子（原告）14分の1 X₅：Aと2番目の妻との間の子（原告）14分の1 X₆：Aと2番目の妻との間の子（原告）14分の1 Y：Aの死亡時の妻（被告）2分の1 B：AとYとの間の子（訴外）14分の1
遺産の額	1億3082万3062円
遺産の構成	不動産、預金等

当事者の主張	
X（原告）	Y（被告）
——	生命保険金、死亡保険金受領による特別受益：特別受益とならない。

事実経過（裁判所が認定した事実）	
S31〜S50	A（被相続人）、最初の妻と婚姻。X₁、X₂、X₃（原告ら）が誕生。
S50〜H2	A、2番目の妻と婚姻、X₄、X₅、X₆（原告ら）が誕生。
H4	A、Y（A死亡時の妻・被告）と婚姻。
H6.4	A、Yと離婚し、その4日後再度婚姻（2回目）。B（訴外）誕生。
H6.9	A、かんぽ生命保険契約締結（契約者・被保険者：A、受取人：Y）。
H7.3	A、Yと2回目の離婚。その4か月後に再度婚姻（3回目）。
H7.11	A、Yと3回目の離婚。その5日後に再度婚姻（4回目）。
H17.2	A、変額年金保険契約締結（契約者・被保険者・年金受取人：A、受取人：B）。
H19.10	A、保有する財産の一切をYに相続させる旨の遺言公正証書作成。
H20.7	A、死亡。
その後	Y、上記かんぽ生命保険金1000万円受領。 B、上記年金保険死亡保険金3273万8285円受領。

第2章　特別受益をめぐる事例　　93

裁　判　所　の　判　断

1　Yの生命保険金受領による特別受益について

「生命保険契約に基づき保険金受取人とされた相続人が取得する死亡保険金請求権
又はこれを行使して取得した死亡保険金は、民法903条1項に規定する遺贈又は贈与に
係る財産には当たらないが、保険金受取人である相続人とその他の共同相続人との間
に生ずる不公平が民法903条の趣旨に照らし到底是認することができないほどに著し
いものであると評価すべき特段の事情が存する場合には、同条の類推適用により、当
該死亡保険金請求権は特別受益に準じて持戻しの対象となると解される（最高裁平成
16年（許）第11号同年10月29日第二小法廷決定・民集58巻7号1979頁参照）。

　そこで上記特段の事情の存在について検討すると、A（被相続人）の相続開始時の
相続財産の総額は、1億3082万3062円であるところ、生命保険金額は1000万円であり、
その比率は約7.6パーセントに過ぎない上、保険金受取人であるY（被告）がAの介護
に相当程度貢献していたことなど諸般の事情を考慮すると、保険金を受け取ったYと
その他の相続人との間に生ずる不公平が民法903条の趣旨に照らして到底是認できな
いほどに著しいものであると評価すべき特段の事情があるとは認めることができな
い。そうすると、X（原告）が主張するYが受け取った生命保険金1000万円は特別受
益に当たるということはできない。」

2　Bの生命保険金受領による特別受益について

「そこで、上記で述べた特段の事情の存在について検討すると、後述するように、
Aの相続開始時の相続財産の総額は、1億3082万3062円であるところ、生命保険金額は
3273万3285円であり、その比率は約25.0パーセントであることや、保険金受取人であ
るB（訴外）以外のAの子はいずれも相続時点ですでに成人に達しているのに対し、
Bは相続開始時に14歳に過ぎず、今後進学等に費用を要することが考えられることな
どに照らせば、保険金を受け取ったBとその他の相続人との間に生ずる不公平が民法
903条の趣旨に照らして到底是認できないほどに著しいものであると評価すべき特段
の事情があるとは認めることができない。」

コ　メ　ン　ト

1　本事例は、Y（被告）及びYの子であるB（訴外）による保険金受領につき、「保
　険金受取人である相続人と、その他の共同相続人との間に生ずる不公平が民法903
　条の趣旨に照らし到底是認することができないほどに著しいものであると評価すべ

き特段の事情」（最判平16・10・29民集58・7・1979）の有無について判断したものである。上記判例が特段の事情の判断基準として示す「①保険金の額、②この額の遺産の総額に対する比率、③同居の有無、④被相続人の介護等に対する貢献の度合い、⑤各相続人の生活実態等の諸般の事情」についての当てはめの一例として参考になる。

2　Yを受取人とする生命保険金については、①保険金の額は1000万円であって、②この額の遺産総額に対する比率は相続開始時の価額の7.6%にすぎない。YとA（被相続人）との同居の状況は不明であるが（③）、Aの介護に相当程度貢献していた（④）。このような場合には「特段の事情」は認められないとするのが本事例である。

3　Bを受取人とする死亡保険金については、①保険金の額は3273万3285円であり、②この額の遺産総額に対する比率は約25%である。BとAとの同居の状況は不明であり（③）、介護に対する貢献の度合いは不明ではあるがBが相続開始時14歳であることからすれば介護への貢献はないものと思われる（④）。本判決は、おそらく上記⑤の要素として「保険金受取人であるB以外の被相続人の子はいずれも相続時点ですでに成人に達しているのに対し、Bは相続開始時に14歳に過ぎず、今後進学等に費用を要することが考えられること」を指摘し、上記「特段の事情」は認められないとしている（なお、YとBは親子であり、Bの年齢からすると、両名は同居し生計を一にしていると思われる。YとBが受け取った保険金の合計額は4273万3285円であり、この額の遺産総額に対する比率は約32.6%である。）。

　相続人が成人に達していない場合においては介護への貢献は望めず、判断基準中④の要素は満たさないことが多い。しかし、一方で今後の生活や進学等のための費用の必要性も大きい。本判決は、この点を「各相続人の生活実態等の諸般の事情」として考慮したものであり、妥当な結論であるといえる。

第2章　特別受益をめぐる事例　　95

25 生命保険金について特別受益に準ずるとした上で保険金額修正説に
よって持戻額を算定した事例

（大阪家審昭51・11・25家月29・6・27）

当事者及び遺産の概要	
被相続人	A（昭和48年8月28日死亡）
相続人及び 法定相続分	X：母（申立人）2分の1 Y：妻（相手方）2分の1
遺産の額	1585万円
遺産の構成	不動産、預金等

当事者の主張	
X（申立人）	Y（相手方）
生命保険金受領による特別受益：遺産に含まれる。含まれない場合にも相続人間の公平の観点から遺贈と同視すべき財産の無償処分であり、民法903条の特別受益と解すべき。	生命保険金受領による特別受益：Y（妻・相手方）が受取人と指定され生命保険会社から受領したもので、保険契約の効力発生と同時にYの固有財産となったものであって、A（被相続人）の遺産から離脱したというべき。

事実経過（裁判所が認定した事実）	
S48.1	A（被相続人、当時40歳8か月）、本件保険契約締結。保険料支払開始。保険料年額8万3040円（月額6920円）。支払期間は満60歳に達するまで（20年間）。
S48.8	A死亡。

裁　判　所　の　判　断

1　生命保険金受領による特別受益について

　「X（申立人）はA（被相続人）が○○生命保険相互会社との間で締結した、Y（相手方）を受取人とする生命保険金1000万円についても、Aの遺産に含まれる旨主張するが、上記資料の外、Y代理人作成の保険内容に関する書面によれば本件のように被相続人自身が契約し、相続人のうちの一人であるYのみを受取人と指定している場合

は、保険契約の効力として、支給された保険金はYの固有財産に属するものと考える。しかしながら、保険金請求権についても、相続人間の公平という見地から特別受益とみなして分割の際に考慮すべきである。但し、特別受益分として持戻すべき額は、保険契約者であり保険料負担者であるAにおいて、その死亡時までに払い込んだ保険料の、保険料全額に対する割合を保険金に乗じて得た金額とすべきものと考える。しかして、本件保険契約の内容は、契約日は昭和48年1月1日、当時のAの年齢は40歳8ヵ月で保険料年額8万3040円（月額6920円）を満60歳に達するまでの20年間支払うこととなっている。

そうすると、支払うべき保険料の総額は

83040円×20＝1660800円

であり、Aが死亡時までに支払った保険料は昭和48年1月から8月分までであるので、

6920円×8＝55360円となる。

これに対して支給された保険金は997万2320円であった（上記保険料年額の不足分9月から12月までの4か月分2万7680円が差し引かれたので、上記の額となった。）。従って、特別受益分として持ち戻されるべき金額は、

9972320×55360／1660800＝332410.66

33万2410円（小数点以下切捨て）ということになる。」

コ　メ　ン　ト

1　本事例は生命保険金の特別受益性が認められた場合の持戻額の範囲についてのものである。なお、本裁判例は生命保険金の特別受益性に関する最高裁決定（最決平16・10・29民集58・7・1979）以前のものであり、特別受益性の判断部分については現在の実務とは異なる点に注意が必要である。

2　生命保険金を特別受益に準じて持戻しの対象とする場合の持戻額の範囲については、上記決定は示していない。

本事例では「保険契約者であり保険料負担者である被相続人において、その死亡時までに払い込んだ保険料の、保険料全額に対する割合を保険金に乗じて得た金額とすべき」としている（保険金額修正説）。

なお、この説については、「保険料支払の期間的経過にともなう金利計算的要素を無視していたり、保険料支払義務は死亡事故による保険契約の終了にともない消滅する性質を有することなどの保険特有の仕組みを考慮していないなどの問題」があるとの批判がある（山下友信「保険法」514頁（有斐閣、2005年））。

第2章　特別受益をめぐる事例　　97

　一方、上記決定以降に持戻しを認めた裁判例（事例22、23）においては、いずれも受領した保険金全額を持戻しの対象としている（保険金額説）。また、上記決定の調査官解説には「受取人である相続人は、保険料に相当する金額を取得するのではなく、保険金額に相当する死亡保険金請求権を取得するのであるから、共同相続人間の公平の見地からは取得した保険金の額を基本に考えることになるのではないかと思われる」とある（土屋祐子・平16最判解説（民）（下）631頁）。

3　持戻額の範囲については確立した基準が存在しないのが現状であり、事案ごとの判断とならざるを得ない。もっとも、共同相続人間の公平の観点や、「実務的には、保険金額説以外にたった場合それを確定できるだけの資料が揃えられない場合が少なくない」（渡邊雅道「特別受益を考える」判タ1261号101頁）という実情を考慮すれば、受領した保険金の額を基本に考えざるを得ない場面も多いであろう。「受領した保険金額を基準に、諸要素を考慮して、持ち戻すべき額（その全部又は一部）を決定するのが相当ではないかと考える」との見解（渡邊・前掲）は、この点についての取扱いを考えるにおいて大変参考になろう。

98　　　第2章　特別受益をめぐる事例

(3)　死亡退職金・遺族年金等

26　死亡退職金の特別受益を認めなかった事例

（大阪家審昭40・3・23家月17・4・64）

当事者及び遺産の概要	
被相続人	A（昭和34年4月17日死亡）
相続人及び 法定相続分	X：先妻との間の子（申立人）3分の2 Y：妻（相手方）3分の1
遺産の額	667万5142円
遺産の構成	不動産、預金、株式

当事者の主張	
X（申立人）	Y（相手方）
死亡退職金による特別受益：Y（妻・相手方）が受領した死亡退職金は遺産、あるいは特別受益である。	死亡退職金による特別受益：Yが受領した死亡退職金は遺産、あるいは特別受益ではない。

事実経過（裁判所が認定した事実）	
———	X（先妻との間の子・申立人）の出生後間もなくA（被相続人）の先妻（Xの母）は死亡。 Xは父方祖父母にて養育。
S22.5.27	AとY（妻・相手方）が婚姻。 婚姻当初、AY共に無資産。遺産は全て婚姻後に取得。
S30.4	Xは○○女子○○大学に入学。
S34.3	Xは大学卒業 Xの入学金、授業料、書籍費、修学旅行費等はAとYが負担。
S34.4.17	A死亡。

裁　判　所　の　判　断

1　死亡退職金について

　「A（被相続人）の死亡退職金については之を相続財産とし、或は特別受益とする

第2章　特別受益をめぐる事例　　99

説があるけれども、いずれも当裁判所の見解と異なるからその額を相続財産の額に加算すべしとするＸ（先妻との間の子・申立人）の主張はこれを採用しない。」

コ　メ　ン　ト

　本事例は、被相続人の死亡退職金について、遺産性、特別受益性を共に否定したものであるが、その理由については特段の記載がない。

　本事例は、Ａ（被相続人）の遺産形成に当たって、不動産の買受代金の一部をＹ（妻・相手方）が負担するなどＹの貢献が認められ、またＸ（先妻との間の子・申立人）の大学修業に要した学資についても、Ａとの負担割合は不明ではあるがＹがその一部を負担しており、さらにＹは、Ａの死亡後、相続不動産に関する費用（住宅ローンの返済、固定資産税、家屋修繕費、火災保険掛金）や相続債務（市民税、大阪府教職員互助会への弁済金、酒代、書籍代等）を弁済していたことから、ＹがＸに対する不当利得返還債務を負うものとされた事案であった。

　死亡退職金はしばしば共同相続人間の実質的公平を図るために、その特別受益として認められているものだが、本件ではその要請が低かったため、特段論じることなく、特別受益性が否定されたものと考えられる。

＜参考判例等＞

○受給権者又は受取人が固有の権利として取得する死亡退職手当、遺族年金又は生命保険金は、文理上民法903条に定める生前贈与、遺贈に該当せず、遺留分減殺の対象にもならず、また受給権者らが別に相続分に応じた相続財産を取得しても、それは被相続人の通常の意思に沿うものと思われること等を考慮すると、特別受益には当たらないとした事例（東京家審昭55・2・12家月32・5・46）

100　　　第2章　特別受益をめぐる事例

27　弔慰金を特別受益と認めた事例

（神戸家審昭43・10・9家月21・2・175）

当事者及び遺産の概要	
被相続人	A（昭和33年10月21日死亡）
相続人及び法定相続分	X_1：内縁の妻（申立人）3分の1（遺言による包括受遺者） X_2：Aの実姉（申立人）3分の1（遺言による包括受遺者） Y：長男（相手方）3分の1（推定相続人）
遺産の額	109万9501円
遺産の構成	預金、有価証券、退職金等

当事者の主張	
X（申立人）	Y（相手方）
特別弔慰金による特別受益：Y（長男・相手方）が受領した特別弔慰金は遺産に含まれる。 特別弔慰金が遺産に含まれないとしても、Yの特別受益に当たる。	特別弔慰金による特別受益：Yが受領した特別弔慰金は遺産に含まれず、特別受益にも当たらない。

事実経過（裁判所が認定した事実）	
S25.5	X_1（内縁の妻・申立人）がA（被相続人）の女中となる。
S28.3.5	Aは、遺産をX_1、X_2（Aの実姉・申立人）、Y（長男・相手方）の3名で3分の1ずつ配分することなどを記載した遺言書を作成する。
S33.7	X_1がAと内縁関係になる。
S33.10.21	A死亡。
S33.11.13	遺言書の検認。
S38.6.29	○○銀行よりYへ弔慰金240万円が支払われる。

裁 判 所 の 判 断

1　特別弔慰金の遺産性について

　「○○銀行特別弔慰金規定によれば、○○銀行では在職中の役職員その他の従業員又は一定期間これらの地位にあって退職した者が死亡した場合には遺族のうち適当と

認める者に対し、給与額に応じた特別弔慰金を支給」「することになっており、又受給資格票記載の注意書によれば、その特別弔慰金を支給する遺族は銀行、具体的には同銀行庶務部長が選定することに定められている。そしてその目的で銀行か生命保険会社と役職員その他の従業員を被保険者とする団体保険契約を結び、保険料は全額銀行が負担することとなっている。これらの規程からすると、この特別弔慰金は遺族が会社から直接に支給されるものであって、遺産には属しないものと認めるのが相当である。」

2 特別弔慰金による特別受益について

　「相手方が取得した○○銀行特別弔慰金240万円は、遺族の生活保障的性格をもつものであって、遺族たる相続人や包括受遺者が数名あるときはその間の公平を考慮する必要がある。そして、被相続人は自分の死亡により遺族がこれを受けることを承知してその職にあった者であるから、両社の関係は遺贈に準ずるものとして民法903条の特別受益にあたるものと認めるのが相当である。よって相手方は同額の特別受益を得たものとしてその相続分を計算することになる。

　もっとも昭和43年6月11日附○○銀行人事部長回答によれば「特別弔慰金を支給すべき遺族の指定について故人（被相続人）の意思が介入し、これを認めて支給することはない」旨を述べており、相手方はこれゆえに特別弔慰金を相続人の計算に入れるべきではないと主張する。しかし、私企業における他の多くの遺族給付と同様本特別弔慰金も、被相続人による受給者の指定が認められているといないとにかかわらず、前示の性格からこれを特別受益とみるのが相当であって相手方の主張は採用できない。」

コ　メ　ン　ト

　本事例は、特別弔慰金について、遺族の生活保障的性格を持ち遺贈に準ずるものであることを理由として、これを特別受益に当たるものとした。

　一般に、退職金等の遺族給付については、遺族の生活保障的性格を強調すると特別受益性を否定することとなるが、本決定では、Y（長男・相手方）が受領した特別弔慰金の金額よりも、遺産の方がはるかに少額であることから、包括受遺者と相続人の間の公平を考慮して、特別弔慰金を特別受益に当たると判断したものと思われる。

第2章　特別受益をめぐる事例

＜参考判例等＞

○被相続人が代表取締役としてその経営に当たっていた会社から、相続人の一人に対して支払われた弔慰金について、その額が高額であることから、被相続人の生前の会社経営に対する功労報酬的性格をも帯有しているものとして、他の相続人間の公平も考慮し、遺留分算定にあって、これを遺贈に準ずるものとして民法903条の特別受益に当たると認めた事例（東京地判昭55・9・19家月34・8・74）

第2章　特別受益をめぐる事例　　103

28　退職金・役員功労金等の特別受益を認めた事例

（広島高岡山支決昭48・10・3家月26・3・43）

当事者及び遺産の概要	
被相続人	A（不明）
相続人及び 法定相続分	X外1名：（不明） Y外2名：（不明）
遺産の額	不明
遺産の構成	不動産

当事者の主張	
X（抗告人）	Y（被抗告人）
退職金等による特別受益：抗告人が受領した退職金、役員功労金等及び生命保険金は特別受益ではない。	——

事実経過（裁判所が認定した事実）	
——	生前、岡山県○○会病院に勤務していたA死亡。 Xに対し、○○会から①退職金・役員功労金、②特別退職金、③退職者遺族共済金が、生命保険会社から生命保険金がそれぞれ支払われた。

裁 判 所 の 判 断

1　退職金、役員功労金について

　○○会病院の職員退職金給与規定、役員功労金規定、同病院長の報告書によると、上記各金員は民法の相続規定と異なった範囲及び順位によって遺族に支給されることが認められるので、遺族たる受給権者が固有の権利として取得するものであって、遺産には属しないものと解すべきである。しかし、上記金員はいずれも被相続人の生前の労働、貢献に対する対価であり、殊に退職金は賃金の後払的性格を有し、その実質は遺産に類似するものであるから共同相続人間の公平をはかるために、これを特別受益とみるのが相当である。

2 特別退職金について

　岡山県○○会職員未払給与積立金規定によれば、給与の一部を○○会に積み立てた職員は、退職時に積立金とこれに対する所定の利息を受け取ること、当該職員が死亡した場合の受取人の定めのないことが認められ、職員と○○会との間の消費貸借契約の終了に基づく返還請求にほかならないから、上記は遺産というべきである。

3 退職者遺族共済金について

　○○会の退職者遺族共済規約によれば、退職者遺族共済金については被相続人が生前に掛金の一部を拠出していることが給付の要件となっているが、受給者の範囲、順位を別に定めていることが認められるので、受給者の固有の権利とみるべきで遺産とはいえないし、また制度の趣旨から特別受益とみるべきではない。

4 生命保険金について

　○○生命保険相互会社○○支社の報告書によると、本件保険契約は被相続人が自己を被保険者、抗告人を受取人と定めたものであることが認められるので、同抗告人の固有の権利として生命保険金を取得したもので、遺産に含まれないし、保険契約の趣旨から特別受益とみるのは相当ではない。

コメント

　本事例は、退職金、役員功労金、退職者遺族共済金、生命保険金について、いずれも受給者の固有の権利として遺産性を否定したが、退職金及び役員功労金について、被相続人の生前の労働、貢献に対する対価であり、特に退職金は賃金の後払的性格を有していることから、その実質は遺産に類似するものとして共同相続人間の公平を図るために特別受益性を肯定し、一方、退職者遺族共済金及び生命保険金については、その制度（契約）趣旨から特別受益性を否定したものである。

　死亡退職金等の遺族給付は、生命保険金と異なり、被相続人の意思によって受給者を決定することができないため、被相続人において特定の相続人の生活保障を意図して拠出したものとは認めがたいといえる。本事例はこの点を考慮したものと思われる。

　なお、本事例における特別退職金は、給与の一部を積み立て、退職時に利息を付して給付する扱いになっていたようであるが、原資が給与の一部ならば、正に未払賃金に相当するものといえ、しかも死亡時の受給者の定めがないのであるから、特定人の特別受益ともなりえず、明らかに被相続人の遺産の範囲に含まれるものといえよう。

第2章　特別受益をめぐる事例　　105

＜参考判例等＞

○生命保険金請求権は、保険金の受取人と指定された相続人の一人の固有財産として遺産に含まれないが、相続人間の公平という見地から被相続人がその死亡までに払い込んだ保険料の保険料全額に対する割合を保険金に乗じて得た金額を特別受益と認め、また、死亡退職金については国家公務員退職手当法2条及び11条の趣旨から、受給権者は固有の権利に属するものとして遺産に含まれないとしたが、共同相続人間の実質的公平の見地からする特別受益であることを認めた事例（大阪家審昭51・11・25家月29・6・27）

106　　第2章　特別受益をめぐる事例

29　死亡退職金等の特別受益を否定した事例

（大阪家審昭53・9・26家月31・6・33）

当事者及び遺産の概要	
被相続人	A（昭和50年1月22日死亡）
相続人及び法定相続分	X：妻（申立人）2分の1 Y：母（相手方）2分の1
遺産の額	451万円
遺産の構成	不動産（土地、建物）

当事者の主張	
X（原告）	Y（被告）
死亡退職金及び生命保険の遺産性及び特別受益性 （審判書中、当事者の主張は不明であり、認定された事実関係を整理した。）	法定相続分どおりの遺産分割 （話合いに応じる姿勢がなく、調停回付せず審判となる。）

事実経過（裁判所が認定した事実）	
T14.10.14	Y（母・相手方）の三男としてA（被相続人）出生。
S27.4.12	AとX（妻・申立人）婚姻。
S38.2	AとXはA市に自宅を購入。
S42.2	AとXは自宅を売却し、A市に新たな自宅を購入。
S44.10	AとXは自宅を売却し、B市に自宅を購入。
	自宅のローン完済後、AとXはC郡に土地を購入。
S50.1.22	A死亡。
	XはAの勤務先よりAの死亡退職金450万7540円受領。
	XはAの生命保険金500万円受領。
S50.9.29	Xより徳島家庭裁判所池田出張所へ遺産分割調停申立て。
S50.11.4	Yの出頭見込みなく、Xは調停取下げ。
S50.11.10	Xより大阪家庭裁判所へ遺産分割審判申立て。
	不動産鑑定の結果、遺産（土地建物）の総評価は902万円。
	夫婦共有の財産として遺産総額を451万円と認定。

第2章　特別受益をめぐる事例　　107

> ### 裁 判 所 の 判 断

1　死亡退職金の遺産性について

　A（被相続人）が死亡当時勤務していたB社においては、退職金の支払に関し、B社社員賃金規則があるが、それによれば死亡退職金の受給権者につきなんらの規定もないところ、B社の死亡退職金の支払慣行としては、相続人のうち被相続人と最も密接な生活関係を有していた者であり、かつその者が、B社社員賃金規則並びに死亡退職金支給慣行により、直接会社から死亡退職金を受給するものとされているのである。してみれば、X（妻・申立人）が既に受給しているAの死亡退職金はXがその固有の権限にもとづき直接B社から取得したものであってAの遺産ではないというべきである。

2　生命保険金の遺産性について

　生命保険金についてみるに、本件においては保険金受取人はXと指定されていたことが認められるが、かような場合には受取人として指定された者がその固有の権利として生命保険金を取得すると解するのが相当であり、したがってAの遺産ではないというべきである。

3　死亡退職金及び生命保険金による特別受益について

　死亡退職金及び生命保険金（以下「死亡退職金等」という。）は、いずれもAの死亡により原始的に受給権者又は保険金受取人（以下「受給権者等」という。）たるXが取得したものであり、したがってAがXに対し死亡退職金等を遺贈したとはいえないことはいうまでもない。にもかかわらず死亡退職金等が遺産分割において民法903条の特別受益性を云々されるのは、要するに共同相続人間の実質的公平という観点を強調されるがためにほかならない。そして、死亡退職金等が共同相続人の一人に帰属した場合、それを特別受益として考慮に入れないと、共同相続人間の実質的公平を欠くに至ることが多いと考えられるが、他方、逆に、相続人の地位（配偶者か、直系卑属か、直系尊属か、兄弟姉妹か）、共同相続人間の身分関係（配偶者と直系卑属か、配偶者と直系尊属か等）、被相続人と相続人との生活関係の実態（親疎、濃淡等）、相続人の遺産の形成維持に対する寄与の有無・程度・態様、相続人各自の生活の現状等諸般の事情を勘案した場合、死亡退職金等を特別受益として考慮に入れることにより、かえって共同相続人間の公平を欠くに至る場合も考えられないわけではない。ことに、死亡

退職金は受給権者の生活保障機能を強く帯有し、また生命保険金についても、保険金受取人を配偶者と指定している場合には、死亡配偶者は自己の死後生存配偶者に対する生活保障を企図している場合が多いものと推測され、いずれの場合にも死亡退職金等は生存配偶者の生活保障の意義を有することが多いのであるが、これらについては被相続人の死亡によりはじめてその権利が具体化するために、仮にそれらを特別受益と考えた場合においては、通常の贈与、遺贈の場合と異なり、被相続人において持戻免除の意思表示をする機会がないので、機械的、形式的にこれらを特別受益として持ち戻した場合には、具体的事情如何によっては、死亡退職金等の有する受給権者等の生活保障的機能を著しく減殺又は没却するおそれなしとせず、かくては死亡退職金等の趣旨・機能並びに被相続人の意思に背馳することとなるのである。これを要するに、共同相続人の一人が取得した死亡保険金等については、遺産分割審判において原則として民法903条に規定する遺贈に順次、特別受益と考えるべきであるが、これらを特別受益とすることにより、共同相続人間の実質的公平を損なうと認められる特段の事情がある場合には、特別受益性を否定するのが相当であると解すべきである。

　本事例では、遺産形成の過程において、XはAに対し通常の夫婦の協力扶助を超える協力寄与をなしていること、本事例のようにXとの間に子がない場合においては、とくに死亡退職金等は生存配偶者であるXの生活保障的機能を有するものであること、これに対し、Yにはみるべき協力寄与がなく、かつその老後の生活はYの長男の援助等により十分保障されていること、仮に本事例において死亡退職金等（合計950万7540円）を特別受益として受け戻した場合、遺産の総評価額は451万円であるから、Xの具体的相続分は0となり、本件遺産は全てY（母・相手方）の取得となるわけであるが、この場合、Xが自宅土地建物全てを自らの所有とするためには451万円の対価が必要となり、死亡退職金等の半分近くをその支払にあてなければならないこととなり、そうなれば、死亡退職金等の生活保障的機能が著しく減殺され、結局は額に汗して働いた者に酷な結果を招来することとなること（Y死亡の時、Xに代襲相続権が認められていないことも結果の不当性を増大する一因となる。）等の諸事情が認められ、その他相続人の地位、共同相続人間の身分関係等もあわせ考えれば、本事例においては死亡退職金等を特別受益とすることが共同相続人間の実質的公平を損なう特段の事情があるものというべきであり、したがって本事例においては死亡退職金等は特別受益ではないと考えるべきである。

第2章　特別受益をめぐる事例　　109

コ　メ　ン　ト

　共同相続人の一人が取得した死亡退職金等については、これを遺産に含める考え方と特別受益とする考え方などがあるが、本事例は、死亡退職金等の遺産性を否定した上で、これを原則として遺贈（民903）に準じて特別受益とするべきとしながらも、相続人の地位、共同相続人間の身分関係、被相続人と相続人との生活関係の実態等諸般の事情によって共同相続人間の実質的公平を損なうと認められる特段の事情がある場合には特別受益性を否定するとの見解を示したものである。特に死亡退職金等の有する受給権者等の生活保障的機能に着目し、死亡退職金等を特別受益と認めた場合にその生活保障的機能が著しく減殺又は没却される場合には「特段の事情」が認められるものとし、共同相続人の生活状況や死亡退職金等を特別受益として認めた場合の分割結果などを具体的に検討した上で本事例における死亡退職金等の特別受益性を否定した。

　特段の事情が認められる場合の判断基準を明示して検討している裁判例であり、同様の事例における主張・立証の方針を立てるときの目安となるものといえる。

＜参考判例等＞
○退職手当、遺族扶助料について、文理上民法903条の遺贈に該当しないことなど、生命保険金と同様の理由を説示して特別受益性を否定した事例（東京家審昭55・2・12家月32・5・46）

第2章　特別受益をめぐる事例

30　死亡退職手当、遺族年金の特別受益を認めなかった事例

（東京高決昭55・9・10判タ427・159）

当事者及び遺産の概要	
被相続人	A（昭和48年10月9日死亡）
相続人及び法定相続分	X：先妻との間の長男（申立人）3分の1 Y1：先妻との間の長女（相手方）3分の1 Y2：妻（相手方）3分の1
遺産の額	540万5000円
遺産の構成	不動産（土地建物の持分）

当事者の主張	
X（抗告人）	Y（被抗告人）
死亡退職手当及び遺族年金による特別受益：Y2（妻・相手方）が受領した死亡退職手当及び遺族年金は、遺産あるいはY2の特別受益である。	死亡退職手当及び遺族年金による特別受益：死亡退職手当及び遺族年金は、遺産でもY2の特別受益でもない。

事実経過（裁判所が認定した事実）	
——	A（被相続人）と先妻が婚姻。
S35.3.13	Y1（先妻との間の長女・相手方）出生。
S37.7.17	X（先妻との間の長男・申立人）出生。
S45.2.14	Aと先妻が協議離婚。
S47.2.10	AとY2（妻・相手方）が婚姻。
S48.10.9	A死亡。
S49.3.11	Xの法定代理人親権者母（先妻）よりY2に対して遺産分割調停申立て。
S50.4.22	調停不成立により審判移行。
S55.2.12	原審判。

裁判所の判断

1　退職手当及び遺族年金について

Y2（妻・相手方）に支払われた死亡退職手当及び遺族年金は、前者が一時金、後者

第2章　特別受益をめぐる事例　　111

が年金であるが、いずれも基本的には遺族の生活保障を主たる目的としたものであると解することができる。条例又は法律の定めにより、受給権者が固有の権利を有することはすでに判示したとおりであるが、受給権者が共同相続人の一人であるとき、共同相続人間の衡平を図るため、これら退職手当又は遺族年金を特別受益に該当するとの見解も見受けられるところである。

　しかしながら、①死亡退職手当に未払賃金の後払的な側面が含まれ、遺族年金に死亡者の出捐する掛金をもとにした給付の性格があるにしても、これらは文理上民法903条に定める生前贈与又は遺贈に当たらないこと、②受給権者である相続人が死亡退職手当又は遺族年金のほか相続分に応じた相続財産を取得しても、この結果は被相続人による相続分の指定など特段の意思表示がない限り、被相続人の通常の意思に沿うものと思われること、③遺族年金のような年金の場合には、特別受益額が遺産分割時期の偶然性により左右されることになり、またこれを避けるため受益者たる相続人の平均余命を基準に中間利息を控除して相続開始時の特別受益額を評価することは受益額が事実に反し衡平に沿わない遺産分割の結果を招くおそれがあることなどの諸点に照らすと、退職手当及び遺族年金を特別受益と解する見解を採用することはできない。

コメント

　本事例は、東京都職員であった被相続人が、その在職中死亡したことにより、妻に対し都条例に基づき都から支給された退職手当、地方公務員等共済組合法に基づき東京都職員共済組合から支給された遺族年金の遺産性、特別受益性が争われた事案の抗告審である。

　原審判では、死亡退職手当及び遺族年金のいずれも妻固有の権利であるとして、その遺産性を否定した上で、特別受益についても①民法903条の文理上遺贈又は贈与に該当しない、②特別受益でないと解しても相続人間の衡平に反しない、③被相続人の特段の意思表示がない限り、特別受益と解しない方が被相続人の通常の意思に適する、④特別受益と解すれば民法1044条が民法903条を準用しているので（なお、平成30年法律72号改正後は、民法1046条2項）、これらが遺留分算定の基礎に算入されることとなるが、そうであっても退職金、遺族年金のもつ生活保障という性格上遺留分減殺の対象となしえず、また生命保険金を減殺の対象にしてもこれが遺産に帰属したり、減殺請求者に帰属したりしないので、これも無意味である、⑤遺族年金の特別受益性を認めると、分割の時期という偶然性により特別受益額が左右され、また中間利息控除による現価を求めても事実に反し衡平に沿わない結果となることなどを理由としてこれ

を否定したが、抗告審である本決定では、原審判理由を引用したが、このうち②を引用せず、①、③〜⑤のみ挙げて特別利益性を否定した。

　本事例では、遺産である不動産（土地、建物）の持分の一部を、被相続人の前妻が所有していたところ、遺産分割の結果、遺産（不動産の持分）全てを申立人である前妻の長男が取得し、その不動産に前妻と長男、長女が住まうこととなり、遺族年金等を受取った妻はその不動産を明け渡して転居することとなった。

　死亡退職金の特別受益については、相続人間の実質的衡平を図る目的で考慮されることが多いが、本事例は、被相続人の意思が考慮され、その特別受益性が否定されたと考えられる点に特色があるといえる。

＜参考判例等＞

○受給権者の固有の権利として取得する死亡退職手当、遺族年金は、文理上民法903条に定める生前贈与、遺贈に該当せず、また受給権者が別に相続分に応じた相続財産を取得しても、それは被相続人の通常の意思に沿うものと思われることから特別受益には当たらないとした事例（本事例の原審判）（東京家審昭55・2・12家月32・5・46）

○死亡退職金は相続財産ないし特別受益分には含まれないとした事例（大阪家審昭40・3・23家月17・4・64）

第2章　特別受益をめぐる事例　　113

31　死亡退職金及び生命保険金の特別受益を認めた事例

（福島家審昭55・9・16家月33・1・78）

当事者及び遺産の概要	
被相続人	A（昭和53年11月11日死亡）
相続人及び法定相続分	X₁：先妻との間の長男（申立人）9分の2 X₂：先妻との間の長女（申立人）9分の2 Y₁：妻（相手方）3分の1 Y₂：長男（相手方）9分の2
遺産の額	2035万8133円（審判時の価額）
遺産の構成	不動産等

当事者の主張	
X（申立人）	Y（相手方）
死亡退職金及び生命保険金による特別受益：Y₁（妻・相手方）が受領した死亡退職金及び生命保険金は、Y₁及びY₂（長男・相手方）の特別受益である。	死亡退職金及び生命保険金による特別受益：Y₁が受領した死亡退職金及び生命保険金は特別受益ではない。

事実経過（裁判所が認定した事実）	
S53.11.11	A死亡。 事実経過の詳細は不明。

裁 判 所 の 判 断

1　死亡退職金及び生命保険金について

　死亡退職金及び生命保険金はA（被相続人）の死亡によって発生した財産権であるので、Aの遺産を構成するものではなく、その取得者によって原始取得されたものといえる。しかし、上記各財産権の発生には、Aの生存中その財産から何らかの出捐（Aの給与等からの退職金の積立て、保険掛金の支払）があるので上記財産権の取得はその取得者におけるAからの特別受益とみることができる。

2　受益者について

　そしてこれらの財産権はその取得名義者は一応Y1（妻・相手方）であるが、その趣旨はAがY1とその間の子相手方Y2とのいわば遺族の生活保障のためになしたものであるとみられるので、Y1名義であるということはY2の受益を排除する趣旨ではなく、逆にこれを含めるものであると認められ、したがって上記受益は相手方両者による共同での特別受益と認められる。

コ　メ　ン　ト

　本事例は、被相続人と先妻との間の子が、後妻及びその間の子に対して遺産分割を求めた事案であり、後妻が取得した死亡退職金、生命保険金について、いずれも遺産には含まれないが、特別受益に当たるものと判断したものである。死亡退職金については、被相続人の給与等からの積立て、生命保険金については掛金の支払といった被相続人の生存中の財産から形成されたものである点に着目している。

　本事例では、死亡退職金、生命保険金の他、A（被相続人）がY1（妻・相手方）名義で積み立てた定期積立貯金についても、贈与として特別受益が認められている。

　死亡退職金、生命保険金、定期積立貯金のいずれもが、遺族であるY1とY2（長男・相手方）の生活保障のためになされたものであることが認定され、当該財産の名義人であるY1のみならず、Y2の特別受益にも該当するものと判断された。

　A死亡時の遺産の評価額に特別受益額を加えて法定相続分を算出すると、Y1とY2はすでに自己の法定相続分を超える特別受益を得ている計算となり、結果両名には具体的相続分はないとされた。

　Y1が受領した死亡退職金、生命保険金、定期積立貯金の内訳は不明であるが、遺産（死亡時評価額1602万8557円、審判時評価額2035万8133円）を上回る金額（2236万2259円）であったことから、相続人間の公平も考慮されたものと考えられる。

＜参考判例等＞

○生命保険金請求権は、保険金の受取人と指定された相続人の一人の固有の財産に属するものと考えられるが、相続人間の公平という見地から、被相続人がその死亡時までに払い込んだ保険料の保険料全額に対する割合を保険金に乗じて得た金額を持って特別受益とすべきであり、また、死亡退職金について、国家公務員退職手当法2条及び11条の趣旨から、受給権者は固有の権利に属するものとして遺産に含まれないとしたが、共同相続人間の実質的公平の見地からする特別受益になるものと判断された事例（大阪家審昭51・11・25家月29・6・27）

○生命保険金請求権及び死亡退職金について、相続人間の実質的な公平を図るという特別受益制度の趣旨を考慮し、特別受益であることを認めた事例（長野家審平4・11・6家月46・1・128）

第2章　特別受益をめぐる事例　　115

32　死亡弔慰金の特別受益を認めた事例

（東京地判昭55・9・19家月34・8・74）

当事者及び遺産の概要

被相続人	A（昭和47年5月5日死亡）
相続人及び法定相続分	X：三女（申立人）3分の1 Y₁：二女（相手方）3分の1 Y₂：二女の夫（相手方）
遺産の額	8126万0650円（遺留分算定の基礎となる財産）
遺産の構成	土地、株式、預貯金等（遺留分算定の基礎となる財産）

当事者の主張

X（申立人）	Y（相手方）
弔慰金による特別受益：Y₁（二女・相手方）が受領した弔慰金は実質的に死亡退職金であり、遺留分算定の基礎となる財産に含まれる。	弔慰金による特別受益：Y₁が受領した弔慰金は遺留分算定の基礎となる財産に含まれない。

事実経過（裁判所が認定した事実）

S45.6.10	A（被相続人）は訴外B（長女）に合計200万円を贈与。
S45.6	AはX（三女・申立人）に対し100万円を贈与。
S46.2.1	Aは公正証書遺言を作成。
S47.5.5	A死亡。
S48.4.25	Xは遺留分減殺請求の調停申立て、Yら（相手方）に対して遺留分減殺請求権を行使。

裁 判 所 の 判 断

1　弔慰金について

　A（被相続人）は本件会社を設立し、以来上記代表者として会社の経営にあたって来たこと、Aは妻の死後Yら夫婦（相手方）と同居を始めたが、昭和43年頃から入、退院を繰り返すようになったこともあって、同45年頃娘婿であるY₂に本件会社の経営を依頼し、その結果Y₂は、本件会社の代表取締役に就任し、上記経営に当たるように

なったこと、Aは昭和47年5月5日死亡したが、本件会社は、上記弔慰金を支給することになり、取締役会を開いて遺族の中からAと同居していたY₁を上記受取人と決定し、同女に弔慰金1000万円を支給したことが認められる。

通常、弔慰金は、主として死亡退職金的性格のものか又は遺族の生活保障的性格を有するものであるが、本件におけるAは本件会社の代表取締役として始終会社経営にあたっていたものであり、かつ上記死去に際して支払われた弔慰金がかなり高額であることを鑑みると、Aの生前の会社経営に対する功労報酬的性格をも帯有しているものと考えられる。したがって他の相続人間の公平も考慮すべきであるから、上記弔慰金は遺贈に準ずるものとして民法903条の特別受益に当たるものとして認めるのが相当である。

コ　メ　ン　ト

本事例は、法定相続人の一人が遺留分減殺請求権を行使するに当たり、法定相続人の他方が受領した弔慰金について、遺贈に準じ、特別受益（民903）に当たるものとして遺留分算定の基礎となる財産に含まれると判断した。

本件弔慰金は、A（被相続人）が代表取締役として経営に当たっていた会社から支払われたものであり、その額も高額であったことから、Aへの功労報酬的性格が認めることができ、また、Aの死亡時における財産は、消極財産が積極財産を上回っていたことから、遺贈により高額な財産を受領した相続人と、そうでない相続人との間で公平を考慮すべき要請も高かったものといえる。

＜参考判例等＞
○死亡退職金について、国家公務員退職手当法2条及び11条の趣旨から、受給権者は固有の権利に属するものとして遺産に含まれないとしたが、共同相続人間の実質的公平の見地からする特別受益であることを認めた事例（大阪家審昭51・11・25家月29・6・27）
○退職金、役員功労金について、職員退職金給与規定等からすると遺族たる受給者が固有の権利として取得したもので遺産には属しないが、被相続人の生前の労働、貢献に対する対価であり、こと退職金は賃金の後払的性格を有し、その実質は遺産に類似するものであるから、共同相続人間の公平を図るために特別受益であることを認めた事例（広島高岡山支決昭48・10・3家月26・3・43）
○死亡退職金について、賃金の後払的性質を有していることから、相続人間の実質的な公平を図るという特別受益制度の趣旨を考慮し、特別受益であることを認めた事例（長野家審平4・11・6家月46・1・128）

第2章　特別受益をめぐる事例　　117

33 遺族年金を遺産・特別受益と認めなかった事例

（大阪家審昭59・4・11家月37・2・147）

当事者及び遺産の概要	
被相続人	A（昭和57年5月4日死亡）
相続人及び法定相続分	X₁：Aの長男（申立人）4分の1 X₂：Aの長女（申立人）4分の1 Y：妻（相手方）2分の1
遺産の額	不動産以外の遺産総額金60万4926円
遺産の構成	不動産、預金、電話加入権など

当事者の主張	
X（申立人）	Y（相手方）
遺族年金による特別受益：Y（妻・相手方）が受領した遺族年金は遺産に含まれる。遺族年金が遺産に含まれないとしても、Yの特別受益に当たる。	遺族年金による特別受益：Yが受領した遺族年金は遺産に含まれず、特別受益にも当たらない。

事実経過（裁判所が認定した事実）	
	A（被相続人）は前妻と婚姻し、X₁（Aの長男・申立人）、X₂（Aの長女・申立人）が出生。
S44.5.9	前妻死亡。
S45.1.26	AはY（妻・相手方）と婚姻。
S51.2.20	Aは自宅マンションを購入。
S57.5.4	A死亡。 Aの葬儀の翌日、Yは精神科に入院。 X₁は叔父方に、X₂は叔母方に引き取られ、後見人が選任される。 Xらの後見人は、相続の協議をすべくYの入院先を訪問するが、面会許可が下りず、やむなく遺産分割審判を申し立てた。

118　　第2章　特別受益をめぐる事例

> ### 裁 判 所 の 判 断

1　遺族年金の遺産性について

　Aの死亡により同人を被保険者とする厚生年金保険からYに基本額60万2900円、寡婦加算21万円、子一人につき6万円加給の合計93万2900円の遺族年金が支給されることとなった。そこで、これを遺産として分割の対象とすることができるか検討するに厚生年金保険法58条は被保険者の死亡による遺族年金はその遺族に支給することとし、同法59条で妻と18歳未満の子が第一順位の受給権者としているが、同法66条で妻が受給権を有する期間子に対する遺族年金の支給を停止すると定めている。そして妻と子が別居し生計を異にした場合でも分割支給の方法はなく、その配分の参考となる規定はない。そうすると同法は相続法とは別個の立場から受給権者と支給方法を定めたものとみられ、Yが受給を受けた遺族年金は同人の固有の権利にもとづくもので被相続人の遺産と解することはできない。

2　遺族年金による特別受益について

　それではこれを相手方の特別受益財産として遺産分割上持戻計算することができるであろうか。その場合受益額の算定は困難であり、かりに平均余命をもとに相手方の生存年数を推定し、中間利息を控除する算式では1367万円となるが、これを相続時の特別受益額と評価することは明らかに過大であって、受給者の生活保障の趣旨に沿わない結果となる。更に遺族年金の受給自体民法903条規定の遺贈又は生前贈与に直接該当しない難点がある。

　結局本件遺産分割において遺族年金の受給、配分を考慮することはできないというほかない。

> ### コ　メ　ン　ト

　遺族年金は、被相続人があらかじめ拠出金として出捐したものを含めて後に遺族が給付を受け取るものであるため、相続法理になじみやすいものではあるが、厚生年金保険法、国家公務員等共済組合法などで、その受給権者の範囲や順位が法定され、かつ受給権者の死亡等によって受給権が消滅するとされていることから、退職金の場合と同様に受給権者の固有の権利であると考えられている。

　本事例でも、厚生年金保険からY（妻・相手方）に対して支給された遺族年金は、Yの固有の権利に基づくものとして、その相続財産性を否定した。

　また、遺族年金の特別受益性については、その算定が困難であることに加え、中間

利息を控除した総受給額を特別受益額が遺産額を上回るため、これを持ち戻しさせることによって、受給者の生活保障を害する結果になることを理由として、これを否定している。

＜参考判例等＞
○受給権者が固有の権利として取得する死亡退職手当、遺族年金等は、文理上民法903条に定める生前贈与、遺贈に該当せず、また特別受益にも当たらないとした事例（東京家審昭55・2・12家月32・5・46）

120　　第2章　特別受益をめぐる事例

34 退職金年金を相続財産あるいは特別受益と認めた事例

（東京地判平22・1・28家月34・8・74）

当事者及び遺産の概要

被相続人	A（平成17年4月21日死亡）
相続人及び法定相続分	X：前妻との間の子（原告）4分の1 Y：妻（被告）2分の1（遺留分4分の1）
遺産の額	3065万5492円（遺留分算定の基礎となる財産）
遺産の構成	不動産、預貯金、ローン債務等（遺留分算定の基礎となる財産）

当事者の主張

X（原告）	Y（被告）
退職金年金の遺産性あるいは特別受益：Yが受領した退職金年金は、Aが生前に退職したことにより具体的な金銭債権として発生していたものであるから、Y固有の権利ではなく、相続財産に当たる、あるいは特別受益として持戻しの対象となり、遺留分算定の基礎となる財産に含まれる。	退職金年金の遺産性あるいは特別受益：Yが退職金年金は、相続財産ではなく遺族固有の権利であり、また特別受益にも当たらず、遺留分算定の基礎となる財産に含まれない。

事実経過（裁判所が認定した事実）

S36	A（被相続人）は前妻と婚姻。 Aは前妻との間に、Xを含む2子をもうける。
S62.12	Aは勤務先を退職。 勤務先との間で退職金の半額を拠出して、年金として分割して受給する契約を締結。
H4.1.9	AはCと離婚。
H4.2.10	AはYと婚姻。
H4.3	Aに対し退職金年金の支給開始。
H12.6.10	Aは不動産を含む全ての財産とローン債務などをXに相続させることなどを内容とする自筆証書遺言を作成。
H13.10	Yが来日し、Aと共に、遺言の対象となっている不動産（本件不動産）にて同居生活を開始。

H17.4.21	A死亡。Yはその後も本件不動産に居住。
H17.5	Yに対し遺族年金（Aの退職金年金）の支給開始。
H18.3.14	YはXに対し、遺留分減殺請求権を行使。
H19	Yは本件不動産の共有持分を主張して本件不動産の居住（占有）を継続。
	XはYに対し、Yの遺留分は侵害されていないとして、本件不動産の明け渡し等を求めて訴訟提起。

裁 判 所 の 判 断

1 退職金年金について

　「Aは昭和62年12月末に」勤務先「を退職したが、その際、同社との間で、退職金の半額分を拠出して、年金として分割して受給する旨の契約を結んだこと、」勤務先の退職金規程では、年金は年金受給者の死亡した月まで支給されるものとされ、年金受給者が受給期間180か月を経過する前に死亡した場合には、180か月に達するまでの間、死亡前に受給していた年金と同額を遺族年金として遺族に支給するものとされており、これを受給できる遺族の範囲は厚生年金保険法59条に定める範囲とし、年金受給者の死亡時に確定するものとされていること、Aの年金(つなぎ年金と付加金を除く。)は、平成4年3月から支給が開始され、同人が死亡した平成17年4月までに158回の支給がされたこと、同人の死亡後（同年5月分以降）に遺族に対して支給される年金は22回分（合計256万9800円）が予定されていることが、それぞれ認められる。

　上記の事実によれば、本件退職金は、Aが死亡したことによってその請求権が発生したものではなく、同人が昭和62年12月末に」勤務先「を退職したことによって退職金請求権が具体的に発生していたところ、同社との契約により、退職金の半額分を拠出し、その代わりに年金として受給することとなっていたものである。そして、現にAは死亡するまでの間に、158回にわたって年金の支給を受けてきた。これらのことからすれば」勤務先「の退職金規程で、年金受給者が受給期間180か月を経過する前に死亡した場合には、180か月に達するまでの間、遺族に対して遺族年金を支給するものとされ、これを受給できる遺族の範囲は厚生年金保険法59条に定める範囲とするとされているとしても、これは既に発生している年金受給券の承継者を決める手続を定めたものにすぎず、Aが死亡した後にYに対して支給される年金は、実質的には、Aが退職したことによって取得した退職金の一部として支給されるものと認めることができるから、その受給権はY固有の権利ではなく、相続財産になるものというべきである。また仮に上記の退職金年金が相続財産ではないとしても、上記の事情に照らせば、特別受益に当たると解するのが相当である。

第2章　特別受益をめぐる事例

コ　メ　ン　ト

　被相続人がその在職中の死亡により雇用関係が終了した場合に支給される死亡退職金については、その遺産性や特別受益性が問題となり、否定説、肯定説、折衷説など判断が分かれるところであるが、本事例で問題となった退職金年金は、被相続人は生前に退職し、その退職金の半額を年金として分割して受給する旨の契約を勤務先との間で締結したことにより発生したものであり、死亡退職金とは異なるものであった。

　また、一般に遺族年金などの遺族給付は、社会保障関係の特別法によって、その受給権者の範囲や順位が法定され、かつ受給権者の死亡等によって受給権が消滅されるとされていることから、受給権者の固有の権利と解されており、その算定が困難であること、あるいは支給総額が高額であることなどからも特別受益性が否定される例が多いが、本事例の退職金年金は、受給権者の定めはあるも、その支給期間及び支給額が明確であり、その額も相続人の衡平を害するほど高額なものではなかった。

　このように本事例の退職金年金は、死亡退職金とも遺族年金とも異なり、Ａ（被相続人）の生前に発生した退職金請求権と同等ともいえる性質を持っていたことから、遺産性あるいは特別受益性を認める判断となったものであろう。

＜参考判例等＞
○死亡退職金について、国家公務員退職手当法2条及び11条の趣旨から、受給権者は固有の権利に属するものとして遺産に含まれないとしたが、共同相続人間の実質的公平の見地からする特別受益であることを認めた事例（大阪家審昭51・11・25家月29・6・27）
○退職金、役員功労金について、職員退職金給与規定等からすると遺族たる受給者が固有の権利として取得したもので遺産には属しないが、被相続人の生前の労働、貢献に対する対価であり、こと退職金は賃金の後払的性格を有し、その実質は遺産に類似するものであるから、共同相続人間の公平を図るために特別受益であることを認めた事例（広島高岡山支決昭48・10・3家月26・3・43）
○死亡退職金について、賃金の後払的性質を有していることから、相続人間の実質的な公平を図るという特別受益制度の趣旨を考慮し、特別受益であることを認めた事例（長野家審平4・11・6家月46・1・128）

第2章　特別受益をめぐる事例　　123

（4）　遺産不動産の無償使用

35 遺留分減殺請求事件において、請求権者が遺産である土地上に建物を所有し無償で使用している場合の特別受益の有無及び評価について判断した事例

（東京地判平15・11・17家月57・4・67）

当事者及び遺産の概要	
被相続人	A（平成5年1月9日死亡）
相続人及び法定相続分	X：二男（原告）6分の1 Y：三男（被告）6分の1 B：妻（X、Yの母）2分の1 C：長男（Aの先妻の子）6分の1
遺産の額	1億7543万7000円
遺産の構成	不動産（土地、建物）、現金、預貯金等

当事者の主張	
X（原告）	Y（被告）
本件土地及び本件宅地の無償使用による特別受益：X（二男・原告）は昭和58年4月以降、A（被相続人）の扶養のため月10万円以上（合計1360万円）を出費したほか、固定資産税等72万2150円を支払った。また、Xは薄給で家業に従事してきた。そのため、XがAから本件土地の無償使用を許されたことは他の相続人に比較して特別の利益を与えられたとはいえない。 また、本件宅地はXとAが共同購入したものであり無償使用はない。	本件土地及び本件宅地の無償使用による特別受益：使用期間中の賃料相当額及び使用貸借権価格をもって土地の使用貸借権の価値と評価すべきである。本件土地の賃料相当額は10万3012円（月額地代）×120（昭和58年〜平成5年の少なくとも10年間）＝1236万1440円、本件宅地の賃料相当額は10万5436円（月額地代）×120（昭和58年〜平成5年の少なくとも10年間）×1/2（持分）＝632万6160円であり、これは特別受益に該当する。

	事実経過（裁判所が認定した事実）
S44～61	X（二男・原告）はA（被相続人）が経営していた甲野商店に勤務。
S44.11.30	XはAが国から賃借していた本件土地上にX所有の家屋を新築。昭和57年まで賃料を支払ったことはない。
S57.9.21	Aは国から本件土地と宅地の払下げを受ける。
S57.9.30	AはXに本件土地上でアパート経営をすること、本件宅地に2世帯住宅を建てることを提案。昭和58年に完成した本件土地上のアパートはX名義で登記され、本件宅地上の2世帯住宅はXとAの共有名義（持分各2分の1）となった。XはAに対し、本件土地と本件宅地について使用料を払っていない。

裁　判　所　の　判　断

1　本件土地の使用貸借について

　X（二男・原告）がA（被相続人）から受けた利益は本件土地の使用貸借権の価値と解するのが相当である。使用期間中の使用による利益は、使用貸借権から派生するものといえ、使用貸借権の価格の中に織り込まれていると見るのが相当であり、使用貸借権のほかに更に使用料まで加算することには疑問があり、採用することはできない。使用貸借権の価値としては、鑑定の結果に従い1935万円（本件土地の更地価格の15％を乗じた額）とするのが相当である。

　そして、Aは甲野商店の経営が思わしくないため、Xの生活の援助のために本件土地をXのアパート経営のために使わせようとしていたこと、本件土地の使用貸借権は2000万円近い価値があること、本件土地の新規賃料は相続開始時点で月額33万8000円と高額であることからすれば、使用貸借権の贈与はまさにXの生計の資本の贈与であるといえ、特別受益に当たるというべきである。

2　本件宅地の無償使用による特別受益について

　本件宅地をXとAが共同購入したとのXの主張については、当該主張を証するに足りる証拠はなく、採用できない。

　本件宅地の相続開始時の使用貸借権の2分の1の価格は1073万円と認めるのが相当である。

コ　メ　ン　ト

　被相続人が相続人に対して被相続人所有の土地上に相続人所有の建物を所有することを容認し土地を無償使用させていた場合において、相続人の得た利益をどのように

評価するのかについて、本事例は、賃料相当額とせず更地価格の15％相当額を使用貸借権の価格と判断した。この点については、田中壮太ほか「遺産分割事件の処理をめぐる諸問題」司法研究報告書45輯1号261頁において、更地価格の1割から3割までの間で事情によって決定されていると述べられている。

＜参考判例等＞

○相続人が被相続人所有の土地を無償使用していた場合において、同人の使用借権を認定した上で、当該土地の価格から使用借権の評価額として3割を控除した額を遺産の評価額とした事例（東京高決平9・6・26家月49・12・74）

126　　第2章　特別受益をめぐる事例

36　相続人が被相続人所有の建物、車庫、土地の一部を無償使用していた場合にいずれも特別受益を否定した事例

（東京地判平19・3・27平17（ワ）26101）

当事者及び遺産の概要	
被相続人	A（平成17年3月14日死亡）
相続人及び法定相続分	X：長男（原告）2分の1 Y：二男（被告）2分の1
遺産の額	不明
遺産の構成	不動産、預貯金、動産等

当事者の主張	
X（原告）	Y（被告）
旧建物、車庫、土地の一部の無償使用による特別受益：X（長男・原告）が無償使用していたことは認めるが、その余は否認する。特別受益についてA（被相続人）は持戻免除の意思表示をした。	旧建物、車庫、土地の一部の無償使用による特別受益：XはA所有の旧建物を無償使用しており、その評価額は420万円を下らない。 XはA所有の車庫を無償使用し、その評価額は396万円を下らない。 XはA所有の土地の一部に建物を構え、同土地の一部を無償使用しており、その評価額は1080万円を下らない。

事実経過（裁判所が認定した事実）	
S47.4～S54	左記期間のうちの6年間、X（長男・原告）がA（被相続人）所有の旧建物を無償使用。
S54.12.10～	XがA所有の車1台分の車庫を無償使用。
S54	XがA所有の土地の一部に建物を新築し、当該土地一部を25年間無償使用。
H10.4.8	A公正証書遺言を作成。
H17.3.14	A死亡。

第2章　特別受益をめぐる事例　　127

裁 判 所 の 判 断

1　特別受益の判断について

　生計の資本としての贈与が特別受益として相続財産に持ち戻すこととされているのは、それが相続分の前渡しと評価される生前贈与であるから、相続人間の衡平を図るためである。とすると、特別受益に当たるか否かは、相続分の前渡しといえるかという観点から、贈与の額、趣旨、時期などを総合して判断すべきである。

　確かに、被相続人が所有していた土地の上に共同相続人の一人が建物を所有し無償で使用しているとの事実がある事案の中には、他の共同相続人との間に生ずる不公平が民法903条の趣旨に照らし是認することができないものであると評価されるため、上記事実を適正に評価して持戻しの対象とすべき場合があることは否定できない。しかし、上記使用貸借契約によるものであると解しても、その借主の権利は借地権者に比べるとはるかに弱いものであるから、これを当然に「使用借権の贈与」と構成して民法903条を適用しなければならないものではない。

2　旧建物の無償使用について

　X（長男・原告）が旧建物を無償使用していたのは、A（被相続人）の死亡する33年前から26年前であり、相続開始のはるか前のことであるから、この無償使用を相続分の前渡しと評価することはできず、生計の資本としての贈与には当たらない。

3　車庫の無償使用について

　金額も多額ではなく（被告の主張によっても月1万円）、生計の資本としての贈与とは評価できない。

4　土地の一部の無償使用について

　そもそもAとその妻の希望によって本件土地上にXが居宅を新築したものと認められ、XがA夫妻の老後の介護等を負担することで、本件土地の使用を許したものと認められる。そして、Aが本件土地の自宅に居住していた間は、その妻の病院への送迎や介護、Aの食事の世話などをXとその妻がしていたことが認められる。とすると、Xが本件土地を無償使用していたことは両親の介護等の見返りであって、これを相続の前渡しとは評価できず、Xの生計の資本としての贈与に当たると認められない。

第2章　特別受益をめぐる事例

> ### コ　メ　ン　ト
>
> 　本事例では、建物、車庫、土地の一部の無償使用を認めながらも、その時期や額、その趣旨を具体的に考慮して、結論としていずれも特別受益に該当しないと判断した。
>
> 　さらに、本事例では、無償使用の場合、使用貸借契約における借主の権利は借地権者に比べるとはるかに弱いとし、当然に使用借権の贈与と構成し特別受益と判断するものではないと述べ、Ｘ（長男・原告）が建物を建築した経緯等も踏まえて特別受益を否定した。

第2章　特別受益をめぐる事例　　129

37　被相続人が原告ら及び被告に対してそれぞれ所有物件を無償使用させていた場合に、当事者間の公平に欠けることはなかったとして特別受益を認めなかった事例

（東京地判平21・3・31平19（ワ）12874・平20（ワ）2599）

当事者及び遺産の概要	
被相続人	A（平成18年1月6日死亡）
相続人及び法定相続分	X₁：三女（原告）6分の1 X₂：四女（原告）6分の1 X₃：五女（原告）6分の1 Y：長女（被告）6分の1 B：二女　6分の1 C・D：Yの子（2名）各12分の1（Aの代襲相続人）
遺産の額	1億7728万4175円
遺産の構成	建物、借地権、株式、社員持分、現金、預貯金等

当事者の主張	
X（原告）	Y（被告）
Xらによる特別受益に対する反論：X₁（三女・原告）の居住建物はA（被相続人）の所有物件ではない。 X₂（四女・原告）とX₃（五女・原告）について、Aとの使用貸借契約の主体は各夫である。 Y（長女・被告）は使用利益の贈与と主張するが、使用収益は使用貸借権から派生するものにすぎず、使用利益自体を特別受益とみるのは誤りである。 仮にX₂・X₃が使用貸借契約の主体だとしても、AはYを含めた姉妹全員の家族を所有物件に居住させ、姉妹全員が利益を享受していたのであって特別な利益を得ていた者はいない。Aは子や孫の扶養義務の履行として居住させており持戻免除の意思表示がある。	Xらによる特別受益：XらはA所有の建物を無償使用しており、家賃相当額について特別受益がある。また光熱費をAが負担していたことから光熱費相当額についても特別受益がある。

130　　第2章　特別受益をめぐる事例

| 相殺の抗弁に対する反論：原告らは占有補助者にすぎず独立した利得はない。仮に原告らが当事者としても、使用貸借契約の目的は終了しておらず契約は継続している。 | 相殺の抗弁：XらはA死亡後も引き続き各建物に居住し続けており、賃料相当額の利得を得ている。したがって、Xらによる遺留分減殺請求については、当該不当利得返還請求権と対等額において相殺する意思表示をする。 |

事実経過（裁判所が認定した事実）

H3.1～ H18.1.6	X1が賃貸用戸建てを無償費用、光熱費月3万円をAが負担。
H10.1～ H18.1.6	X3がA所有の建物（aビル202号室）を無償使用。
H12.4～ H17.9	X2がA所有の建物（aビル307号室）を無償使用。
H17.10～ H18.1.6	X2がA所有の建物（aビル201号室）を無償使用。
H16.2.12	Aが公正証書遺言を作成（Yに一切の財産を相続させる。）。
H18.1.6	A死亡。

裁　判　所　の　判　断

1　原告らによる特別受益について

　A（被相続人）が無償で居住させていたのは娘に対する厚意に基づくものと認めるのが相当であるから、契約の当事者はX3（五女・原告）の夫ではなくX3である。

　特別受益の趣旨は、共同相続人間で、被相続人から生前贈与、遺贈など特別の利益を受けている者がいる場合に、その受けた利益を、被相続人の遺産に持ち戻して遺産分割を行う際に考慮しないと公平さを欠くことになるとするところにある。しかるところ、本件では、Xら及びY（長女・被告）ともども、その家族と一緒に、A所有物件に居住させてもらっており、当事者間での公平に欠けることはなかったのであり、Aとしても相続分の前渡しなどという意思によるものではないと判断するのが相当である。

　Aが長きにわたって水道光熱費を負担していたとするならば、AにはXらにその費用を請求する意思がなかったと推測されること、XらがYを含む他の相続人よりも特別な利益を得ていたことは認められない。仮に利益を得ていたとしても、Aが建物を無償使用させていたのは、親として子らに対する厚意に基づくものであることに鑑み

第2章　特別受益をめぐる事例　　131

れば、水道光熱費について黙示の免除の意思表示を認めるのが相当である。

2　相殺の抗弁について

　使用貸借関係はA死亡後も継続しているところ、Yが遺言に基づき貸主としての地位を承継しているが、他方で原告らは遺留分としてそれぞれ12分の1ずつの持分を有しているため、YはXらに明渡しを求めることはできない。しかし、Yの本件訴訟における賃料相当の利得の請求は使用貸借契約の終了の意思表示と認めることができ、反訴請求の時点から、使用相当損害金について、12分の8に満つるまでの請求権は有する。

コ　メ　ン　ト

　本事例は、Xら（原告）がその家族とともにA（被相続人）所有建物に無償で居住していた場合において、特別受益の趣旨が共同相続人間の公平にあるとし、Xらだけでなく Y（長女・被告）もA所有建物に無償で居住するという利益を享受していたことから当事者間での公平に欠けることはないとして特別受益を否定した。このように、特別受益を検討するに当たっては、相続人間の公平に関する事情も考慮することが必要であろう。

132 第2章 特別受益をめぐる事例

38 建物の一部を無償使用していた場合に、同居し生活の面倒を見ていたことから相続の前渡しと評価することはできないとして、生計の資本としての贈与を否定した事例

（東京地判平21・11・27平15（ワ）865・平20（ワ）16782）

当事者及び遺産の概要	
被相続人	A （平成5年1月20日死亡）
相続人及び法定相続分	X$_1$：子（原告）7分の1（X$_1$が訴訟提起後死亡し、X$_2$とX$_3$が訴訟承継） X$_2$：子（原告）7分の1 Y$_1$：子（被告）7分の1（Y$_1$が訴訟提起後死亡し、Y$_2$〜Y$_5$が訴訟承継） B：子　7分の1 (注)残り7分の3についてはどうなっているのか不明。
遺産の額	6億6073万0508円
遺産の構成	土地、建物、預貯金等

当事者の主張	
X （原告）	Y （被告）
家賃相当の特別受益：Y$_1$（子・被告）は14年間にわたりA（被相続人）所有の土地上の建物の1階北側半分に無償で居住させてもらっており、そのことにより家賃相当計5040万円の特別受益を得た。	家賃相当の特別受益に対する反論：Y$_1$はAを扶養するために同人と同居していたのであり特別受益として評価されるべきではない。

事実経過（裁判所が認定した事実）	
S48〜S61	Y$_1$（子・被告）とY$_2$らはA所有土地上にあった旧建物の1階北側半分を無償で使用し、A（被相続人）及びB（子）と同居。
H4.10.26	Aが所有財産をすべてY$_1$に相続させる旨の公正証書遺言を作成。
H5.1.20	A死亡。

裁 判 所 の 判 断

　生計の資本としての贈与が特別受益として相続財産に持ち戻すこととされているのは、それが相続分の前渡しと評価される生前贈与であるからであって、相続人間の衡

平を図るためである。そうすると、特別受益に当たるか否かは、相続分の前渡しといえるかという観点から、贈与の額、趣旨、時期などを総合して判断すべきである。本事例においてこれをみるに、Y₁（子・被告）らは、A（被相続人）及びB（子）の生前、同人らの生活の面倒をみており、旧建物に居住していた間もA及びBの生活の面倒をみていたものと認められることに照らすと、Y₁らが旧建物を無償で使用していたことを相続の前渡しと評価することはできず、生計の資本としての贈与があったとまでは認められない。

コメント

　本事例は、Y₁（子・被告）らがA（被相続人）らと同居し生活の面倒をみていたことを考慮して、建物の無償使用を相続の前渡しと評価することはできないと判断した。

　また、本事例ではX₁（子・原告）のパリ留学費用やB（子）の生活費・入院費についても特別受益に該当するか否かが争点となったが、具体的金額や期間を明らかにするに足りる証拠がないことなどを理由にいずれも特別受益を受けたとは認められないと判断された。

第2章　特別受益をめぐる事例

39 土地建物の無償使用、宝石、現金等の贈与に対する特別受益及びその評価について判断した事例

（東京地判平21・7・31平17（ワ）17805）

当事者及び遺産の概要	
被相続人	A（平成16年10月4日死亡）
相続人及び法定相続分	X₁〜X₃：長女Cの代襲相続人（原告）各6分の1 Y：長男（被告）2分の1
遺産の額	4億7096万6095円
遺産の構成	不動産、預貯金、株式等

当事者の主張	
X（原告）	Y（被告）
宝石、着物帯、現金、衣類、ワリコー（投資信託）等の贈与による特別受益：現金については、金額的にも1回当たり1万円から数万円の少額で一般的に小遣いといえる程度であって、生計の資本としての贈与とはいえない。宝石等、着物帯等及び衣類等については、Aが孫たちへの愛情から買い与えたものであり、換金等を予定しないものであるから、生計の資本としての贈与とはいえない。特別受益はワリコーのみである。 仮に特別受益に当たるとしても、これらの贈与についてはAが黙示的に持戻しを免除したとみるべきであり、仮に持ち戻されるとしても、宝石等の価額は相続開始時を基準として査定した価額とすべきである。 **土地建物の無償使用による特別受益**：Y（長男・被告）はA所有の建物を昭和47年7月から相続開始時まで無償で占有使用してきており、賃料相当額1億7165万5063円が特別受益となる。	宝石、着物帯、現金、衣類、ワリコー（投資信託）等の贈与による特別受益：X₁〜X₃（長女Cの代襲相続人・原告）はそれぞれA（被相続人）から宝石、着物帯、現金、衣類、ワリコー等の贈与を受けており、特別受益に当たる。 **土地建物の無償使用による特別受益**：遺産である不動産の利用による利益が特別受益となるのは、相続開始時に当該不動産を目的とする使用借権が設定されており、かつ、当該不動産の価値がその使用借権相当額分

	減少している場合に限られる。本件の場
仮に賃料相当額によらずに使用借権相当額	合、Yの建物利用が使用借権に基づくとし
による場合は、建物だけでなくその敷地で	ても、Yが相続によって同建物を取得する
ある土地を併せて使用貸借を受けていたも	ことで使用借権も混同により消滅するか
のとして使用借権相当額を算定すべきであ	ら、建物利用による利益がYの特別受益に
る。	なることはない。
	仮に上記利益が特別受益に当たるとして
	も、AはAの近所に居住して面倒を見るこ
	とになったYに対し、黙示的に持戻しを免
	除した。

事実経過（裁判所が認定した事実）

S45.3.26	A（被相続人）は自宅となる土地を取得。昭和50年6月5日に自宅を新築し、死亡するまで同建物に居住。
S46.8.31	AがA宅から1kmの場所にある土地を取得。
S47.7.25	上記土地上に建物を新築、以降現在までY（長男・被告）とその家族が使用料を払うことなく居住。
S60〜	AはX$_1$〜X$_3$（長女Cの代襲相続人・原告）に対し、宝石等、現金、着物帯等、衣類等、ワリコー等を贈与、その価額は、X$_1$について合計4262万7029円、X$_2$について1億6077万0918円、X$_3$について2億7637万8255円。
H16.10.4	A死亡。

裁 判 所 の 判 断

1 宝石、着物帯、現金、衣類、投資商品等の贈与による特別受益について

（1） 特別受益の判断

Xら（長女Cの代襲相続人・原告）はA（被相続人）から昭和60年以降、宝石等、現金、着物帯等、衣類等及びワリコーの各贈与を受けているものの、Aの財産は相続開始時においても4億7096万6095円もの多額に上るものであったこと、Xらに4億円以上に上る財産を贈与しているほか、Y（長男・被告）に贈与をしたり、Yの長男の学費の一部を負担したり、Yの妻あるいは長男に対して株式等、金銭及び宝石等を贈与したりしていることなどからうかがわれるAの生前の資産状況や生活状況等に、Aの行った贈与の頻度、同年当時のXらの年齢等を勘案し、さらに、動産類も個別の財産として評価できるものについては1点ごとに把握するのが相当であることなどを併せ考慮すると、Xらが受けた贈与のうち、贈与時において、現金について100万円以上、

宝石等、衣類等、着物帯等といった動産類については1点の価額が100万円以上の贈与に限り、生計の資本としての贈与すなわち特別受益に当たるものというべきである。

　Ｘらは、Ａの資産からすれば少額である、あるいは換金等を予定しない贈与であるとして、特別受益に当たらないと主張するが、Ａの生活状況等に照らしても、その価額が100万円以上の贈与までＸらの特別受益に当たらないとみることは、相続人間の公平に反するものというべきである。

　(2)　持戻免除の意思表示について

　Ｘらは、特別受益に当たるとしても、Ａが黙示的に持戻しを免除したとみるべきである旨主張する。しかし、本件においては、Ｘらが共同相続人たるＹに比べて多額の各贈与相当分の利益をより多く取得すべき合理的な事情はうかがわれず、Ａが各贈与について黙示的に相続財産への持戻しを免除したということはできない。また、そもそも、遺留分やその侵害に関する認定判断において、被相続人の意思表示を根拠にその生前贈与財産の相続財産への持戻しを否定するのは、近親者のために被相続人の財産処分の自由を制限した遺留分制度の趣旨に反するともいえる。

　(3)　価額について

　贈与財産のうち、投資商品を除く財産はいずれも動産又は金銭であるから、その特別受益としての価額は、各贈与時の価額を相続開始時の価額に換算してこれを評価するのが相当である。他方、ワリコーの特別受益としての価額は、額面金額によって評価するのが相当である。

　Ｘらは、持戻しが免除されないとしても、宝石等の価額としては相続開始時を基準として査定した価額によるべきであると主張する。しかし、Ｘらは少なくとも各贈与時において当時の価額相当分の利益を得ているのであるから、遺留分の算定に当たり、相続分の前渡しとしての意義を有する特別受益の価額を相続財産の価額に加算することにより、共同相続人相互の公平を維持することを目的とする特別受益の制度の趣旨に照らせば、遺留分やその侵害に関する認定判断における特別受益としての価額は、各贈与時の価額を相続開始時の価額に換算してこれを評価するのが相当である。

2　土地建物の無償使用による特別受益について

　(1)　特別受益の判断

　Ｙは、Ａが昭和47年7月に建物を新築した当初から現在まで、同建物にその家族とともに使用料を支払うことなく居住してきており、これは、Ｙの使用借権に基づく占有使用であると認められるところ、この占有使用の利益は特別受益に当たるものというべきである。

第2章　特別受益をめぐる事例　137

（2）　価額について

建物の占有使用に伴って必要な範囲で土地をも占有使用しており、その限りで同土地の占有使用の利益を受けたことも否定することができないこと、一方Ｙが、Ａと合意の上、その意向に沿ってＡ宅に近い上記建物に居住し、遅くとも平成11年末ころからはＡ宅に出入りしてその面倒を見るなどしており、Ａの日常生活に対して相当程度寄与したとみられること、その後、Ｙが本件遺言に基づいて不動産の所有権を取得し、引き続きこれらを利用していることなどを考慮すれば、不動産の占有使用利益の特別受益としての価額は、相続開始時における建物及び土地を一体として評価した評価額の利用権割合1割に相当する1427万円とみるのが相当である。

Ｘらは、不動産に関する占有使用の特別受益としての価額は賃料相当額を基準とした1億7165万5063円であると主張するが、使用借権に基づいて不動産を占有使用することによって受ける利益は、現金の贈与の場合などとは異なり、単純にその賃料額として算定すべきものと解することはできず、Ｘらの主張は採用することができない。

（3）　持戻免除の意思表示について

Ｙは、不動産の占有使用の利益に関し、Ａが黙示的に相続財産への持戻しを免除した旨主張するが、ＹがＡの生活に対して相当程度関与してきたことなどの事情を考慮しても、長年にわたる不動産の占有使用の利益が実質的にみてＸらとの関係で無視することができないものであることからすれば、Ａがこの持戻しを黙示的に免除していたものとも認め難い上、遺留分やその侵害に関する認定判断において、被相続人の意思表示を根拠に生前贈与財産の相続財産への持戻しを否定するのは、遺留分制度の趣旨に反するものといえる。

コ　メ　ン　ト

本事例では、Ａ（被相続人）所有の土地建物を無償使用していたＹ（長男・被告）が、使用借権はＹが不動産を相続したことにより混同で消滅するとして不動産の価値が使用借権相当分減少しているとはいえないとして特別受益に当たらない旨主張したのに対し、判決では、Ｙが長期にわたり占有使用してきたことを踏まえ、かかる占有使用の利益は特別受益に当たる旨判断した。

そして、その価額については、Ａの意向があったことや、ＹがＡ宅に出入りし面倒をみるなどＡの日常生活に相当程度寄与したこと、Ｙが遺言により土地建物の所有権を取得したことなどを踏まえて、評価額の1割相当と判断した。このように、本事例では、客観的な当該不動産における使用借権の評価（鑑定）を根拠にするのではなく、被相続人の意向や相続人の寄与、当該不動産を取得したなどの事情を考慮して、占有

使用の利益の価額を判断している。

　また、Yの持戻免除の意思表示の主張に対しては、被相続人の意思表示を根拠に持戻しを否定するのは遺留分制度の趣旨に反するなどとしてこれを退けた。

　なお、本事例では、上記以外にも、Xら（長女Cの代襲相続人・原告）が、AはYの長男の学資1899万9495円を負担し、これによってYは扶養義務を一部免れていることから同額の特別受益がある旨主張し、Yの妻がAから贈与を受けた株式についても特別受益に当たる旨を主張したが、判決では、いずれも長男や妻に対する贈与にすぎずYの特別受益に当たるものとはいえないと判断した。

第2章 特別受益をめぐる事例　139

40 土地の無償使用について使用借権相当額の特別受益を認め、その価額を土地評価額の20％相当額とした事例

（東京地判平21・6・26平19(ワ)28864）

当事者及び遺産の概要	
被相続人	A（平成13年9月8日死亡）
相続人及び法定相続分	X₁：二男（原告）5分の1 Y：三男（被告）5分の1 B：長男　5分の1 C：長女　5分の1（A死亡後に死亡し、夫であるX₂が相続） D：二女　5分の1
遺産の額	2億9474万1217円
遺産の構成	不動産等

当事者の主張	
X（原告）	Y（被告）
建物及び土地の無償使用による特別受益：A（被相続人）所有の建物は、X₁（二男・原告）が昭和49年5月24日に贈与を受けたものであり、同日以降の占有使用についてX₁に特別受益は生じない。また、その土地についてもAの遺産ではないから特別受益は生じない。	建物の無償使用による特別受益：X₁は、昭和43年11月24日から現在まで、A所有の建物を使用借権に基づき無償で占有しているところ、使用料相当額が月額10万円を下ることはないから、X₁には少なくとも4680万円の特別受益がある。

事実経過（裁判所が認定した事実）	
S37.7.20	A（被相続人）が○○不動産から土地建物を購入。
S43.11.24	AがX₁（二男・原告）に建物を無償で貸し渡す一方、妻に同建物を譲渡（土地については同時期以降も無償使用を継続）。
S49	Aの妻がX₁に建物を贈与。
H13.9.8	A死亡。

140　第2章　特別受益をめぐる事例

裁 判 所 の 判 断

1　土地の無償使用による特別受益について

　X₁（二男・原告）は、建物を使用する限りにおいてA（被相続人）から土地を無償で借り受け、同建物の敷地として単独で使用し、Aの遺産の価額をその使用借権に相当する価値分減少させているのであるから、他の相続人と比較して過大な利益を受けたものとして、使用借権相当額の特別受益を有するものといえる。

　そして、X₁が昭和43年11月24日から現在まで長期にわたって建物の使用を伴う範囲で土地を使用し続けてきたことなどに照らせば、使用借権の価額は、土地の評価額の利用権割合20％に相当する1440万3200円とみるのが相当である。

　被告は、X₁の占有使用に係る利益が月額10万円を下ることはないとし、X₁には4680万円の特別受益があると主張するが、使用貸借に基づいて不動産を占有使用することによって受ける利益は、現金の贈与の場合などとは異なり、単純にその不動産の賃料額として算定し得るものではない上、X₁の占有使用期間中の不動産の適正賃料額を明らかにするに足りる証拠もなく、また、Aの遺産の価額としては、X₁の使用借権に相当する価額が減少しているといえるから、X₁の特別受益の価額としては、相続開始時の土地の使用借権相当額によるのが相当である。

コ メ ン ト

　本事例では、Y（三男・被告）が土地及び建物の所有者はいずれもA（被相続人）であり遺産に属すると主張し、X₁（二男・原告）が同建物を無償使用していたとして特別受益を主張したのに対し、X₁は、建物については、X₁がAの妻から贈与を受けたものであるとして無償使用自体を否定するとともに、土地についてもAの遺産ではないとして特別受益を否定していた。

　判決では、建物については、X₁がAの妻から贈与を受けたものであると認定した一方で、土地についてはAの遺産に属すると判断した。そして、建物使用に伴い土地を無償使用していたことについて使用借権相当額の特別受益を有するとし、その価額は土地評価額の20％相当額とした。

　なお、Yは建物の無償使用のみ主張しているが、判断では、「この主張は、建物使用に伴う土地の使用に関する特別受益の主張をも包含するものと解される」として、土地の無償使用について判示している。

第2章　特別受益をめぐる事例　　141

41　土地・建物の無償使用、現金の贈与、生活費の援助等が各相続人に対してあった場合において、資産が大きいことやそれぞれに対して相応の金員の交付があったことなどから特に生計の資本として行われたものではないと判断し特別受益を否定した事例

(東京地判平22・12・10平20(ワ)6183)

当事者及び遺産の概要	
被相続人	A（平成18年8月26日死亡）
相続人及び法定相続分	X₁：子（原告）3分の1 X₂：子（原告）3分の1 Y：子（被告）3分の1
遺産の額	3億0005万1474円
遺産の構成	不動産、預貯金等

当事者の主張	
X（原告）	Y（被告）
生活費の援助による特別受益：Y（子・被告）は昭和52年頃から家族の分を含めて食費、光熱費、電話代等の総額2000万円以上をA（被相続人）に負担してもらっており特別受益としての贈与に当たる。 金員の贈与による特別受益：YはAから500万円及び100万円の贈与を受けている。また、昭和61年ころ、Aが河原電機商会を閉鎖する際の立退料のうち1100万円の贈与を受けた。	（対X₁） 建物の無償使用による特別受益：X₁（子・原告）は昭和49年頃から昭和53年11月までA所有のアパートの一室を無償使用し、賃料相当額354万円の利益を得た。 土地の無償使用による特別受益：X₁は昭和53年11月からA死亡までA所有の土地上に建物を新築し同土地を無償使用しており、これによって土地の無償使用の対価として831万9000円、同期間の賃料相当額として1998万円の利益を得た。 生活資金の贈与による特別受益：X₁はAから生活資金として500万円の贈与を受けた。 （対X₂） 土地の無償使用による特別受益：X₂（子・原告）は昭和45年3月頃から昭和53年7月頃までA所有の土地上に建物を建築し同土地

142 第2章 特別受益をめぐる事例

	を無償使用し、無償使用の対価として831万9000円、同期間の賃料相当額600万円の利益を得た。 **建物の無償使用による特別受益**：また、X₂は昭和52年5月から平成6年6月までA所有の土地上にあったアパート2室を無償使用し、同期間の賃料相当額2460万円の利益を得た。 **金員、生活費の贈与による特別受益**：X₂はアパート退去時にAから100万円の贈与を受けた。 また、X₂はAから生活費として計1626万円の援助を受けた。

事実経過（裁判所が認定した事実）	
	＜X₁に関して＞
S48.5.17 ～S53.12.18	X₁（子・原告）がA（被相続人）所有のアパートの1室を無償使用。
S53.12～H1	A所有の土地上にX₁の夫が建物を建て、家族で居住。
H15.2頃	AがX₁に現金500万円を贈与。
	＜X₂に関して＞
S49頃	X₂（子・原告）がA所有の土地上に工場を建て同土地を無償使用。
S52.5～H6.6	X₂がA所有のアパートの1室ないし2室を無償使用。
H6.6	X₂がアパートを退去する際にAから100万円を受領。
H7頃～	AがX₂に月4万円～10万円の生活費を援助。
	＜Yに関して＞
S41～S61	Aが営む会社でAと共に働く。
S52.5.16	Y（子・被告）が婚姻、その直前にAが自宅を増築、以降Aが死亡するまで同居。
S61頃	同社が閉店による退去をする際、Aが立退料の中から500万円をYに贈与。

裁 判 所 の 判 断

1 X₁の特別受益について

（1） 土地の無償使用による特別受益について

土地の使用をもって、賃料相当額等が生計の資本として贈与されたとみることはできない。また、土地の利用については、A（被相続人）とX₁（子・原告）ないしC（X₁

の夫）との間に使用貸借契約関係を認め得るが、同土地は相続によりX₁が取得しており、同土地の評価に当たっては、使用借権及び地上建物の存在を考慮しない更地を前提としていることから、当該使用借権について、別途、特別受益として考慮する必要性は認められない。

(2)　建物の無償使用による特別受益について

X₂（子・原告）もアパートの部屋を無償で使用しており、Y（子・被告）もA所有の自宅で生活をしていたこと、Aの資産は3億円を超えていることや生前も相応の賃料収入を得ていたことなど、兄弟間の公平や受益の程度を考慮すると、X₁に対する無償使用は特に生計の資本として行われたものには当たらないというべきである。

(3)　生活資金の贈与による特別受益について

X₁はAから現金500万円の贈与を受けたことは認められる。しかし、Aの資産は3億円を超えること等からすると、必ずしもこれは高額なものとはいえないし、AはX₂やYに対しても折に触れて同程度ないしそれ以上の金員を交付していること等に照らすと、特に生計の資本として行われたものには当たらないというべきである。

2　X₂の特別受益について

(1)　土地の無償使用による特別受益について

土地の無償使用を認めることが直ちに地代相当額の生計の資本としての贈与に当たるとはいえない。

(2)　建物の無償使用による特別受益について

X₁もアパート1室を無償で使用し、Yも終始A所有の自宅で生活していたこと、Aの資産は3億円を超えていることや生前も相応の賃料収入があったことなど、兄弟間の公平や受益の程度、転居の経緯等を考慮すると、無償使用は特に生計の資本として行われたものには当たらないというべきである。

(3)　贈与、生活費の援助による特別受益について

X₂はアパートを退去する際Aから100万円を受領したことは認められる。しかし、これは転居に伴う臨時の出費に充てる趣旨で交付されたものとみられることや、Aの資産総額が3億円超であること等に比して必ずしも高額なものとはいえないこと、AはX₁やYに対しても折に触れてそれ以上の金員を交付していること等に照らすと、これは特に生計の資本として行われたものには当たらないというべきである。

X₂は、平成7年ころ以降、Aから少なくとも1か月当たり4万円ないし10万円の援助を受けていた時期があったことが認められる。このような形で定期的な援助を受けていたのは兄弟の中でもX₂のみであるから、その金額によっては特別受益として遺留分

の算定に当たり考慮する余地がないではないが、本件全証拠によっても、特別受益として考慮し得る程度の金額に達していたと認めることはできない。

3 Yの特別受益について

(1) 同居生活における援助による特別受益について

Xらは、AがYのために食費、光熱費、電話代等総額2000万円以上を負担していた旨主張するが、Aによるこれらの支出は同居の家族としての相互扶助に基づく負担であり、生計の資本としての贈与には当たらないというべきである。

(2) 金銭の贈与による特別受益について

YはAから河原電機商会の閉店の際に500万円、自動車の購入代として100万円をそれぞれ受領したことが認められるが、Aの資産は3億円を超えること等からすると、必ずしもこれらは高額なものとはいえないことやAはXらに対しても同じように折に触れてまとまった金員を交付していること等に照らすと、これらが特に生計の資本として行われたものには当たらないというべきである。

コ　メ　ン　ト

本事例は相続人である当事者らがそれぞれに不動産の無償使用や金員の交付等について特別受益に当たる旨を主張していた事案である。裁判所は、被相続人の資産額や相続人のそれぞれが被相続人から無償使用や金員の贈与、生活費の援助等を受けていたことなどを考慮し、いずれも生計の資本としての贈与に当たらないと判断した。特別受益の趣旨が相続人間の公平にあることから、各相続人の受けた利益のバランスを考慮したものと思われる。

第2章 特別受益をめぐる事例

 被相続人所有の建物を無償使用していた場合に親子間の通常の使用貸借を超えるものではないとして特別受益を否定した事例

(東京地判平26・3・25平23(ワ)10164・平23(ワ)36694)

当事者及び遺産の概要	
被相続人	A（平成22年10月9日死亡）
相続人及び法定相続分	X：子（原告）6分の1 Y₁：子（被告）6分の1 Y₂：子（被告）6分の1 B：配偶者　2分の1
遺産の額	1億5580万4230円
遺産の構成	不動産、預貯金等

当事者の主張	
X（原告）	Y（被告）
歯学部学費等の援助による特別受益：Y₂（子・被告）は専門学校の学費365万円の半分相当の182万5000円、歯学部の学費3750万円の半分相当の1875万円の援助を受けた。	歯学部学費等の援助による特別受益：A（被相続人）及びB（配偶者）は会社を経営して相当な資産を保有しており、交付された学費が試算に照らして著しく高額とはいえない。X（子・原告）及びY₁（子・被告）も4年制大学を卒業しているところ、その学費も全てA及びBが支出している。
A所有の賃貸ビルの無償使用による特別受益：Y₂は、A所有の賃貸ビルに歯科医院を開設して経営しているところ、この賃料を支払っておらず、賃料相当額3174万1002円並びに水道代145万0432円及び電気代312万1266円について特別受益となる。	A所有の賃貸ビルの無償使用による特別受益：歯科医院は1階部分の会社の倉庫内の家具を移転し改装した上で開業したものであり、1階部分は第三者への賃貸を目的としておらず遺産の前渡しとしての性格を有していない。1階部分の使用貸借は恩恵的要素が強く、遺産の前渡しという性格は定型的に薄く、第三者に対する対抗力はなく、経済的価値はないに等しいため、収益物件として第三者に賃貸していたものを無償使用させたなどの事情がない限り特別受益には該当しない。水道光熱費は歯科医院が負担している。

A所有の土地の無償使用による特別受益： Y₁は、A所有の土地上に存在する賃貸ビル（Y₁持分3分の1）について地代を払っておらず、地代相当額410万3240円について特別受益となる。	A所有の土地の無償使用による特別受益： Y₁の特別受益に関するXの主張には何ら根拠がない。

事実経過（裁判所が認定した事実）	
——	Y₂がA所有の賃貸ビルの建築当時から同建物の3階に居住。 同建物の1階部分はA及びBの運営する会社の倉庫などになっていた。 その後Y₂は結婚したが、結婚後も3階に居住していた。
S57.1〜	同建物1階テナントに歯科医院を開設、現在まで歯科医院を経営。
H22.4.28	A公正証書遺言を作成。
H22.10.9	A死亡。

裁 判 所 の 判 断

1 歯学部学費等の援助による特別受益について

　A（被相続人）及びB（配偶者）は会社を経営して相当の資産を保有しており、Y₂（子・被告）に交付された学費が同資産に照らして著しく高額であるものとはいえないし、X（子・原告）及びY₁（子・被告）も4年制大学を卒業していることを考慮すると、Y₂への学費の支出が特別受益に当たるとまではいい切れない。

2 A所有の賃貸ビルの無償使用による特別受益について

　（上記認定事実を前提として）本件建物1階部分は第三者への賃貸を目的としておらず、遺産の前渡しとしての性格を有していないものと認められるし、かつ、本件建物を収益物件として第三者に賃貸していたものを相続人に無償で使用させたなどの事情も認められないので、親子間の通常の使用貸借を超えるものではなく、特別受益には該当しない。また、本件建物には電気及び水道のメーターが複数あり、歯科医院の電気料金及び水道料金は独立して算出され支払われているので、Aにその料金を肩代わりさせていない。

3 A所有の土地の無償使用による特別受益について

　親子間の通常の使用貸借に過ぎず、特別受益には当たらない。

第2章　特別受益をめぐる事例　　147

コ　メ　ン　ト

　本事例は、無償使用について、当該建物の性質から遺産の前渡しとしての性格を有していないことなどを根拠に親子間の通常の使用貸借を超えるものではないと判断した。しかし、Y₁（子・被告）についても理由を付さず親子間の通常の使用貸借に過ぎないとしており、どのような場合に親子間の通常の使用貸借として特別受益に該当しないのかについては明らかではない。

　なお、本事例では、特別受益のほか、A（被相続人）の遺言能力についても争点となったが、裁判所は遺言能力を具備していたとして公正証書遺言は有効であると判断した。

148　第2章　特別受益をめぐる事例

43 被相続人所有の建物に無償で居住していた場合において、被相続人の居住建物と別であることや好立地で床面積も広いことなどを考慮して恩恵的要素を重視するのは相当でなく生計の資本としての贈与に当たると判断し特別受益を認めた事例

(東京地判平27・3・25平23(ワ)36049)

当事者及び遺産の概要	
被相続人	A（平成21年8月16日死亡）
相続人及び 法定相続分	X₁：長女（原告）4分の1 X₂：四女（原告）4分の1 Y：長男（被告）4分の1 B：三女　4分の1
遺産の額	積極財産：6億1878万9200円 消極財産：33億7981万9784円
遺産の構成	不動産、株式、絵画等

当事者の主張	
X（原告）	Y（被告）
A所有建物の無償居住による特別受益：Y（長男・被告）はA（被相続人）所有の建物に無償で居住してきたことにより特別受益を得ている。賃料相当額は月額120万円を下らず、合計額は3億0240万円が遺留分算定の基礎に加えられるべきである。 持戻免除の意思表示は、遺留分に関する規定に違反しない範囲でその効力を有するのであるから、遺留分減殺請求に対する反論としては失当である。	A所有建物の無償居住による特別受益：建物の使用貸借は、恩恵的要素が強く、遺産の前渡しという性格は定型的に薄いこと等からA所有建物の賃料相当額が特別受益になるということはできない。Y及びその妻はAの日常生活全般の手助けやAの自宅及びその敷地の維持・管理の仕事も行っていたから、Aは賃料相当額について黙示の持戻免除の意思表示をした。

事実経過（裁判所が認定した事実）	
S63.11.20	A（被相続人）が所有土地上に本件建物を新築し、Y（長男・被告）は同日頃からA死亡までの間本件建物を無償で使用していた。
H13.8.2	A公正証書遺言を作成。

H21.8.16	A死亡。
H22.8.12	Y遺留分減殺請求権行使の意思表示。

裁 判 所 の 判 断

1 A所有建物の無償居住による特別受益について

　認定した事実によれば、Y（長男・被告）は、家族とともに、A（被相続人）が建てた本件建物に無償で居住してきたことが認められ、賃料相当額の利益を得たというべきである。そして、証拠（不動産鑑定の結果）及び弁論の全趣旨によれば、Yが本件建物に居住することによって受けた経済的利益は1億5039万6000円であると認められる。

　Yは、使用貸借は恩恵的要素が強く、遺産の前渡しとしての性格が薄いこと等から、本件建物の賃料相当額がYの特別受益にならない旨主張する。そして、確かに、相続人が被相続人と同居していた場合等、その居住の利益を捉えて特別受益と認めることが相当でない事案もあることは否定できない。しかし、本件建物は、Aの居住していた建物とは別個の建物である上、東京都千代田区一番町という好立地の床面積合計201.61平方メートルの建物を使用することができる利益は、非常に大きなものであるから、恩恵的要素を重視することは相当でなく、むしろ、これを生計のための資本としての贈与とみるのが相当である。

コ メ ン ト

　本事例では、被相続人と別に居住していたことや立地や床面積といった居住建物の価値が高いことを踏まえて、恩恵的要素を重視するのが相当でないとし特別受益を認めた。

　もっとも、本事例では、相続財産の評価や負債の有無及びその評価も争点となっていたところ、裁判所の認定した事実からは債務超過となるとして遺留分侵害を否定した。

(5) その他

44 遺産分割事件において、被相続人から二男に対する借地権の譲渡を、生計の資本たる贈与としての特別受益と認めた上で、その持戻免除の意思表示を否定し、また、長男の妻子による被相続人の介助行為（療養看護）を相続人の履行補助者的立場にある者の無償の寄与行為として長男に170万円の寄与分を認めた事例

（東京家審平12・3・8家月52・8・35）

当事者及び遺産の概要	
被相続人	A（昭和61年12月31日死亡）
相続人及び法定相続分	X₁：二男の妻（申立人）、16分の2 X₂：二男の子（申立人）、16分の3 X₃：二男の子（申立人）、16分の3 Y：長男（相手方）、16分の8 （注）Aより後に死亡したAの妻から承継した相続分を含む。
遺産の額	7003万円
遺産の構成	不動産（土地3筆、建物1棟）

当事者の主張	
X（申立人）	Y（相手方）
借地権の生前贈与による二男の特別受益：二男は、A（被相続人）とは全く無関係に、自ら地主との間で借地契約を締結して借地権を取得したもので、Aからの生前贈与ではない。 持戻免除の意思表示：仮にAから贈与を受けたものだとしても、Aは黙示的にその持戻免除の意思表示をした。Aは老朽化した旧建物を自ら改築補修して借地権を更新使用しようという意思も資力もなかったこと、借地権の贈与がなされたのはA死亡の	借地権の生前贈与による二男の特別受益：二男は昭和45年ころにAから借地権の生前贈与を受けたので、これはXら（申立人）の特別受益として持戻しの対象となる。 持戻免除の意思表示 ――

第2章　特別受益をめぐる事例　　151

約16年前であったことからして、被相続人には遺産の前渡しという意図はなかった。 Ｙの特別の寄与：Ａの疾病は重大なものではなく、介護を要したとしても専らＡの妻が行い、Ｙ（長男・相手方）やその妻子らは単にこれを補助したもので、同居の親族として通常期待しうる程度の相互扶助を行ったにすぎないから、特別の寄与には当たらない。	Ｙの特別の寄与：Ｙは、Ｙ及びその妻、長男、二男及び三男において、長年の間Ａと同居し、脳梗塞になったＡを、その起床、移動、外出、入浴、就寝等の全般にわたって無償で介護し、世話をしてきたので、寄与分を定めることを求める。

事実経過（裁判所が認定した事実）

S30.3	Ａ（被相続人）は借地権付建物を購入し、同所での居住を始めた。
S35.9	Ａは別の土地1筆及び建物（後に遺産となる不動産）を購入して同所に転居し、上記の借地権付建物を他人に賃貸した。
S43.3	二男は、X₁（二男の妻・申立人）と婚姻し、同年6月ころから借地権付建物に居住するようになった。その約1か月後には賃借人がＡとの賃貸借契約を解除して、同建物を退去した。
S45.12	二男は当時の地主との間で、借地につき期間20年の借地契約を締結した。その際、Ａに何ら金銭その他の対価を支払ってはいないが、Ａは、二男の契約締結に対して何ら異議を述べなかった。二男は、契約締結に際して、地主に対し、名義変更代金として金23万2600円を支払った。
S46、47頃	二男は、借地上の建物（旧建物）を取り壊し、借地上に現存建物（X₁及びX₂（二男の子・申立人）の現住居）を新築した。二男は、建物新築に際して、地主に対し、建物新築承諾料として金10万円を支払った。
S54.9	Ａが脳梗塞で入院し、同年11月に退院したが、歩行等の移動については物の支え又は人の介助に頼る状態となった。
S61.夏〜	被相続人の体力はかなり低下して病臥することが多くなり、介助の必要性が高くなった。
S61.12	Ａが死亡した（本件相続開始）。
H2.9	二男が死亡した（相続人はX₁〜X₃である）。
H2.12	X₁は、地主との間で、借地につき期間20年の借地契約を締結した。X₁は、その際、地主に対し、土地契約更新料として金600万円を支払った。
H4.6	Ａの妻が死亡した（相続人はＹ、X₂、X₃である）。

152　　　　第2章　特別受益をめぐる事例

裁 判 所 の 判 断

1　借地権の生前贈与による二男の特別受益について

　A（被相続人）が、二男が婚姻するに際し新居を構えさせるため、旧建物からわざわざ賃借人を立ち退かせてまで、二男一家を同所に住まわせたことからすれば、その後に二男が地主と自ら借地契約を締結することを了承したのは、新たな借地人が二男であるからこそ異議なく承諾したものというべきで、仮にその余の第三者が借地を新たに借り受けようとしたのであれば、借地権者として当然地主に異議を述べたはずであること、地主もまた、そのような第三者に対して借地を賃貸したとは考えられないことに照らせば、二男は、何らの対価なくしてAの借地権を承継した、すなわち、Aから借地権の贈与を受けたものと認めるのが相当である。

　二男は、建物の建替えの際に高額な承諾料（金10万円）を払わされ、また二男死亡後にX₁（二男の妻・申立人）が借地権を相続取得した際にも更新料兼名義書換料として破格に高額な金員（金600万円）を払わされているので、借地の所有者は、契約更新や名義書換に際し、一般的な相場よりかなり高額の金員を要求し、二男やXらもやむなくこれに応じてきていたという経過が認められるから、昭和45年の借地契約時に、二男が通常の相場より高額の名義変更代金を支払っているからといって、これが地主と二男の双方にとって、Aからの借地権承継とは無関係な新たな借地契約のための権利金授受であるとの認識があった証左にはならない。

　そして、本件借地権の贈与は、生計の資本としての贈与に該当するから、民法903条1項の特別受益に当たる。

2　二男の特別受益の持戻免除の意思表示について

　民法903条1項は、共同相続人間の実質的公平を図るべく、特別受益がある場合にはその持戻しをすることを原則としており、同条3項の持戻免除の意思表示は例外規定である。とすれば、被相続人が明示の意思表示をしていないにもかかわらず、黙示的意思表示あることを認定するためには、一般的に、これを是とするに足るだけの積極的な事情、すなわち、当該贈与相当額の利益を他の相続人より多く取得させるだけの合理的な事情あることが必要というべきである。

　本件においては、そもそもAに本件旧建物の維持や借地権更新のための意欲や資力がなかったと認めるに足りる証拠はないが、仮にAに本件借地権の贈与の時点で上記の意思や資力をなかったとしても、それゆえにAが二男に対して、当該借地権相当の利益をY（長男・相手方）より多く取得させようという意思を有していたと推認でき

るものではない。また、本件借地権を譲り受けた二男やその家族が、Aの死亡の当時も現にこれを生活の本拠として利用し、客観的にも当該借地権に相当の価値が認められる状況にある以上、仮に贈与の当時のAが遺産の前渡しとしての意識を欠いていたとしても、それをもって最終的なAの意思も持戻しを免除することにあったと認められるものではなく、その他に、二男に借地権相当の利益をYより多く取得させることを是とするような合理的事情があると認めるに足る証拠がない本件においては、Aの黙示の持戻免除の意思表示を認めることはできない。

3　二男の特別受益の評価について

　鑑定人の鑑定による借地権の相続開始時における評価額は、金2229万9000円である。

　ただし、二男は借地権を取得するに当たり名義変更代金23万2600円を支払っているところ、原則として権利の移転に地主の承諾が必要な借地権については、名義変更代金の支払は、贈与契約の履行のための必要経費ともいうべきものであって、本来は贈与者であるAが負担すべきものであるが、これを受贈者たる二男が支払ったということは、借地権の贈与契約自体が、いわば名義変更代金支払の負担付贈与であったと同視できるものであって、当該特別受益の価額を算定する際には、当該負担の価額を控除すべきものと解する（民法1038条（なお、当該民法1038条は、平成30年法律72号による改正後の1045条1項）参照）。

　そして、東京都区部の消費者物価指数表を参考にすると、昭和45年当時の金23万2600円は、昭和61年当時には金64万1000円の価値があったので（計算式23万2600円×（100÷36.3）＝64万0771円）、二男の負担の価額は金64万1000円である。よって、借地権の相続開始時における評価額2229万9000円から、負担の価額である金64万1000円を控除して、借地権の贈与による二男（X3名合計）の特別受益の価額は2165万8000円と認める。

4　長男Yの妻子の介助による寄与分について

　Aの妻も体力に衰えの生ずる年代であったうえ、聴力が弱かったこと等を考慮すると、Aの介助を全面的にAの妻一人で行えるものではなく、Yの妻子らによる介助が、まったくの補助的労務でしかなかったとは認めがたい。特に、退院当初の介助に不慣れな時期や、Aの妻が年老いる一方でAの体調が悪化した晩年のころには、介助の負担も相当重いものとなり、Yの妻子による介助はAの日常生活のうえで不可欠のものであったと考えられる。よって、これらYの妻子による介助行為は、Yの履行補助者的立場にある者の無償の寄与行為として、特別の寄与に当たるものと解する。

　ただし、Yの妻子は、いずれも終日介護に従事していたものとは認められないこと、

また、Ｙ一家は、長年の間Ａ夫妻と同居することにより、その生活上の諸利益を得ていたことが推認されるので、寄与分算定に当たっては、同居の親族として一定程度の相互扶助義務を負っていることも考慮し、社団法人日本臨床看護家政協会作成の看護補助者による看護料金一覧表による普通病（軽症2人付）の場合の一人当たり基本給が日勤3390円、深夜勤5110円であることを参考にして、Ｙの寄与分を金170万円と定める。
（参考式）

607円×1.5時間×2588日×0.7＝164万9461円

コメント

1　特別受益の対象―借地権の生前贈与

　特別受益の対象は、①遺贈された財産、②婚姻若しくは養子縁組のため贈与された財産、③生計の資本として贈与された財産の3つである（民903①）。本審判例は、借地権の贈与を、上記③の「生計の資本としての贈与」と認めた事例として意義がある。

　借地権が更地の何割と評価され独自の経済的価値を有している現状では、借地料の支払をすることは使用の対価であるとはいえ、借地権の取得の対価であるとはいえないため、借地権の名義変更をした場合は、原則として借地権相当額の贈与となると解されている。また、二男が支払った名義変更代金は、特別受益の評価額を算定する際に、それを相続開始時の価額に換算して、相続開始時の借地権の評価額から控除することになる（司法研修所編『遺産分割事件の処理をめぐる諸問題』259～260頁（法曹会、1994））。

　なお、相続人の特別受益がある場合には、それが再転相続により再転相続人に承継されるので、本件では、二男の特別受益は再転相続人であるX_1～X_3（申立人）に承継されることになる。

2　持戻免除の意思表示

（1）　生前贈与の持戻免除の意思表示の方式

　生前贈与の持戻免除の意思表示（民903条3項）は、特別の方式を必要とせず、明示であるか黙示であるかを問わない（高松家丸亀支審昭37・10・31家月15・5・85等）。実務上、明示の意思表示がある場合はほとんどなく、黙示の意思表示の有無が争われることが多い。そして、黙示であるがゆえに、それを証拠によって直接証明するのではなく、生前贈与に至った経緯や動機、被相続人と受贈者の関係、それらと他の相続人との関係などの事情を総合考慮して、黙示の意思表示を「推認」できるかどうかが判断されることになる（森野俊彦「特別受益持戻し規定の解釈と運用について」判タ1050・62）。

第2章　特別受益をめぐる事例　　155

（2）　黙示の意思表示の判断基準―合理的な事情の有無

　本審判は、特別受益の持戻しが原則で、持戻免除は例外であるとし、黙示の意思表示を認定するには、「当該贈与相当額の利益を他の相続人より多く取得させるだけの合理的な事情」があることが必要と判示した上で、本件ではかかる合理的な事情が証拠上認められないとの理由で、特別受益の持戻免除を認めなかった事例である。

　黙示の意思表示を、上記の「当該贈与相当額の利益を他の相続人より多く取得させるだけの合理的な事情」の有無を基準に判断するのが通説と言われるが、特別受益による具体的相続分の修正を広く認めるのか、それとも限定的に捉えるのかといった特別受益制度に対する判断者（裁判官）のスタンスの違いで結論が左右されることもあり得る。本件では、被相続人は、二人の子の住まいとして、長男には遺産となった土地1筆及び建物、二男には借地権付建物を取得させようと意図していたとみられるが、前者のみが遺産分割の対象となっていることから、遺産分割における公平の見地から、借地権の生前贈与の持戻しをさせたとみることもできる（辻朗「借地権の贈与の特別受益性と被相続人介助の特別寄与性」民商124巻6号110頁）。

3　相続人の妻子の介助による寄与分

　本審判は、相続人自身ではなくその妻子らによる特別の寄与につき、相続人の履行補助者的立場にある者の寄与行為であるとして、相続人の寄与分を認めた事例としても意義がある。このような履行補助者論については異論もあるが（谷口知平・久貴忠彦編集『新版注釈民法(27)相続(2)補訂版』248頁（有斐閣、2013））、本審判以外にも肯定する審判例がある（神戸家豊岡支審平4・12・28家月46・7・57、事例64等）。

4　療養看護による特別の寄与

　本審判は、寄与行為の態様として療養看護による特別の寄与を認めた事例としても意義がある（事例84～88）。ただし、本審判に対しては、療養看護によって「被相続人の財産の維持又は増加」がもたらされたという要件について言及がないため、特別の寄与を認めるのは困難な事例ではなかったか等の批判もある（辻朗・前掲論文）。療養看護による特別の寄与を主張する場合には、家政婦（ホームヘルパー）に対する支出を抑えることができた等、被相続人の財産の維持又は増加に対する影響を具体的に明らかにする必要がある。

第2章　特別受益をめぐる事例

＜参考判例等＞

○特別受益の持戻免除の意思表示は、特別の規定もないから特別な要式を用いずに有効になされうると判示した事例（高松家丸亀支審昭37・10・31家月15・5・85）

○相続人の妻の被相続人に対する献身的看護は、親族間の通常の扶助の範囲を超えるものがあり、そのため、被相続人は、療養費の負担を免れ、遺産を維持することができたと考えられるから、遺産の維持に特別の寄与貢献があったものと評価するのが相当であるところ、その看護は、当該相続人の妻として、同人と協力しあい、同人の補助者又は代行者としてなされたものであるから、遺産分割に当たっては、当該相続人の寄与分として考慮すべきであると判示した事例（神戸家豊岡支審平4・12・28家月46・7・57）

第2章　特別受益をめぐる事例　　157

45　遺産分割事件において、被相続人の財産の維持増加に特別の寄与をした相続人につき、その寄与の度合いと生前贈与を受けた額とを合せて検討することで寄与分（長男0円、二男200万円、婚外子1200万円）を定め、他方、被相続人がその長女の夫の身元保証人として保証債務を履行し、同夫に対する求償債権の免除をしたことは、長女に対する生計の資本としての贈与による特別受益であると認めた事例

（高松家丸亀支審平3・11・19家月44・8・40）

当事者及び遺産の概要	
被相続人	A（昭和57年2月12日死亡）
相続人及び法定相続分	X：長女（申立人）7分の2 Y₁：長男（相手方）7分の2 Y₂：二男（相手方）7分の2 Y₃：婚外子（相手方）7分の1
遺産の額	4860万9836円
遺産の構成	建物、預金、社員権

当事者の主張	
X（申立人）	Y（相手方）
Y₁～Y₃の寄与分 ――	Y₁～Y₃の寄与分：Y₁～Y₃（長男、二男、婚外子・相手方）の寄与分を定めるよう求める。
X（長女・申立人）の夫に対する求償債権の免除によるXの特別受益 ――	Xの夫に対する求償債権の免除によるXの特別受益

事実経過（裁判所が認定した事実）	
S20.8	A（被相続人）の妻が死亡したが、その後、Y₃（婚外子・相手方）が同妻に代わって家事を担当し、Y₁（長男・相手方）らの母親代わりも努めた。Aは、種苗販売業等を営んでいた。
S28.12	Aが運送会社を設立して、運送業も始めた。Y₁は婚姻したが、妻と共にAと同居し、家業を手伝った。Y₂（二男・相手方）は、運送業を手伝った。Y₃は、

	運送業の事務を手伝い、A及びY₁と同居した。Aは、Y₁、Y₂、Y₃に対し、運送会社の社員権としてそれぞれ150口ずつを贈与した。Aは、Y₁に対しては、建物を買い与えた。
S32	X（長女・申立人）の夫が勤務先で不祥事を起こし、Aが身元保証人として責任を問われ、Aは昭和40年まで少なくとも300万円を支払った。
S35	Y₂が婚姻して、A宅の近くに別居し、Y₂の妻は運送会社の事務を手伝った。
S41.7	AはY₁に対し土地を買い与えた。
S42.4	Aは敷地を購入し、事務所兼倉庫を新築した。
S42.6	AはY₁に対し土地を生前贈与した。Y₂が運送会社の所有地上に自宅を新築し、その際、AはY₂に50万円（評価額152万円）を贈与した。
S47.8	AはY₁に対し土地建物（Y₁の自宅）を買い与えた。
S53	Aは、Y₂に実質的な経営を委ねていたが、トラック業界の役員として運輸大臣表彰を受けた。
S56.7〜8	Y₃は、祖父から贈与を受けていた貸家から収入の一部である合計160万円を運送会社の営業資金に充てた。
S57.2	Aは胃ガンで死亡したが、死亡直前の半年間は付添いが必要な状態で、Y₃はAの付添いをした。

裁 判 所 の 判 断

1 Y₁〜Y₃の寄与分について

　Y₁〜Y₃（長男、二男、婚外子・相手方）はA（被相続人）の財産の維持増加に特別の寄与をしていると同時に、その寄与に報いるためAから一定の財産を贈与されているので、その寄与度合いと贈与財産額を合わせ検討することによって、Y₁〜Y₃の寄与分の有無・程度を検討する。

　まず、Aの遺産（評価額4860万9836円）とY₁〜Y₃の贈与財産（評価額4756万円）の相続時の評価額は合計9616万9836円である。

　上記財産は、昭和32年のX（長女・申立人）の夫の不祥事で被相続人が経済的苦境に陥ってからも維持され、または、その苦境を乗り切った昭和40年ころからAの死亡した昭和57年までの間に増加されたものであるが、その間のAの年齢は50歳代後半から80歳に至っているので、Yらの特別の寄与は、相当顕著なものがあったと推認されること、特に、Y₁は夫婦で無償労働によりAの遺産の維持増加に寄与し、Y₃は無償労働だけでなく自己所有の不動産収入も遺産の維持増加に役立てていた（なお、Y₃は結婚もせずAに尽くし、子供の教育費等の負担もない）こと、Y₂は昭和35年に婚姻した後低い給料ながら一応給料を受領し、昭和47年ころからは自分で給料を決定し受領しているので、無償労働を提供した昭和28年から昭和35年までの間、またAの経済的苦

境のもとで低い給料で労務を提供した期間、Aの遺産の維持増加に協力したと解されること等諸般の事情を斟酌すると、Aの遺産及びYらの贈与財産の維持増加に対する寄与割合を、Y1が35％、Y2が10％、Y3が20％程度の目安で、Yらの寄与分の有無・程度を算定することとし、Y1は遺産の維持増加に協力した労に報いるにふさわしい財産（合計3336万円）を贈与されていると認められるので、寄与分を定めることができないが、Y2は贈与財産で報われていない寄与分を200万円、Y3も同様に寄与分を1200万円と定めるのが相当である。

2 Xの夫に対する求償債権の免除によるXの特別受益について

Xの夫が勤務先で不祥事を起こしたので、同夫の身元保証をしていたAはその責任を問われ、勤務先等に対し、遅くとも昭和40年までに少なくとも300万円（相続時の評価997万円）を支払ったが、AはXの夫に対し、その支払い金額を請求することがなかったと認められるので、そのころXの家族の幸せのためその支払いを免除したものと解される。

Aの上記金銭の支払いは、自己の身元保証契約上の債務を履行したものであるから、それ自体はXに対する「生計の資本としての贈与」とは解することができないが、Xの夫に対する求償債権の免除は、Xに対する「相続分の前渡し」としての「生計の資本としての贈与」と解するのが相当である。

コメント

本事例では、Yらの寄与分について判断がされた以外に、Xの特別受益についても判断がされて、具体的相続分の調整がされている。法定相続分は、X（長女・申立人）、Y1（長男・相手方）、Y2（二男・相手方）が各7分の2、婚外子Y3（婚外子・相手方）が7分の1であるが、寄与分と特別受益による調整の結果、具体的相続分は、Xが4.957％、Y1が26.496％、Y2が30.61％、Y3が37.934％と算定された。

1 寄与分と特別受益の関係

寄与分も特別受益も共同相続人間の実質的衡平を図る制度として具体的相続分の修正をする点で共通している。そのため、本件のYらのように、相続人に寄与と特別受益とがある場合は、寄与に対する実質的な対価として生前贈与や遺贈を受けており、特別受益につき持戻免除の意思表示を認めて生前贈与等を持戻しの対象とせず、その限度で寄与分を認めないといった相殺的な処理がされることがある（谷口知平・久貴忠彦編集『新版注釈民法(27)相続(2)補訂版』258頁（有斐閣、2013）。辻朗「同一相続人についての寄

与分と特別受益の算定」民商120巻1号162頁。事例56）。

　本審判では、Y₁については、寄与に対する対価としてふさわしい生前贈与を受けていることを理由に寄与分を認めず、対価に足りない生前贈与しか受けていないY₂とY₃についてのみ寄与分を定めたものである。

2　特別受益の類型

　被相続人が相続人の債務を代わりに弁済すること自体は、相続人に対する贈与とはいえないが、相続人の生活の破綻をもたらすような多額の債務を被相続人が引き受けたことは、実質的に生計の資本としての贈与に当たると考えられている（前掲谷口・久貴203頁）。

　本件では、被相続人が保証債務を履行した当時の金額は300万円であったが、相続時の評価は997万円であり、それは遺産の約5分の1を占める多額のものであったことも考慮されて、Xの特別受益として具体的相続分の修正を図ったと見ることもできるであろう。

第2章　特別受益をめぐる事例　　　161

46 相続人の一人会社が受けた貸付け・出資について特別受益を認めた
事例

（東京地判平26・4・18平23(ワ)34798）

当事者及び遺産の概要	
被相続人	A（平成21年1月15日死亡）
相続人及び 法定相続分	X：長男（原告）2分の1 Y：長女（被告）2分の1
遺産の額	4632万4573円
遺産の構成	不動産、預金等

当事者の主張	
X（原告）	Y（被告）
Xの一人会社が受けた貸付け・出資による特別受益：X（長男・原告）が代表取締役を務める会社（a社）の出資金を出捐したのはすべてXである。a社がA（被相続人）から金員を借り入れた事実はなく、借入は決算書上計上したにすぎない。 西蒲田所在の土地建物の購入代金は、真実はa社が信金から借りた金及びa社の裏金で賄ったものである。土地建物の名義をa社としたのはX死亡時にXの妻だけがこれを相続することを防ぐためである。	Xの一人会社が受けた貸付け・出資による特別受益：実質上Xの一人会社であり、出資金及び貸付金の名目で授受された金員は、実質上、AからX個人に対する生計の資本としてなされた贈与である。 実際にも、上記貸付金の一部はXとその妻の居住する土地建物（西蒲田の土地建物）の取得費用に充てられ、X個人がその利益を享受している。

事実経過（裁判所が認定した事実）	
S43.4	X（長男・原告）、a社を設立。出資金50万円は全額Xが負担。
S49.12	a社、西蒲田の土地を売買により取得。当該土地には信金を抵当権者、債権額を900万円、a社を債務者とする抵当権が設定された。
S50.3	a社、上記土地上に居宅兼作業所を新築。 上記土地建物の購入資金1570万3220円のうち900万円はa社の信金からの借入金で、残りはA（被相続人）及びAの妻が管理する家族の定期預金を解約するなどして集めた現金で賄った。A及びAの妻による支払額はa社の会計帳簿上両名からの借入金として計上された。

～S52.9	上記信金に対する債務が弁済により消滅。弁済原資はA及びAの妻の管理下にある財産から捻出。 上記弁済のための費用を含め、A及びAの妻がa社のために出捐した運転資金等は、両名からの借入金及び平成7年12月から平成8年1月にかけての増資（最低資本金制度に従ったもの）の際の出資金195万円としてa社の帳簿に計上された。
H7	X、a社の従業員であった女性と男女の関係になる。
H8.3～	X、上記女性との間に子をもうけ、上記土地建物を離れて現住所にて居住開始。同時期よりAから毎月20万円の受領を開始。（少なくとも3年間。合計360万円）
H13.3～	X、a社の仕事を止め、現住所において個人で仕事を開始。
H15.11	A、財産の全てをY（長女・被告）に相続させる旨の遺言を行う。本件遺言にはXに対してはこれまでに多額の経済的援助を行って相応の財産をすでに分与してきた経緯に鑑みて本遺言をする旨の記載がある。
H16.2	この期の申告を最後にa社の確定申告は行われなくなる。

裁 判 所 の 判 断

1　Xの一人会社が受けた貸付け・出資による特別受益

「a社は、X（長男・原告）の出資により設立されたXの実質的一人会社であるところ、西蒲田の土地建物を取得した昭和49年ないし昭和50年当時、a社には資力がなく、A（被相続人）及びAの妻の管理下にある財産から、上記土地建物の購入資金やa社の運転資金等が捻出され、両名からの借入金及び出資金として会計帳簿に計上されており、a社が平成16年2月期を最後に確定申告もしておらず、事実上廃業状態にあること、AがXに対する多額の経済的援助を前提とする本件遺言や手帳の記載も存在することなどを併せ考えると、Aのa社に対する貸付金及び出資金を実質的にXに対する生計の資本の贈与とみて、これを遺留分算定の基礎となる財産に算入するのが相続人間の実質的公平を図るという特別受益制度の趣旨に合致するものと解される。」

コ メ ン ト

1　本事例では、相続人であるX（長男・原告）の実質的一人会社（実質的に一人で出資し、一人で経営している）に対する貸付け・出資をXに対する生計の資本の贈与であると認定している。

2　民法903条1項は、特別受益について「共同相続人中に、被相続人から、遺贈を受け、又は婚姻若しくは養子縁組のため若しくは生計の資本として贈与を受けた者が

あるときは」と規定しており、共同相続人以外に対する贈与等は原則的には特別受益には該当しない。もっとも、共同相続人の親族に対する贈与については「その親族に対して贈与があったことにより共同相続人が間接的に利益を得たとしても、これは特別受益には該当しないものであり、これが実質的に共同相続人に対する贈与に当たると認められる場合にのみ、当該相続人に対する特別受益となるものというべきである」と述べる高裁判例（東京高決平21・4・28家月62・9・75）があり、実務もこれに沿った運用をしている。

　しかし、本事例の受益者は親族ではなく、Ｘが出資・経営する「ａ社」であり、また、Ａ（被相続人）の行った行為はａ社への贈与ではなく「貸付け・出資」であるので、この点について検討が必要である。

3　まず、後者の点について検討する。本来、会社への貸付け・出資金は「貸付金債権」・「株式」としてＡの遺産として計上されるべき性質のものである。もっとも、本事案ではａ社の土地建物購入費用はＡ及びＡの妻が管理する「家族の定期預金を解約するなどして集めた現金で支払い」、ａ社の運転資金はＡ及びＡの妻の「管理下にある財産から捻出された」とのことであり、これを税理士がＡ及びＡの妻からの「借入金」「出資金」としてａ社の会計帳簿に記載したものであった。つまり、Ａが明確に貸付け・出資の意図をもって出捐したとはいえないものであり、その実質はａ社に対する贈与というべきものであったと考えられる。

　しかし、そうであったとしてもａ社が順調に営業していた場合に、これら貸付け・出資をただちに贈与と認定してしまうことには問題があるように思われる。本事案ではａ社は事実上廃業状態にありこれらの回収・換価が不可能であるからこそ、このような認定がなされたものと考えられる。

　なお、本判決においては、ＡのＸに対する多額の経済的援助を前提とした遺言や手帳の記載の存在も、Ａのａ社に対する貸付金及び出資金をＸに対する生計の資本の贈与とみる根拠とされている。

4　次に、前者の点、すなわち、ａ社への贈与（と同視できる行為）をＸへの生計の資本の贈与と同視できるかという問題を検討する。

　裁判所の認定した事実経過からすると、Ａのａ社への貸付金（2467万4402円）及び出資金（195万円）のうち半分以上はＸの居宅（当時）兼作業所の取得資金として費消され、その余はａ社の運転資金として費消されたようである。このうち土地建物取得資金については、これにより利益を享受する者がＸのみであるならばＸに対する生計の資本の贈与と認定しやすいであろう。もっとも、判決からは必ずしも明らかではないが本件土地建物は「居宅兼作業所」とのことであり、ａ社も利益を享受したとも思われる。加えて、ａ社の運転資金として費消された分については、こ

れにより利益を享受したのはa社と言わざるを得ない。

　にもかかわらず、本判決はa社への贈与（と同視できる行為）をXへの生計の資本の贈与と認定しているのであるから、その前提としてa社とXを同視しているものと思われる。判決文からは詳細は明らかではないが、a社にはXの家族以外の従業員もいたようであり、またa社の経理とXの家計とが誤認混同されていたというような事情について言及はなく、判決文で明らかとなっている事情のみでは、a社＝Xと言い切るには躊躇を感じる。

　もっとも、判決中にあらわれるa社の従業員は1人（女性）のみであり、同従業員は平成7年ころにはXと男女の関係になり平成8年3月には子をもうけており、同時期以降はXとは家族同様の関係が続いているようである。もし、a社の従業員が上記女性のみであるならば、a社はXの家族の生計維持のためにのみ経営されていたものともいえ、そうだとするならばかかる事情はa社＝Xと認定する方向のものといえよう。

5　相続人が出資し、経営する会社への貸付け・出資を相続人に対する特別受益と認定した裁判例は見当たらず、本事例はこの点で大変参考になるものである。しかし、本事例の背景事情が必ずしも明らかではない以上、本事例における判断がどのような場面に当てはまるかについては、慎重な検討が必要と思われる。

＜参考判例等＞

○被相続人の一人会社から、稼働実態のない相続人に対して給料が支払われていたとしても、会社経理との誤認混同など経済的に極めて密着した関係があったとは認めるに足りる証拠はないので、一人会社というだけで被相続人からの贈与とは認めることはできないとした事例（東京家審平21・1・30家月62・9・62）

○被相続人が経営する会社に対する相続人からの資金援助について、これと被相続人の資産の確保との間に明確な関連性がある場合には、これを被相続人に対する寄与と認めることができるとした事例（高松高決平8・10・4家月49・8・53）

第2章 特別受益をめぐる事例

 海外で生活する妻に対する送金の一部が生前贈与として特別受益に該当するとされた事例

(東京地判平23・6・24平21(ワ)36737)

当事者及び遺産の概要	
被相続人	A (平成20年5月6日死亡)
相続人及び法定相続分	X：妻（原告）2分の1 Y：子（被告）2分の1
遺産の額	7332万8975円
遺産の構成	不動産、預貯金等

当事者の主張	
X（原告）	Y（被告）
Xに対する送金について：Aが生前、X（妻・原告）に対し海外送金した事実は認めるが、これは原告の生活費や交通費であり、特別受益ではない。Aは、妻であるXの歓心を買い、Xがブラジルで豊かな生活を送るに足りる生活費として、月額2000米ドルを送金した。また、AはXの高額な不妊治療費を負担した。さらに、ブラジル国内等へのXの旅行費についてはAがXに送金していたものであり、支払担当者的な要素が強い。Xに対する生活費や不妊治療費の支払、夫婦を維持するための交通費等の諸費用は扶養義務の履行ないし扶養義務の一環であり、婚姻費用の支払である。	Xに対する送金について：Aは、生前、ブラジルに居住していたXに対し、平成11年12月から平成20年4月にかけて、ブラジル銀行東京支店の預金口座を通じて合計2092万6126円を送金した。また、Aは、Xが平成6年9月から平成20年1月までの間に使用していたクレジットカードの利用代金を全て支払っており、判明した分だけで1510万1811円に上る。これらは、AとXとが婚姻期間の大部分を別々に過ごし、夫婦としての共同生活を営んでこなかったことに照らせば、これらの費用が婚姻費用に当たるものではない。したがって、これらの贈与はXの特別受益に当たる。

事実経過（裁判所が認定した事実）	
H4.7.24	A（被相続人）とX（妻・原告）、婚姻。
H4.12.11	X、出国し、以後Aが死亡するまでの間、少なくとも4108日間は海外に滞在（H7.8.19以降は一年の大部分を海外で過ごす。）。
H8.6.19	A、H11.6.24にかけてC銀行及びD銀行普通預金口座を通じて合計691万

166　第2章　特別受益をめぐる事例

	4245円を海外に送金。
H8.10.1	A、土地・建物及び株式を除く一切の財産をXに相続させる旨の遺言公正証書を作成。
H11.12.21	A、H20.4.17にかけてA及びX名義のブラジルのE銀行東京支店預金口座を通じて合計2092万6126円を海外に送金。
H15.6.12	A、H8の遺言公正証書を変更等し、Xに相続させる財産はE銀行東京支店の預金債権のみとし、その他の一切の財産はY（子・被告）に相続させる旨の遺言公正証書を作成。
H20.5.6	A、死亡。

裁　判　所　の　判　断

1　AからXに対する海外送金について

　「X（妻・原告）の日本滞在中の行動状況によれば、Xの日本滞在中であっても、XとA（被相続人）とが夫婦として共同生活をしていた日数は、更に限定されることが優に窺われるのであり、Xの来日状況及びAの海外渡航状況からすると、AとXとが夫婦として一緒に過ごしていたのはXのわずかな滞在中のうち更に限定された日数及びAのブラジルやメキシコ等への旅行中の期間に限られるものと認められる。」

　「ところで、Aが東京都新宿区早稲田に土地及び建物を所有していたこと、〔中略〕Aは、平成16年6月までF株式会社の代表取締役を務め、平成17年7月までその取締役を務め、その後も死亡直前まで相談役として勤務していたことに加え、〔中略〕Aの年収の状況からすると、その死亡時に預貯金が923万8604円しかなかったというのは、極めて少ないものと評価できる。これは、〔中略〕海外送金の状況に併せかんがみると、Aが本来、預貯金として貯蓄しているはずの資金のうち少なからぬ部分を原告に送金していたためであると推認される。そして、それらの預貯金は、平成8年遺言では、Xに相続させることとされていたが、平成15年遺言では、Yに相続させる旨変更されているのであって、Aが平成15年遺言により、平成8年遺言と比べてXに相続させる財産の種類を大幅に減少させておきながら、Aの死後のXの生活に不安を抱いていなかったというのは、前記海外送金の事実をも勘案すると、Aは、当初、Xに相続させようとした預貯金債権等から、少しずつ、いわば生前贈与として、Xに贈与していたためであると認めるのが相当である。」

　「確かに、AとXとは夫婦であったから、前記海外送金の中には、妻であるXに対する扶養の趣旨が含まれていたことは十分に考えられるところである。しかしながら、そもそも〔中略〕ブラジルのサンパウロ市におけるXの生活費も、東京で生活し

ていたＡに比べ、相当程度低かったことは、優に推認されるというべきである。〔中略〕Ａによるクレジットカードの利用代金の支払状況からすると、Ｘは、クレジットカードのキャッシング機能やショッピング機能を利用することで、日常生活に必要な費用を支出していたものと推認されるから、〔中略〕Ａは、Ｘのブラジル等におけるクレジットカード利用代金をすべて負担することで、その扶養義務のうち相当程度を果たしていたものと認めるのが相当である。」

「このようなことからすると、海外送金のうち、少なくとも、1か月当たり10万円を超える部分については、生活費等、扶養義務の履行として支払われたものではなく、Ａの死後のＸの生活の安定のために、平成8年遺言でＸに相続させようとした預貯金等のいわば生前贈与として、Ｘに送金されたものと認めるのが相当である。これは、Ｘに対する『生計の資本として』の贈与に当たるから、Ｘの特別受益（民法903条1項）に当たるものと認められる。したがって、Ａによる海外送金のうち、生活費として送られたものは、多くとも、平成8年6月から平成20年4月までの143か月につき、1か月10万円までとなるから合計1430万円までであり、これを超える額、すなわち、海外送金合計3826万0701円から1430万円を控除した2396万0701円につき、Ｘの特別受益に当たるものと認められる。」

■ コ ン メ ン ト ■

本件は遺留分減殺請求訴訟であるところ、この中で、Ｙ（子・被告）は、Ａ（被相続人）が生前、海外に滞在していたＸ（妻・原告）に対して行っていた送金は生前贈与として特別受益に当たると主張した。これに対し、Ｘは、Ｙの主張する海外送金については認めた上で、同送金は生前贈与ではなく、あくまでも扶養義務の一環であり、婚姻費用の支払であると反論していた。

裁判所の判断については前記のとおりであるが、平成8年の遺言ではＡの預貯金は全てＸに相続させるとしていたが、その後の平成15年の遺言では、Ａが海外送金に利用していたブラジルのＥ銀行の預金債権のみを相続させるとの内容に変更したことや、Ａが死後もＸの生活に不安は抱いていない旨の発言をしていたことなどからして、Ａによる海外送金はＸへの生前贈与に当たると認定している。

なお、Ａは、海外送金の他にＸによるブラジル等でのクレジットカード利用代金も負担していたが、この点については、妻であるＸに対する扶養義務の一環として支払われたものであり、Ｘの特別受益には当たらないとされている。

168 第2章 特別受益をめぐる事例

48 被相続人が相続人の一人に生前贈与した土地について遺産の前渡しと評価できるとして特別受益に該当するとされた事例

（東京地判平24・9・26平22（ワ）10860）

当事者及び遺産の概要	
被相続人	A （平成18年2月1日死亡）
相続人及び法定相続分	X：前妻との子（原告）6分の1 Y₁：妻（被告）2分の1 Y₂：子（被告）6分の1 Y₃：子（被告）6分の1
遺産の額	2億2235万4841円
遺産の構成	不動産、有価証券、預貯金等

当事者の主張	
X （原告）	Y （被告）
Y₁に対する不動産の贈与について：共同相続人の一人が、A（被相続人）から生計の資本として受けた贈与は、相続分の前渡しとみられるから、それがいつされたか、また、加害の認識があったかを問わず、遺留分の算定の基礎とされることは明らかである。そして、Y₁（妻・被告）は、共同相続人の一人であり、Aから生計の資本として不動産の贈与を受けたのであるから、当該贈与は特別受益に当たるというべきである。	Y₁に対する不動産の贈与について：不動産の贈与が特別受益に当たるとのXの主張は争う。また、X（前妻との子・原告）はAから相当多額の生前贈与を受けているし、仮にそうでないとしても、Y₁はそのように認識しているのであるから、不動産に対する遺留分減殺請求を認めることは、Y₁にとって酷であるなどの特別の事情が存するのであって、不動産は、遺留分減殺の対象とはならないというべきである。

事実経過（裁判所が認定した事実）	
H12.8.7	A（被相続人）、不動産3物件（以下、「不動産」という。）をY₁（妻・被告）に相続させることなどを内容とする公正証書遺言を作成。
H15.12.15	A、Y₁に対し、不動産を贈与。
H18.2.1	A、死亡。
H19.6.22	X（前妻との子・原告）、Aの遺言の内容を知り、Y₁らに対し、遺留分減殺の意思表示。

第2章　特別受益をめぐる事例　　169

裁　判　所　の　判　断

1　Y₁の特別受益の有無について

　民法903条1項の定める相続人に対する贈与は、上記贈与が相続開始よりも相当以前にされたものであって、その後の時の経過に伴う社会経済事情や相続人など関係人の個人的事情の変化をも考慮するとき、減殺請求を認めることが上記相続人に酷であるなどの特段の事情のない限り、民法1030条の定める要件を満たさないものであっても、遺留分減殺の対象となるものと解するのが相当である（最判平10・3・24民集52・2・433参照。）。

　これを本件についてみると、前記認定のとおり、A（被相続人）は、平成12年8月7日、妻である被告Y₁に不動産を相続させることなどを内容とする本件遺言をし、その後、平成15年12月15日に至って、Y₁に対し、不動産を生前贈与したことからすると、AはY₁に対し、遺産である不動産の前渡しをしたものというべきであって、生計の資本として、不動産を贈与したものと認められる。したがって、上記贈与は、民法903条1項に定める贈与に当たるというべきである。

　これに対し、Y₁は、X（前妻との子・原告）は、Aから相当多額の生前贈与を受けていたものであるし、仮にそうでないとしても、Y₁はそのように認識していたのであるから、不動産に対する遺留分減殺請求を認めることは、Y₁にとって酷であるなどと主張する。

　しかし、AがXに対し、Y₁が主張するような多額の生前贈与をしたと認めることができないことは前記説示のとおりであるし、Y₁がそのような認識を有していたからといって、そのことから直ちに、不動産に対する遺留分減殺請求を認めることがY₁にとって酷であるなどということはできない。したがって、Y₁の上記主張は採用することができない。

　以上によれば、AのY₁に対する不動産の贈与は、特別受益に当たるというべきである。

コ　メ　ン　ト

　本件は遺留分減殺請求訴訟であるところ、X（前妻との子・原告）は、A（被相続人）が生前にY₁（妻・被告）に対して行った不動産の贈与が特別受益に当たると主張した。これに対し、Y₁は、XはAから相当多額の生前贈与を受けているし、仮にそうでないとしても、Y₁はそのように認識しているのであるから、不動産に対する遺留分減殺請求を認めることはY₁にとって酷であるなどと主張して、争っていた。

　裁判所は、特別受益としての贈与は特段の事情のない限り、相続開始の1年前である

か否かにかかわらず、また損害を加えることの認識の有無にかかわらず全て遺留分算定の基礎となる財産に加算されるとした上で（最判平10・3・24民集52・2・433）、AのY1に対する不動産の贈与は民法903条1項に定める贈与に当たり、したがって、同贈与はY1の特別受益に当たると判断した。

なお、平成30年の改正により、改正前民法1030条は削除されている。改正前民法1030条は生前贈与による遺留分制度の潜脱を防ぐために、遺留分算定の基礎となる財産に含める生前贈与について、原則として「相続開始前の1年間にしたものに限り」その価額を算入するものと規定していた。

もっとも、前述の最高裁平成10年3月24日判決の考え方を前提とすると、被相続人が相続開始時の何十年も前にした相続人に対する贈与の存在によって、第三者である受遺者又は受贈者が受ける減殺の範囲が大きく変わることになり得るため、第三者である受遺者又は受贈者に不測の損害を与え、その法的安定性を害するおそれがあるとの批判があった。また、生前贈与が相続人に対してされたことを理由にこれを無限定に遺留分算定の基礎となる財産に算入すると、遺留分制度の潜脱防止の観点から短期間に限って生前贈与を遺留分算定の基礎となる財産に含めることとした民法1030条の趣旨を没却するとの指摘もなされていた。

そこで、改正民法1044条では、第三者に対する贈与に対する規律（原則1年）を維持しつつ（改正民1044①）、相続人に対する贈与についてはこれを原則10年とする新たな規律を設けた（改正民1044③前段）。また、遺留分減殺の対象となる相続人に対する贈与については、これを特別受益に該当する贈与に限る旨が明示されている（改正民1044③後段）。

第2章　特別受益をめぐる事例　　171

49　相続人の一人が被相続人と同居していた事案において建物部分の賃料相当額と実際に相続人が被相続人に支払っていた賃料との差額について同相続人の特別受益には当たらないとされた事例

（東京地判平27・6・25平26（ワ）11931）

当事者及び遺産の概要	
被相続人	A（平成24年5月13日死亡）
相続人及び法定相続分	X：Aの長男（原告）2分の1 Y：Aの長女（被告）2分の1
遺産の額	864万6839円（不動産は除く）
遺産の構成	不動産、預貯金

当事者の主張	
X（原告）	Y（被告）
賃料相当額と現実の賃料との差額について：本件建物は、A（被相続人）も居住していた建物であり、1階の1部屋をAの専用部屋、1階の1部屋と2階の2部屋をX（Aの長男・原告）家族の専用部屋としていたが、玄関、ダイニング、キッチン、トイレ、風呂、廊下等は共用であった。したがって、仮に、Aが本件建物部分を原告に賃貸しなかったとしても、Aが居住している以上、本件建物部分を別の者に貸して賃料を得ることはできなかったはずである。また原告及びその家族とAとの同居は親子間の扶養的同居といえるものであった。したがって、原告が上記1934万4657円の特別受益を得たとはいえない。 Aの理容店事業の営業権相当額300万円について：Aは、本件建物において理容店を営んできたが、理容師免許を取得しておらず、無資格営業であった。Xは、理容師免許を取得した上で、平成9年2月24日、X名	賃料相当額と現実の賃料との差額について：Xは、本件建物部分をAから月額合計10万円で賃借していたが、本件建物部分の相当賃料は月額20万円を下らない。したがって、Xは、平成9年9月1日から本件建物部分の賃貸借契約終了日である平成25年10月14日までの間、毎月、相当賃料月額20万円とXがAに対し支払っていた月額賃料合計10万円の差額である10万円の利益を得たといえるところ、その総額1934万4657円がXの特別受益に当たる。 Aの理容店事業の営業権相当額300万円について：Xは、平成9年4月頃、Aが本件建物において営んでいた理容店事業を無償で譲り受け、その営業権相当額である300万円の利益を受けたところ、これはXの特別

172　　　第2章　特別受益をめぐる事例

義で理容店の開設届を行い、本件建物における理容店事業を適法な営業とした。また、Xは、エアコンを除く理容店舗内の什器等について、自身の負担で新調した。	受益に当たる。

事実経過（裁判所が認定した事実）	
H9.2.24	X（A（被相続人）の長男・原告）、理容免許取得し、理容店の開設届を提出。その後、3月頃から本件建物においてAと同居し、理容店の営業開始。
H9.8.15	X、Aとの間で本件建物1階の店舗スペースを理容業に使用する目的で月額9万円の賃借する旨の賃貸借契約を締結。
H10.2頃	X、AからX家族の住居部分として月額1万円で本件建物の一部を賃借する旨の賃貸借契約締結。
H15.2.4	A、Aの所有する一切の財産を被告に相続させる旨の公正証書遺言作成。
H24.5.13	A、死亡。

裁 判 所 の 判 断

1　本件建物部分の賃料相当額と現実の賃料との差額1934万4657円について

　Y（A（被相続人）の長女・被告）は、本件建物部分の相当賃料月額20万円と現実の賃料月額合計10万円との差額がX（Aの長男・原告）の特別受益に当たると主張する。

　しかしながら、Xは、理容師の免許を取得し、理容店の開設届を行って、Aが本件建物において無資格で営んでいた理容店の営業を適法にした上で引き継いだこと、Xは店舗スペース部分については月額9万円の賃料を支払っていたこと、Xは住居部分については月額1万円の賃料で賃借していたものの、本件建物の台所、トイレ、風呂等は原告及びその家族とAとの共用であったこと、X及びその家族は、本件建物においてAと同居し、同人に対し食事を提供するなど生活の支援をしていたことに鑑みると、仮に、本件建物部分の相当賃料が月額合計10万円を上回るものであったとしても、その上回る部分について原告に特別受益があったと認めるのは相当でない。

　したがって、Yの上記主張は採用できない。

2　Aの理容店事業の営業権相当額300万円について

　Yは、XがAから同人が本件建物において営んでいた理容店の営業権相当額300万円の特別受益を受けた旨主張する。

　しかしながら、Xが本件建物において理容店を開設するに当たり、エアコンを除く

第2章　特別受益をめぐる事例　　173

什器備品等をAから承継したことを認めるに足りる証拠はないこと、Aは無資格で理容店を営んでいたところ、Xは理容師の資格を取得し、新たに理容店の開設届を行った上で、Aが営んでいた理容店とは異なる名称の理容店を開設したことに鑑みると、XがAから財産的価値のある営業権の譲渡を受けたと認めることはできないから、XにAが本件建物において営んでいた理容店の営業権相当額の特別受益があったと認めることはできない。

　したがって、Yの上記主張は採用できない。

<table><tr><td>コ　メ　ン　ト</td></tr></table>

　被相続人の生前、相続人の一人が被相続人の所有物件において被相続人と同居していたところ、被相続人の死後、同居していた相続人の利用権限が特別受益に当たるとして争われることがある。通常、このようなケースでは、親族間の不動産利用ということで明確な契約等が締結されていない場合が多く、その際には当事者の意思としていかなる権利関係を設定したものと評価すべきかがポイントとなる。

　もっとも、本件では、X（A（被相続人）の長男・原告）はAとの間で具体的な賃料額を設定して賃貸借契約を締結していたため、利用権限については争いになっていない。むしろ、本件でY（Aの長女・被告）は、AとXとの間で設定された賃料が賃料相場に比して低額であるとして、その差額をXの特別受益であると主張していた。

　裁判所の判断は前記のとおりであるが、裁判所は、Xが本件建物においてAの理容店の営業を引き継いだこと、X及びXの家族がAに食事を提供するなど生活の支援をしていたことなどを評価し、仮に賃料相当額が実際の賃料を上回るものであったとしても、その上回る部分についてXに特別受益があったと認めるのは相当でないとしている。なお、裁判所は、判断のなかで本件建物の賃料相当額を認定していないが、裁判所の認定した前記事情からすれば、仮にYの主張する賃料相当額との差額になるとしても特別受益には当たらないと判断したものと思われる。

174 第2章 特別受益をめぐる事例

50 被相続人が、宅地を買い受け、同地上に建物を建築するに際して資金の一部を長女から借り受け、その一部の弁済ができなかったため、長女に対し上記宅地の売主から中間省略による所有権移転登記手続をした事案につき、債務額と上記宅地の価額との差額が著しいことから、同土地の譲渡は代物弁済と贈与の併存した行為であるとし、贈与については特別受益に該当するとされた事例

（大阪家審昭51・3・31家月28・11・81）

当事者及び遺産の概要	
被相続人	A （昭和36年3月24日死亡）
相続人及び法定相続分	X：三男（申立人）4分の1 Y₁：長女（相手方）4分の1 Y₂：二女（相手方）4分の1 Y₃：三女（相手方）4分の1
遺産の額	507万9000円
遺産の構成	不動産、現金、預貯金等

当事者の主張	
X（申立人）	Y（相手方）
Aが中間省略のうえY₁に所有権移転登記手続をした所為の評価について：Y₁（長女・相手方）らの生前贈与の主張のうち、本件土地の生前贈与については否認する。	Aが中間省略のうえY₁に所有権移転登記手続をした所為の評価について：本件土地は、A（被相続人）が買い入れるに際しY₁において約金52万円を用立てたものであるが、返済できないまま死の床につき、約金52万円の支払に代えてこの土地を相手方Y₁に譲渡することとなり、そこで前所有者より中間省略のうえ所有権移転登記手続を受けたものであるから相手方Y₁の所有に帰したもので遺産ではない。

第2章　特別受益をめぐる事例　　　175

事実経過（裁判所が認定した事実）	
S33.6.10	A（被相続人）、本件土地を52万1500円で購入（所有権移転登記手続は未了）。
S33.7.30	A、120万円で本件土地上に共同住宅（以下、「本件建物」という。）の建築を依頼。
S33.8頃	A、Y₁（長女・相手方）から本件土地及び本件建物代金に充てるために金50万円を借入れ。
S33.9頃	本件土地上に共同住宅完成。
S35.1頃	A、Y₁に対し、借入金50万円のうち金20万円を返済。
S35.12頃	A、Y₁に対し、借金の返済もできておらず、また本件土地の所有権移転登記手続も未了のため本件土地をY₁名義にするよう伝える。

裁 判 所 の 判 断

1　本件土地及び建物について

　本件土地は、A（被相続人）がB（訴外）より買い受けたものであるからその所有に帰したものであることは明らかである。その後Aが中間省略のうえY_1（長女・相手方）に所有権移転登記手続をした所為の評価如何である。Aは、Y_1から少なくとも50万円の金員を借り受け、その内金20万円の返済はしたものの、残金30万円についての返済をしていなかったものである。Y_1に登記手続をした際未払債務の支払ができなかった代わりにという趣旨であった以上代物弁済の趣旨が含まれていたことは明らかである。ところが、債務額は金30万円であったのに対し、不動産鑑定士作成の鑑定書によると、本件土地の当時における価格は金179万3000円であることが認められることからすれば、債務額と代物たる本件土地価格との差額が著しく、通常の取引関係にあるならば清算を要するところである。しかし、Aが、Y_1に登記手続をしたのは、その身分関係及び前示の娘の将来を慮って本件土地及び建物を取得した動機に鑑み、清算を要する趣旨であったとは到底解し難く、むしろ金30万円の債務を消滅させるとともに、残余部分を譲渡するという実質的贈与意思があったものと解すべきで、結局この譲渡行為は代物弁済と贈与の併存した行為と判断される。そうすると、本件土地のY_1に対する譲渡はY_1の債権額金30万円とその利息相当部分が代物弁済、その余の部分が贈与と解される。Y_1の債権金30万円の昭和33年8月頃から登記手続を受けた昭和36年2月までの30か月間民法所定年5分の割合による利息は金3万8000円（100円以下四捨五入）となり元利合計金33万8000円であるから、本件土地の179万3000分の33万8000相当部分が代物弁済、179万3000分の145万5000相当部分が贈与に当たる。進んで、該贈与が民法903条1項の特別受益に当たるか否か検討するに、本件土地購入及びY_1に対

する所有権移転登記手続に関する前認定の事実からして、Y₁の将来の生活の資とするための贈与であることを推認することができるので、同条項の生計の資本としての贈与に当たると解すべきである。

　本件建物は、Aが建築し所有するに至ったものであるから、遺産であることは明らかである。なお、本件建物は増築され、増築工事の建築主体がAであるか、相手方であるか明らかではないが、いずれにしても増築部分は従前の建物と一体のものとして附合しているものであるから民法242条によりAの所有に帰したことは明らかである。

　以上を総合すると、本件建物は遺産であり、本件土地のうち179万3000分の145万5000相当部分がY₁に対する生前贈与として想定遺産の中に組み入れるべきものである。

コ　メ　ン　ト

　本件はA（被相続人）のY₁（長女・相手方）に対する本件土地の譲渡について、代物弁済の過大部分を「贈与」と認定し、Y₁の特別受益とした事例である。

　まず、裁判所は、本件土地の譲渡当時のAのY₁に対する債務残額（金30万円）と本件土地の評価額（金179万3000円）との差額が著しいことから、通常は清算を要するところ、本件でAが本件土地及び建物を取得した動機に鑑みて、清算する趣旨であったとは解せず、むしろ債務を消滅させるとともに残余部分を譲渡するという実質的贈与意思があったものと解すべきとした。

　その上で、裁判所は、本件土地の贈与部分について、「生計の資本として」の贈与にあたり、したがって特別受益に当たると判断している。

　なお、裁判所は、贈与部分を算出するに当たり、AのY₁に対する残債務金30万円に加え、同債務についての利息をも控除している点でも参考になると思われる。

第2章　特別受益をめぐる事例　　177

51　被相続人は相続人中の一人に生前贈与をしているが、上記贈与は被相続人の農業経営の維持に協力した受贈者の労に報いるための贈与であることが認められるので、上記譲渡は生計の資本としての贈与とは認められないとした事例

（東京家審昭46・9・7家月24・7・65）

当事者及び遺産の概要	
被相続人	A（昭和42年12月14日死亡）
相続人及び法定相続分	X：三女（申立人）5分の1 Y₁：二男（相手方）5分の1 Y₂：三男（利害関係人）5分の1：Y₁に相続分譲渡 Y₃：二女（相手方）5分の1 Y₄：長女の子（利害関係人）10分の1：Y₁に相続分譲渡 Y₅：長女の子（利害関係人）10分の1：Y₁に相続分譲渡
遺産の額	2億7202万円（相続開始時） 4億4534万2000円（遺産分割時）
遺産の構成	不動産

当事者の主張	
X（三女・申立人）	Y₁（二男・相手方）
民法903条にいう持戻財産：Y₁（二男・相手方）がA（被相続人）から生前贈与を受けた本件不動産は、Y₁が農業に従事していくための生計の資本として贈与されたものであるから、民法903条の特別受益として相続財産に持ち戻し、相続分を算定すべきである。	民法903条にいう持戻財産：戦後自作農創設特別措置法が施行された際に、Y₁が、老弱のAに代わり農業経営に従事して農地の所有権を確保したこと、及びA所有不動産に課税された際にY₁夫婦が金策をして納税し物納を免れたこと等の報酬として生前贈与（本件贈与）を受けたものであり、生計の資本としての贈与ではない。仮に生計の資としての贈与であるとしても、持戻免除の意思表示を受けている。

178　　第2章　特別受益をめぐる事例

事実経過（裁判所が認定した事実）	
S11	Y₁（二男・相手方）婚姻。以来、Y₁夫婦は家業である農業経営に従事してA（被相続人）の農業経営を維持。
S17	A、Y₃（二女・相手方）の結婚に際し土地取得費用として1万3000円贈与。
S32	A、X（三女・申立人）に不動産を譲渡（登記原因は贈与）。
S34	A、Y₁に不動産を贈与（本件贈与）。
――	A、Y₂（三男・利害関係人）に不動産贈与。
S42	A、死亡。
S45	Y₂、Y₄（長女の子・利害関係人）、Y₅（長女の子・利害関係人）、相続分をY₁に譲渡。

裁 判 所 の 判 断

1　民法903条にいう持戻財産について

　「上記各物件につきY₁（二男・相手方）に対し譲渡されていることが認められるけれども〔中略〕Y₁が昭和11年に妻と婚姻して以来、夫婦力を合わせて家業である農業経営に従事して、戦後の農地法施行、財産税の課税等困難の時期にも、同人らの協力によってA（被相続人）の農業経営を維持してきたため、AはY₁夫妻の労に報いるために上記物件をY₁に贈与したことが認められる。然るときは、上記各物件のY₁に対する譲渡は、生計の資としての贈与とは認められない。」

コ　メ　ン　ト

　被相続人の財産の維持・増加に貢献をした相続人（寄与相続人）が、生前贈与若しくは遺贈により多額の財産を受益している場合にどのように扱うべきか問題になる。

　この点、被相続人が、寄与相続人に対し、その寄与に報いるために生前贈与等をなしたと認められる場合、言い換えれば、生前贈与等が寄与に対する実質的な対価と認められる場合には、民法903条の関係において「生計の資本としての贈与」に当たらないものと解するか、民法903条3項「持戻しの免除の意思表示」を認めるべきである。そして、生前贈与等が寄与に対する実質的な対価であるかどうかの判断は、被相続人の意思（明示又は黙示）が重要な意味を持つが、貢献（寄与）と贈与財産の価格の相応性他、諸般の事情を検討する必要があろう。

　本決定は、戦後自作農創設特別措置法が施行された際に、高齢で身体が衰えていたA（被相続人）に代わり、受贈者であるY₁（二男・相手方）とその妻が農業経営に従事して専業農家として農地の所有権を確保したこと、更に、財産税施行によりA所有不動産に課税がされた際、Y₁夫婦が金策をして納税し本件不動産等の物納を免れたこ

とを認定し、Y₁夫婦が、贈与の対象とされた不動産（農地）を含むAの不動産の維持増加に重要な貢献をしてきた点を考慮し、AのY₁に対する本件贈与は、上記のY₁による貢献（寄与）に対する対価であり、持戻しの対象となる生計の資としての贈与ではない旨認定した。

なお、Y₁は、遺産の維持に貢献したことを理由として、受贈した不動産の他、寄与分も算定すべきことを主張した（現行民法904条の2制定前における寄与分の主張）。これに対し、本審判は、Y₁の妻及び長男もそれぞれAから不動産贈与を受けており、Y₁及び妻、長男が受贈した不動産の合計評価額が本件遺産分割の対象額をはるかに上回ることから、Y₁及び妻の労働はこれらの生前贈与で報われているとして、更にY₁の寄与分を認めることはなかった。

本事例では、遺産分割対象土地は、もと農地であるも都市の住宅地となり価格急騰した地域であるということである。Y₁は、相続財産の増加（土地の騰貴）はY₁夫婦らの貢献によるものと主張したようであるが、本決定では、「今日における土地の騰貴は、都市における住宅地の急騰という事情によるものであって、相手方らの貢献に負うものではないし、農業経営の継続が事実上困難で、またその必要性のない現状において、従来農業経営に従事してきた者のみを厚遇しなければならないとする理由は全くない」旨説示しており、寄与分算定において考慮される事情についての参考にもなろう。

180　　第2章　特別受益をめぐる事例

52

永年にわたって被相続人とともに農業に従事し、主たる働き手として実質上一家の柱となって相続財産の維持及び増加に寄与し、一家の収益を挙げる主たる力となった相続人の労に報いるための生前贈与は、民法903条にいう持戻財産ではないとした事例

（大阪家審昭51・2・16家月28・12・171）

当事者及び遺産の概要	
被相続人	A（昭和40年9月7日死亡）
相続人及び法定相続分	X：三男（申立人）6分の1 Y₁：妻（相手方）3分の1 Y₂：長男（相手方）6分の1 Y₃：二女（相手方）6分の1 Y₄：四男（相手方）6分の1
遺産の額	1億0037万9678円
遺産の構成	会社持分権

当事者の主張	
X（三男・申立人）、Y₁（妻・相手方）	Y₂（長男・相手方）
民法903条にいう持戻財産：Y₂（長男・相手方）が中央環状線の道路敷として買収に応じたB土地は、A（被相続人）のY₂に対する生前贈与であり、特別受益として民法903条にいう持戻しの対象財産である。	民法903条にいう持戻財産：B土地は、Y₂が家業の農業の主たる働き手として得た農業収益によって取得したC土地の売却代金で購入したものであり、Aからの贈与ではない。 なお、贈与であることを前提とする持戻財産該当性についての主張は不明。

事実経過（裁判所が認定した事実）	
S9頃	Y₂（長男・相手方）、旧制小学校卒業し、A（被相続人）を助けて家業の農業に従事。
S14頃	Aは病弱のため農作業に従事できなくなり、Y₂が主たる働き手となる。
S18〜20	Y₂、兵役に従事。
S20.10〜	Y₂、家業の農業に再び従事。
S22	Y₂婚姻。Y₂は婚姻後もAやY₁（妻・相手方）、X（三男・申立人）、Y₃（二

第2章　特別受益をめぐる事例　　　181

	女・相手方）、Y4（四男・相手方）と同居して農業に従事するが、収入はすべてY1が握り、Y2は小遣いをもらう程度で、賃金等も払われないという生活が続く。
S22〜25頃	農地解放により、Aは約一町もの農地を取得する。
S27頃	AがC土地（二反一畝の田）をY2に買い与える。売買代金は、Y1の兄が、「Y2のために土地を買い入れるなら」、として融通、借金は農業収益をもって返済した。
S32	Y2ら家族は、AとY1に追い出される形で、A方から出る。 Y2が家を出るに際し、AはY2が長い間一家の柱としてまじめに働いたことに対する代償として、Aの自作地、小作地の四割に相当する土地をY2に譲渡する旨の「長男Y2に対する財産分け」と題する書面を作成したが、Aは財産分けを実行しなかった。
S33	A、Y2に対する財産分け対象土地を無断で処分する。
S36	A、Y2に、C土地も処分するよう執拗に迫り、代替地を取得する旨約束して、567万円で売却させ、代金の内金217万円をAが取得する。
S36	Y2、上記売買代金の内305万円でB土地を購入する。
S39	Y2、B土地の内548m²を残し、中央環状線の道路敷として買収に応じる。
S40.9.7	A死亡、相続開始。

裁 判 所 の 判 断

1　民法903条の持戻対象財産について

　「民法903条のいわゆる持戻財産は「婚姻、養子縁組のため若しくは生計の資本としての贈与」に限定されるところ、前示認定事実によりすれば、本件贈与は生計の資本としての贈与と認める資料は全くなく、A（被相続人）が、永年に亘って農業に従事し主たる働き手として、一家の柱として相続財産の増加及び維持に寄与し、一家の収益を挙げる主たる力となった長男Y2（相手方）の労に報いるための贈与と認められるところであるからいわゆる持戻財産ではない。そうすると、前示の経緯のもとに取得した代替地と目すべき本件土地も同様の結論という他ない。」

コ メ ン ト

　本決定は、事例51と同様、被相続人の財産の維持・貢献をした相続人（寄与相続人）に生前贈与がなされていた場合、遺産分割においてどのように扱うべきかについての判断を含む事案である。

　被相続人が寄与相続人に対し、その寄与に報いるために生前贈与等をなしたと認められる場合、言い換えれば、生前贈与等が寄与に対する実質的な対価と認められる場

合には、民法903条の関係において「生計の資本としての贈与」に当たらないものと解するか、民法903条3項「持戻免除の意思表示」を認めるべきである。そして、生前贈与等が寄与に対する実質的な対価であるかどうかの判断は、贈与等の時点における被相続人の意思が重要な意味を持つが、貢献（寄与）と贈与財産の価格の相応性ほか、諸般の事情を検討する必要がある。

　本決定では、X（三男・申立人）らが「持戻対象財産」であると主張したB土地は、もとY2（長男・相手方）所有のC土地売却代金で取得したものである旨認められ、C土地の実質的取得原因が争点となった。

　この点について、Y2は、C土地はY2が自己の計算で自己名義で購入したものであり、A（被相続人）からの贈与ではないと主張したが、本決定は「農業の基盤となる土地は自作地小作地を含めてすべてAの権利に属し、農業収益もAが管理していたものであるから、農業の主体はあくまでAであり〔中略〕収益の主体はあくまでAである」等として、Y2のC土地取得原因はAからの贈与である旨認定した。しかし、持戻対象財産該当性については、AがY2にC土地を贈与するに至った経緯を検討した上で、本件贈与は生計の資本としての贈与ではなくY2の長年の労（寄与）に報いるための贈与であり民法903条のいわゆる持戻財産ではないとしたものである。

　本件事案では、本件贈与の数年後、A及びY1（妻・相手方）は、Y2家族を家から追い出した上、C土地を売却するよう執拗に要求する等していることから、Aの明示又は黙示の持戻免除の意思表示を認定することが困難な事案であり、本件贈与がY2の寄与に対する実質的な対価と評価しうるか否かを判断するための事情として、贈与に至る経緯が詳細に検討されている。

　なお、本決定では、規模もきわめて小さく被相続人の個人会社と目すべき有限会社の持分権の評価については「会社の総資産額から総負債額を控除した純資産額を出資口数で除した額を持分権一口の評価として算定すべきであ」り、また、「会社の資産額の算定は貸借対照表によるべきであるが会社資産である不動産のいわゆる帳簿価格と実際の評価額とはしばしば大きな差異のあることは顕著な事実であり」不動産の評価については簿価ではなく鑑定の結果によるのが妥当であるとの説示もあり、個人会社と目すべき会社の持分権の評価方法についての判断方法を示したものとしても参考となる。

第2章　特別受益をめぐる事例　　183

53　被相続人と養子縁組後、被相続人らと同居し農業後継者として家業に専念してきた申立人に対してなされた贈与を、被相続人の財産の維持形成についての申立人の寄与及び被相続人らの扶養等に対する報酬ないしは対価的な意味においてなされたものと認め、これを民法903条1項の特別受益として考慮すべきではないとした事例

（盛岡家審昭53・3・30家月30・12・70）

当事者及び遺産の概要	
被相続人	A（昭和47年5月30日死亡）
相続人及び法定相続分	X：養子（申立人）8分の1 Y₁：二男（相手方）8分の1 Y₂：二女（相手方）8分の1 Y₃：三女（相手方）8分の1 Y₄：五女（相手方）8分の1 Y₅：六女（相手方）8分の1 Y₆：五男（相手方）8分の1 Y₇：亡三男の長女（相手方）32分の1 Y₈：亡三男の二女（相手方）32分の1 Y₉：亡三男の二男（相手方）32分の1 Y₁₀：亡三男の三女（相手方）32分の1
遺産の額	2813万6115円（相続開始時） 4030万8931円（遺産分割時）
遺産の構成	宅地・建物、農地、山林、債権

当事者の主張	
X（養子申立人）、Y₁（二男相手方）	Y₆（相手方五男）、Y₇（亡三男の長女）、Y₈（亡三男の二女）、Y₉（亡三男の二男）、Y₁₀（亡三男の三女）
民法903条にいう持戻財産：X（養子・申立人）申立人はもと○○職人として働いていたところ、A（被相続人）の農業後継者となるべき者がいないため、Aと養子縁組をし、以後、A及び生活能力の乏しいY₁（二男・相手方）夫婦と同居し、農業に専念し	——

て、A及びY₁夫婦の扶養に当たってきた
ものであり、本件贈与は、Aの財産の維持
形成に対する対価、並びにA及びY₁夫婦
の扶養等に対する報酬的な意味においてな
されたものであり、民法903条にいう持戻
財産に当たらない。

事実経過（裁判所が認定した事実）	
S8	Y₂（二女・相手方）、父方伯父と養子縁組。A（被相続人）から農地の贈与を受ける。
S18	亡三男をY₁（二男・相手方）夫婦の養子とする養子縁組届。
S29頃	Y₆（五男・相手方）、Aから生計の資本として不動産の贈与を受ける。
S31	亡三男死亡。
S39	A、亡三男の妻と不仲になり、不動産を亡三男の妻及びY₇〜Y₁₀ら（亡三男の子ら・相手方ら）に贈与して別居させる。
――	A、Y₆をY₁夫婦の養子にしようとするがY₆に拒否される。
S40	A、弟の子であるXを説得して自己の養子として養子縁組する。
	Xは、A及びY₁夫婦と同居し、農業後継者として農業に従事する。
S40〜43	A、Xに土地を贈与する。
S47.5.30	被相続人死亡。

裁 判 所 の 判 断

1　民法903条にいう持戻対象財産について

　これらの申立人に対する贈与は、上記養子縁組の前後の経過に照らすと、単に、養子縁組に際し、あるいは生計の資本として特別の利益を与えたものではなく、むしろ、農業後継者たるX（養子・申立人）のA（被相続人）の財産の維持形成に対する寄与並びにA及びY₁（二男・相手方）夫婦の扶養等に対する報酬ないしは対価的な意味において、Aが贈与したものと推認すべきである。そこで、本件各相続人の具体的相続分の算定に当たって、XのAの財産の維持形成についての寄与分を具体的に評価することが困難である本件のような場合においては、Xの具体的相続分の決定に当たって、上記受贈分を特別受益としては考慮しないことが、Aの意思に沿うばかりでなく、相続人間の公平を図ることになるというべきである。したがって、Xについては、具体的相続分の決定につき考慮すべき特別受益はない。

第2章　特別受益をめぐる事例　　185

コ　メ　ン　ト

　本決定は、事例51 52と同様、被相続人の財産の維持・貢献をした（あるいは託した）相続人に生前贈与がなされた場合、遺産分割においてどのように扱うべきかについて判断した事案である。

　被相続人が寄与相続人に対し、その寄与に報いるために生前贈与等をしたと認められる場合、言い換えれば、生前贈与等が寄与に対する実質的な対価と認められる場合には、民法903条の関係において「生計の資本としての贈与」に当たらないものと解するか、民法903条3項「持戻免除の意思表示」を認めるべきである。

　本事例において、A（被相続人）のX（養子・申立人）に対する生前贈与は、XがAと養子縁組をした際及び、縁組後数年内になされており、過去の貢献に対する対価・報酬というより、A及び「生活能力に乏しい」Y₁（二男・相手方）夫婦との同居や将来これらの者の面倒をみることの代償、及び家業の農業を後継させるための贈与と推認されよう。XがAと養子縁組するまでの経過（Aは同人及びY₁夫婦と同居し農業の後継をする者を強く望んでいたところ、XはAの希望を叶えた者であった）に照らして、Aの特別受益持戻免除の意思表示も認められる事例である。

＜参考判例等＞

○被相続人は生前において、抗告人に対し、その法定相続分をはるかに超える農地その他の不動産を贈与し、自己の営んできた農業を自己と同居してともに農耕に従事してきた抗告人に継がせる意思であったこと、日付記載を欠くため自筆遺言証書としては効力のない書面中に、全財産を抗告人に譲渡する旨の記載があることなど判示事情のもとにおいては、被相続人は抗告人に対する上記生前贈与につき特別受益の持戻免除の意思を表示していたものと認めるのが相当であるとした事例（福岡高決昭45・7・31判タ260・339）

第3　持戻免除

54　遺産分割事件において、長男の復員に伴い実家を出た二男に対する土地建物の購入資金の生前贈与による特別受益につき、黙示による持戻免除の意思表示を認め、また、家業である農業を手伝った長男の妻子に農地の維持による寄与分（遺産総額の20％）を認めた事例

（鳥取家審平5・3・10家月46・10・70）

当事者及び遺産の概要	
被相続人	A（昭和46年9月24日死亡）
相続人及び法定相続分	X：三男（申立人）5分の1 Y₁の1：長男の妻（相手方）15分の1（昭和55年改正前） Y₁の2：長男の子（相手方）15分の1 Y₁の3：長男の子（相手方）15分の1 Y₂：二男（相手方）5分の1 Y₃：長女（相手方）5分の1 Y₄：二女（相手方）5分の1
遺産の額	1億5142万9100円（相続開始時） 5億2816万円（遺産分割時）
遺産の構成	土地26筆、建物5棟

当事者の主張	
X（申立人）	Y（相手方）
土地建物の生前贈与によるY₂の特別受益： ――	土地建物の生前贈与によるY₂の特別受益：Y₁（長男の妻子・相手方）は、Y₂（二男・相手方）が昭和25年5月6日に第三者から購入した土地建物の代金は、A（被相続人）からの贈与であると主張した。他方、Y₂は、第13回調停期日で贈与を認めたが、担当家事審判官が交替した第14回調停期日で前言を翻してこれを否定した。
Y₁の寄与分：Y₁及び被代襲者の家業への貢献はない。農業統計資料の農業労働者の	Y₁の寄与分：Y₁及びその被代襲者が、Aと同居して家業の農業を手伝い、農地の維

賃金を基にしてY₁の寄与は1%程度に過ぎないので、同居親族の相互扶助の範囲内であって特別の寄与に当たらない。被相続人の農業経営規模が縮小していたから、（農業の維持ではなく）農業の維持に貢献したことにならない。	持管理に寄与した。Aとその妻の療養看護に努めた。

事実経過（裁判所が認定した事実）

S21	Y₂（二男・相手方）が復員する。
S23.6	Y₂が結婚してA（被相続人）と同居する。
S23.12	長男（Y₁（長男の妻子・相手方）被代襲者）が復員する。
S25	長男が結婚し、Aと同居して、Aの農業を手伝う。なお、X（三男・申立人）とY₂は、昭和25年以前に独立して生計を立てており、農業を手伝うことはなかった。
S25.5	Y₂が土地建物を購入し（購入資金はAの贈与）、A及びY₁と別居する。
S28	Y₃（長女・相手方）が実家を出て嫁ぐ。
S35	Y₄（二女・相手方）が実家を出て嫁ぐ。
S39.11	Aが脳溢血で倒れて、殆ど寝たきりの状態になる（看護はAの妻が行った。）。
S43.5	長男が急性白血病で死亡したが、長男に代わってその妻子Y₁が農業を継続する。
S46.9	Aが死亡する。
S49.10	Aの妻が3か月入院の後に死亡する。

裁 判 所 の 判 断

1　Y₂に対する土地建物の購入資金の生前贈与による特別受益の持戻免除の意思表示について

　Y₁（長男の妻子・相手方）からは、贈与金額についての主張はなく、これを認める証拠もない。しかし、Y₂（二男・相手方）は、その当時26歳に過ぎず、土地建物の購入代金や支払方法を具体的に明らかにせず、第13回調停期日において、A（被相続人）から購入代金の贈与を受けたことを認めた（担当家事審判官が交替した第14回調停期日で前言を翻してこれを否定した）経緯があるから、土地建物は特別受益財産と見る余地がないわけではない。

　しかし、Y₂は、Aの二男であり、昭和21年に復員し、昭和23年6月に結婚してAと同居していたが、同年12月に長男が復員して昭和25年に結婚したため、A宅に同居できない状況となり、土地建物を購入して別居した事実が認められるから、AがY₂に対し

て住居の購入資金を贈与したとすれば、それは、Aが復員の見込みのたたない長男の代わりにY₂を跡継ぎに据えたところ、長男の復員という喜ぶべき結果が生じ、その反面、Y₂には出ていって貰わなければならない申し訳なさから出た贈与であるというほかないのであり、このような特別な事情が存在したのであるから、上記贈与には特別受益の持戻免除の意思が含まれていたものと認めるのが相当である。

2 Y₁の寄与分について

本件は改正民法の寄与分制度が適用される以前に相続が開始した事件であるが、民法改正前の判例に従い、寄与分を考慮して遺産分割をするのが相当である。

Aは昭和39年11月に脳溢血で倒れ、以後はほとんど寝たきりの状態であったが、Y₁は、Aの看護にはその妻が当たっていたと述べているのであるから、Aの看護に関してはY₁及びその被代襲者の特別の寄与は認められない。またAの妻は約3か月の入院で死亡したのであるから、その程度の期間の療養看護は同居親族の相互扶助の範囲であって特別の寄与とはいい難い。

Aの長男とその妻（Y₁の1）は、結婚してAと同居した昭和25年以後、Aが病気で倒れた昭和39年までの14年間、Aの農業を手伝い、その後相続が開始した昭和46年までの7年間は、Aの長男とY₁が農業を支えてきたものであり、かかる同居協力がなかったとすれば、農業の継続が不可能であっただけでなく、Aはその農地を維持したまま生活を立てるには子供ら全員から扶養を受けるほかなく、そうでなければ農地を手放さざるを得なかったというべきであるから、Aの長男及びY₁の寄与は遺産である農地の維持に対する特別の寄与であって、その割合は相続開始時の遺産総額に対する20％と認めるのが相当である。ちなみに、参与員（司法書士）、同（主婦）及び同（農業）の寄与割合についての意見は20％を下回らないというものであった。

コ　メ　ン　ト

1 持戻免除の意思表示

生前贈与の持戻免除の意思表示（民903③）は、特別の方式を必要とせず、明示であるか黙示であるかを問わない（高松家丸亀支審昭37・10・31家月15・5・85等）。実務上、明示の意思表示がある場合はほとんどなく、黙示の意思表示の有無が争われることが多い。そして、黙示であるがゆえに、それを証拠によって直接証明するのではなく、生前贈与に至った経緯や動機、被相続人と受贈者の関係、それらと他の相続人との関係などの事情を総合考慮して、黙示の意思表示を「推認」できるかどうかが判断されることになる（森野俊彦「特別受益持戻し規定の解釈と運用について」判タ1050号62頁）。

第2章　特別受益をめぐる事例　　　189

　上記の黙示の意思表示が認められるのは、持戻しによる利益を取得する合理的な事情がある場合である。本事例は、被相続人が、復員の見込みのたたない長男の代わりに二男を跡継ぎに据えたところ、長男の復員という喜ぶべき結果が生じ、その反面、二男には出ていって貰わなければならない申し訳なさから出た贈与であるといった特別な事情を認定し、黙示による持戻免除の意思表示を認めた事例である。

2　寄与分
　本事例は、被相続人の亡長男及びその妻子の寄与分を認めている。療養看護の寄与分は否定したものの、同居及び家業（農業）への協力によって農地が維持できたとして、これを特別の寄与と認めたものである。
　寄与分の割合は、遺産総額の20％と大きなものであるが、上記のとおり二男の特別受益の持戻免除を認めたこととバランスを図ることにより、相続人間の衡平を図ったとの評価も可能と思われる。

＜参考判例等＞
○特別受益の持戻免除の意思表示は、特別の規定もないから特別な要式を用いずに有効になされうると判示した事例（高松家丸亀支審昭37・10・31家月15・5・85）

190　　　第2章　特別受益をめぐる事例

55　台湾国籍の被相続人の遺産分割事件において、配偶者と血族を区別しないで一律に相続分を定める中華民国民法は日本の公序良俗に反しないとしてこれを準拠法と認め、また、当事者からの寄与分の主張はいずれも認めず、さらに、結婚分居（分家）又は営業による贈与の持戻しを定める同法1173条（特別受益の相続分）の適用を受ける生前贈与等について、いずれも黙示による持戻免除の意思表示を認定した上で、結局、法定相続分に従った遺産の分割を命じた事例

（神戸家審平6・3・25家月47・8・59）

当事者及び遺産の概要	
被相続人	A（昭和60年12月16日死亡）
相続人及び法定相続分	X_1：妻（申立人）6分の1 X_2：四男（申立人）6分の1 X_3：三女（申立人）6分の1 Y_1：長男（相手方）6分の1 Y_2：長女の代襲相続人（相手方）6分の1 Y_3：二女（相手方）6分の1 (注)準拠法は中華民国民法である
遺産の額	3億2353万1580円
遺産の構成	不動産32件、合名会社出資持分、甲社株式、預金、有価証券5件

当事者の主張	
X（申立人）	Y（相手方）
準拠法：A（被相続人）の本国法（中華民国民法）を適用すると、日本法による配偶者相続分との対比ではX_1（妻・申立人）にとって極めて不当な結果となり、長期間在日する外国人に本国法を適用することは公序良俗に反するから、法例33条〔現行：法の適用に関する通則法42条〕を適用し、本国法の適用を排除すべきである。	**準拠法** ――
X_1の寄与分：X_1は、20歳で来日してAと結婚し、Aと先妻との間の子らを育てながら家事に従事した。さらに、結婚の際の持	**Y_1の寄与分**：Y_1（長男・相手方）は、大学卒業後甲社に入社し、同社は昭和35年から貝殻取引、昭和44年からタオル事業を始め

参金1200円をAが経営する会社に提供し、戦中戦後を通じAの商売に協力し、昭和26年甲社の設立後は監査役に就任し、以後も経理全般を把握する等、全面的に協力したので、遺産形成に対する寄与がある。

たが、これらはY₁自らが輸入、販売先を開拓し、事業として確立させたものである。化粧品販売部門もY₁が担当しており、これら3部門は昭和38年から昭和62年までの甲社の利益の約83％を占めている。この利益によって、Aの不動産会社は資産の形成を行ったので、Aが営む事業に対する労務の提供、その他の方法での貢献がある。

X₁の不動産の生前贈与による特別受益：結婚の際の持参金1200円が元になって取得した不動産に他の同人名義の不動産を合わせたものを、この不動産と交換したものであり、遺産にも受贈財産にも含まれない。

Y₁の特別受益：Y₁名義の土地及び建物は、同人が所有していた台湾土地の小作料収入や祖母の拠出金で購入した物であり、取得当時結婚は予定されていなかったので、持戻しの対象から除かれるべきである。

株式・出資持分の生前贈与によるY₁の特別受益：贈与は「営業」に該当するので、全部を持戻しの対象とすべきである。

株式・出資持分の生前贈与によるY₁の特別受益：Y₁名義の株式は、祖母の資金であるいは労働の対価として取得したものであり、贈与ではない。「営業」に該当しないから持戻しの対象に含まれず、仮に「営業」に該当するとしても持戻免除の黙示の意思表示がある。

事実経過（裁判所が認定した事実）	
S14	X₁（妻・申立人）が来日してA（被相続人）と婚姻し、前妻との間の子Y₁（長男・相手方）らを育てる。
S26	Aが甲社を設立する。
S28	Y₁（長男・相手方）が大学卒業し、甲社に入社する。
S60.12	Aは死亡11日前に、Y₁に対し不動産会社の出資口数75口を遺贈した。
S60.12	A死亡（相続開始）。
H2	本件遺産分割事件の申立て。
H5.8〜9	Aの長女の代襲相続人4名のうち3名がY₂（長女の代襲相続人・相手方）に相続分を譲渡して、審判手続から脱退した。

裁 判 所 の 判 断

1 裁判管轄権、準拠法について

A（被相続人）は、中華民国籍であるが、相続開始時点において日本に住所を有していたから、我が国に裁判管轄権がある。そして、法例26条〔現行：法の適用に関する通則法36条〕によりAの相続については本国法である中華民国民法が準拠法となる。

Aは長期間日本に在留しながら、その意思で中華民国籍にとどまり数々の台湾関係団体の要職に就くなど、本国との密接な関係を継続し、その文化を大切に守ってきたことが窺われるから、Aの遺志を尊重すべき遺産の分割に関して、その本国法を適用することは、むしろ法例26条の要請するところであって、これが日本の公序良俗に反するということはできない。

2 寄与分について

本件準拠法である中華民国民法には寄与分を定める処分に関する規定がなく、我国において中華民国民法を適用しながら寄与分を認めた裁判例も見当たらない。仮に同法の下で寄与分を主張することが認められるとしても、本件においては以下のとおり両名のいずれにも遺産に対する特別の寄与を認めることはできない。

（1）X_1（妻・申立人）が出資したとする1200円（Y_1（長男・相手方）は否定している。）は、その代償として宅地を取得できた旨を自身も認めていること、その他の営業への協力に対しては他にも自己資金を形成していたことや甲社設立後は同社から相当額の報酬を受けていることが認められるので、無償あるいはこれに近い形での労務の提供をしていたとは認められない。

（2）Y_1の貢献は、専らAの事業に対するものであるところ、Y_1は甲社及び不動産会社から、昭和54年3月からの給与107万2000円、相続開始時147万5000円の報酬を得ており、十分な対価を得て稼働していたと認めることができる。

3 特別受益について

（1）Y_1名義の不動産について

Aの作成した書面によると贈与と認められること、Y_1の当時の年齢から近く結婚することが予定されていたものとみられること、しかも同物件はその後の生活の本拠となっていることを総合すると、これは結局結婚のための贈与と解するのが相当である。従って、一応持戻しの対象となると解される。

（2）X_1名義の不動産について

X_1名義の不動産の資金調達方法は必ずしも明らかでないが、仮に贈与としても「結婚分居又ハ営業ニ因ル」ものとは認められないから特別受益に当たる贈与ではない。

（3）Y_1名義の株式・出資持分について

X_1、X_2（四男・申立人）、X_3（三女・申立人）、Y_2（長女の代襲者・相手方）、Y_3（二女・相手方）は、甲社と不動産会社の株式、出資口がいずれもAからの贈与であることを認めている。Y_1についても、会社から十分な対価を得ていたものであり、これら

株式・出資口数まで労働の対価とみるのは相当でなく、Aの配慮により他の相続人同様贈与されたものとみるべきである。ところで、甲社といい、不動産会社といい、いずれも同族会社で、家族がその経営権に直接関係しているので、その株式ないし出資口の贈与は、いずれも「営業二因ル」贈与とみるのが相当である。

4　特別受益の持戻免除について

　結婚を予定しての贈与とみなしうるX_2及びY_1が受贈した不動産、及び会社の経営権に直接関係する株式及び出資口については、一応持戻しの対象と考えられる。

　しかし、Aは、同人が過去に作成した書面の内容に照らすと、子女らの婚姻に際して、各人にそれぞれ応分の財産を取得させることを意図し、これを実行してきたことが認められる。また、株式・出資口については、Aがその配分に関し中心的役割を果たし、長男と二男側が同等の分配を受けたいとする家族の意向を承知し、株式については配分方法・金額等にも細かい計算をしていること、永年の間に少量ずつ移動していること、Aの先妻の子であるY_1（その妻子分を含む。）と後妻の子であるX_2（後妻X_1を含む。）に同数所有させる結果となっていること（甲社は各3万9070株、不動産会社は各325口）などを総合すると、Aは、家族間の調整対価関係について生前から永年に亘って十分な配慮を積み重ねてきて、その分配を実行してきたことが認められる。そして、Aは上記書面の表題を「別途給与」と記載していることを合わせ考えると、同人が上記のような配慮に基づいて子女に贈与してきた財産は将来の相続とは別に、これを切り離して、各人に給与するものと考えていたことが窺われるというべきであり、これらが相続に当たって、改めて持戻しの対象として考慮され、各相続人の具体的相続分に影響を与えることを予定していたとは考えられない。従って、これらを特別受益として持ち戻すことは、かえって被相続人の意図から外れる結果になると思われる。

　そうすると、前記のような各相続人の受贈財産については、いずれも中華民国民法1173条1項但書の規定する持戻免除の黙示の意思表示があったものと認めるのが相当である。そうすると、同条の解釈につき詳細な検討を経るまでもなく、本件各受贈物件は特別受益として持ち戻す必要はないことになる。

コメント

1　中国法

　中華民国民法では、配偶者と血族とを全く区別しないで一律に相続分を定めているため、子が5名いる本件ではX_1（妻・申立人）の相続分が6分の1となり、日本法の2分

の1と対比するとX₁に相当酷な結果になる。そのため、準拠法が争われたが、本事例は、A（被相続人）が中華民国と種々密接な関係があったことを理由に、中華民国民法は公序良俗に反しないので、日本法を適用するとしたものである。ただし、その理由付けについては批判的な見解もある（三井哲夫「中国（台湾）国籍の被相続人の遺産分割と法例33条」民商115巻1号108頁）。

2　寄与分について

　本事例は、当事者からの寄与分の主張を、無償性の要件を満たさないことを理由にいずれも否定した。そして、特別受益に該当する生前贈与等について後述する持戻免除の意思表示を認めることによって、結局、寄与分や特別受益による具体的相続分の修正を行わずに、上記の法定相続分に従った遺産分割を命じており、最終的な遺産分割に至るまでの計算方法は明快なものとなっている。

3　持戻免除の意思表示

　生前贈与の持戻免除の意思表示（民903③）は、特別の方式を必要とせず、明示であるか黙示であるかを問わない（高松家丸亀支審昭37・10・31家月15・5・85等）。実務上、明示の意思表示がある場合はほとんどなく、黙示の意思表示の有無が争われることが多い。そして、黙示であるがゆえに、それを証拠によって直接証明するのではなく、生前贈与に至った経緯や動機、被相続人と受贈者の関係、それらと他の相続人との関係などの事情を総合考慮して、黙示の意思表示を「推認」できるかどうかが判断されることになる（森野俊彦「特別受益持戻し規定の解釈と運用について」判タ1050号62頁）。

　上記の黙示の意思表示が認められるのは、持戻しによる利益を取得する合理的な事情がある場合である。本事例は、被相続人が、家族間の調整対価関係について生前から永年に亘って十分な配慮を積み重ねてきて、その分配を実行してきたという事情を認定した上で、かかる事情があることを理由に、黙示による持戻免除の意思表示を認めたものである。

＜参考判例等＞

○特別受益の持戻免除の意思表示は、特別の規定もないから特別な要式を用いずに有効になされうると判示した事例（高松家丸亀支審昭37・10・31家月15・5・85）

第2章　特別受益をめぐる事例　　195

56　遺産分割事件の抗告審において、妻に対する不動産共有持分の生前贈与による特別受益の持戻しをし、かつ、妻の寄与分（遺産総額の50％）を認めた原審判の判断を取り消し、妻に対する上記特別受益について持戻免除の黙示の意思表示を認めると共に、生前贈与を超える寄与があったとはいえないとして妻の寄与分を否定した事例

（東京高決平8・8・26家月49・4・52）

当事者及び遺産の概要	
被相続人	A（昭和63年7月22日死亡）
相続人及び 法定相続分	X：長男（被抗告人・原審申立人）4分の1 Y₁：妻（抗告人・原審相手方）2分の1 Y₂：長女（抗告人・原審相手方）4分の1
遺産の額	1285万5846円
遺産の構成	土地、建物、預貯金等

当事者の主張	
X（原審申立人）	Y（原審相手方）
生前贈与によるY₁の特別受益：Y₁（妻・原審相手方）は、抗告審で初めて持戻免除の主張をしたので、持戻免除の意思表示の存在を争う。	生前贈与によるY₁の特別受益：黙示による持戻免除の意思表示があった。 Y₁の寄与分：専業主婦として、家計を切り盛りし、A（被相続人）入院時には療養看護に努めるなど、Aの財産の維持に特別の寄与をした。

事実経過（裁判所が認定した事実）	
S32.2	A（被相続人）がX（長男・原審申立人）の実母と調停離婚し、その際、AがXの実母に対し、財産分与及びXの養育費として、土地100坪と現金100万円を譲渡した。
S32.6	AがY₁（妻・原審相手方）と再婚し、Y₂（長女・原審相手方）が誕生した。
S42.5	Xの実母が再婚し、Xと共にオーストラリアへ移住した。

S62.9	AがY₁に不動産の共有持分5分の4を生前贈与した。
S63.7	Aが死亡した。

原 審 の 判 断

1 Y₁による特別受益について

　Y₁（妻・原審相手方）は、A（被相続人）から「現在住んでいる建物と多少の年金もあるから、将来の生活には困らないだろう」と言われて、Aから土地の持分5分の4を贈与され、同日所有権移転登記を経由したことが認められるので、これは生計の資本としての贈与であるY₁の特別受益財産である。

　なお、Y₁が受け取ったとされる県民共済（生命保険）金300ないし400万円については、保険金受取人としてY₁が指定されていた場合には、保険契約の効果として保険金受取人が直接取得する固有の財産であり、遺産分割の対象にはならず、また、特別受益には当たらないと解するのが相当である。また、Aの生前に台所の改造費として支出した240万円については、Y₁の特別受益と解する余地はない。

2 Y₁による寄与分について

　Y₁は、昭和32年6月にAと結婚してからAが死亡する昭和63年7月までの約31年間にわたり専業主婦として、Aと同居し、かつ、Y₂（長女・原審相手方）を養育しながらAから任された家計を切り盛りし、本件土地建物購入資金の捻出に努めてきたこと、また、Aが病気で入院した際には、妻としてその療養看護に努めるなどしてきたので、Aの財産の維持につき特別の寄与をした者であることは明らかである。

　よって、寄与の期間、方法、程度及び遺産の内容、額及びX（長男・原審申立人）側の事情その他本件における一切の事情を総合すると、Y₁の寄与分は全遺産の50%相当と認めるのが相当である。

裁 判 所 の 判 断

1 Y₁の生前贈与による特別受益の持戻免除の意思表示について

　A（被相続人）がした土地の持分5分の4のY₁（妻・原審相手方）への贈与は、Y₁の長年にわたる妻としての貢献に報い、その老後の生活の安定を図るためにしたものであり、Y₁には、他に老後の生活を支えるに足る資産も住居もないことが認められるから、上記贈与については、Aは、暗黙のうちに持戻免除の意思表示をしたものと解するのが相当である。

2　Y₁の寄与分について

Y₁が、妻として長年にわたる貢献をしてきた事実は認められるが、土地の贈与によってY₁が得た利益を超える寄与があった事実は認めることができない。

コ　メ　ン　ト

1　持戻免除の意思表示

生前贈与の持戻免除の意思表示（民903③）は、特別の方式を必要とせず、明示であるか黙示であるかを問わない（高松家丸亀支審昭37・10・31家月15・5・85等）。実務上、明示の意思表示がある場合はほとんどなく、黙示の意思表示の有無が争われることが多い。そして、黙示であるがゆえに、それを証拠によって直接証明するのではなく、生前贈与に至った経緯や動機、被相続人と受贈者の関係、それらと他の相続人との関係などの事情を総合考慮して、黙示の意思表示を「推認」できるかどうかが判断されることになる（森野俊彦「特別受益持戻し規定の解釈と運用について」判タ1050号62頁）。

上記の黙示の意思表示が認められるのは、持戻しによる利益を取得する合理的な事情がある場合である。本事例は、被相続人の妻に対する土地の持分の生前贈与は、長年にわたる妻としての貢献に報い、その老後の生活の安定を図るためにしたものであり、その妻には、他に老後の生活を支えるに足る資産も住居もないという事情を認定した上で、かかる事情があることを理由に、黙示による持戻免除の意思表示を認めたものである。

2　寄与分─特別受益の持戻免除との関係

本事例は、特別受益と寄与分とが同一の相続人において問題となった事案であるが、原審では特別受益ありとして寄与分を認めたのに対し、抗告審では、特別受益につき持戻免除を認め、寄与分を否定するという全く正反対の判断をしている。しかし、特別受益による持戻しも寄与分もいずれも具体的相続分の修正要素であることから、その遺産分割の最終的結論においては、それほど大きな差異は生じていない（抗告審では、遺産である不動産の評価が下がったことに伴い、不動産を取得する長男が妻に支払うべき代償金の金額も下げられたにすぎない。）。

被相続人による明確な持戻免除の意思表示がない場合の特別受益については、特段の事情がない限り、黙示による免除意思の存在を認めるべきという見解が有力である。また、寄与分が認められる寄与には、特別性が必要であり、被相続人の財産の維持又は増加という効果がもたらされることが必要であるため（民904の2①）、直接的に財産の維持又は増加に向けられるものではない療養看護についての寄与分は認められにく

いといわれている（辻朗「同一相続人についての寄与分と特別受益の算定」民商120巻1号162頁）。
本事例は、かかる見解と整合的である。

3　生命保険金（否定、原審判）

　原審では、保険金受取人として妻が指定されていた場合には、保険契約の効果として保険金受取人が直接取得する固有の財産であるので、遺産分割の対象にならないとの判断がされている。

　生命保険について特別受益を主張する場合には、被相続人が死亡したことによる保険金についてではなく、被相続人が生前に支払っていた保険料について主張をすべきである（最決平16・10・29民集58・7・1979参照）。

＜参考判例等＞

○特別受益の持戻免除の意思表示は、特別の規定もないから特別な要式を用いずに有効になされうると判示した事例（高松家丸亀支審昭37・10・31家月15・5・85）

第2章　特別受益をめぐる事例　　199

57 遺留分減殺事件において、原告が自宅マンションの購入資金の贈与を受けたこと、被告が土地を無償使用していたことについて、いずれも黙示による持戻免除の意思表示があったことを理由に、遺留分算定の基礎財産として算入しなかった事例

（東京地判平21・12・16平19（ワ）18072・平20（ワ）10322）

当事者及び遺産の概要	
被相続人	A（平成18年4月2日死亡）
相続人及び法定相続分	X：子（原告）2分の1 Y：子（被告）2分の1 Z：Yの夫（参加人）
遺産の額	4億1010万円
遺産の構成	土地2筆、建物1棟、マンション1戸、非上場株式2社、上場株式3社、預貯金、現金、未収入金、家庭用財産等

当事者の主張	
X（原告）	Y（被告）
Yの特別受益：Y（子・被告）は昭和41年12月からA（被相続人）死亡の前日まで、無償で土地及びその上の建物の共有持分を使用しており、その無償使用により得た利益は5000万円を下らない。	Xの特別受益：X（子・原告）が居住するマンション購入の際に、総額2300万円のうち1500万円をAが贈与しており、これは生前贈与に該当する。

事実経過（裁判所が認定した事実）	
S31	俳優であるZ（Y（子・被告）の夫・参加人）が芸能プロダクション会社を設立した。
S40〜41	Zの会社が資金繰りに窮するようになった。
S41.10	Zが債権者Bのために土地の持分（他持分権者はA（被相続人）の養母C）に担保を設定した。
S41.12	Aは、Z及び芸能プロダクションを救済するために、Bから上記担保を譲り受けると共に、金融機関から借入をして上記Cの持分に担保を設定した。 Yが土地上の建物でAと同居を始めた。
S42.2	Aが上記担保を実行し、土地の持分の所有権を取得した。

S53.1	Yが上記Cの持分を相続により取得した。
H11.11	Aが公正証書遺言を作成し、X（子・原告）にマンション（評価1680万円）、Yにそれ以外の遺産を相続させることとした。
H18.4	Aが死亡した。
H18.7	Yが遺言に基づき不動産の移転登記手続をした。
H18.11	Xが遺留分減殺調停を申し立てた。
H19.6	上記調停が不成立で終了した。

裁 判 所 の 判 断

1　Xの特別受益について

　A（被相続人）がX（子・原告）に対しマンション購入資金として1500万円を渡したこと、Xがそれをマンションの購入資金に充てたことは争いがないが、Aはマンションについて権利を主張することはしなかったこと、固定資産税、管理費等は全額Xが支払っていたこと、Aは遺言によってマンションの共有持分をXに相続させるとしていること等からすれば、Aはマンションの使用収益につき、黙示的に持戻しを免除する旨の意思を表示していたと認めるのが相当である。

2　Yの特別受益について

　Y（子・被告）は土地上の建物に居住することで土地を無償使用していたと推認されるが、土地に対するAの持分は元々はYの夫であるZの持分であったこと、YはAと同居し、その世話等をしていたと推認されること、Aは遺言によって土地の持分をYに相続させるとしていること、Aのかかる意思は同人が死亡するまで特段変化はなかったと認められること等から、上記の土地の使用については、黙示的に持戻しを免除する旨の意思表示をしていたものと推認するのが相当である。

　そして、Yが祖母Cから持分を相続した後については、Yは土地及びその上の建物について共有持分を有していた者であり、その使用は所有者としての権原に基づくものであるから、使用利益を観念する余地はない。

コ　メ　ン　ト

1　遺留分の算定における特別受益の取扱い

　特別受益となる生前贈与は、民法1044条が特別受益に関する同法903条3項の規定を準用していることから、遺留分算定の基礎財産として加算される（最高裁平成10年3月24日判決（民集52・2・433）はそのことを前提にしている。）。なお、平成30年法律72号により、民法1044条の準用規定は削除されたが、改正後の民法1044条3項において読

み替えて適用される同条1項前段は、相続開始前の10年間にされたものに限り、遺留分算定の基礎財産に算入するとしている。

2　遺留分の算定における持戻免除の意思表示の取扱い

　本事例は、原告及び被告の双方から主張された相手方の特別受益について、黙示による持戻免除の意思表示があったことを理由として、遺留分算定のおける基礎財産に算入しなかった。しかし、持戻免除の意思表示があった場合でも、特別受益を基礎財産として算入すべきかどうかについては議論があるところ、当然算入説が有力であって、そのことを明言する判例もある（大阪高判平11・6・8判タ1029・259。遺産分割事件における最決平24・1・26判時2148・61）。よって、遺留分減殺請求事件において、特別受益の持戻免除の意思表示が問題となる場合には、上記の議論状況を踏まえた上で、十分な主張あるいは反論を行う必要があろう。

＜参考判例等＞

○民法903条1項の定める相続人に対する贈与は、同贈与が相続開始よりも相当以前にされたものであって、その後の時の経過に伴う社会経済事情や相続人など関係人の個人的事情の変化をも考慮するとき、減殺請求を認めることが同相続人に酷であるなどの特段の事情のない限り、民法1030条の定める要件を満たさないものであっても、遺留分減殺の対象となるものと解するのが相当である。すなわち、民法903条1項の定める相続人に対する贈与は、すべて民法1044条、903条の規定により遺留分算定の基礎となる財産に含まれるところ、同贈与のうち民法1030条の定める要件を満たさないものが遺留分減殺の対象とならないとすると、遺留分を侵害された相続人が存在するにもかかわらず、減殺の対象となるべき遺贈、贈与がないために同人が遺留分相当額を確保できないことが起こり得るが、このことは遺留分制度の趣旨を没却するものというべきであると判示した事例（最判平10・3・24民集52・2・433）

○被相続人が、相続人に対する贈与（特別受益）につき、持戻免除の意思表示をしている場合であっても、これを無視し、民法903条1項に定める贈与の価額は民法1030条に定める制限なしに遺留分算定の基礎財産に算入すべきであると判示した事例（大阪高判平11・6・8判タ1029・259）

○遺産分割事件において、遺留分減殺請求により特別受益に当たる贈与についてされた持戻免除の意思表示が減殺された場合、持戻免除の意思表示は、遺留分を侵害する限度で失効し、当該贈与に係る財産の価額は、上記の限度で、遺留分権利者である相続人の相続分に加算され、当該贈与を受けた相続人の相続分から控除されるものと解するのが相当であると判示した上で、各相続人の相続分を定めた事例（最決平24・1・26判時2148・61）

202　　第2章　特別受益をめぐる事例

58　遺産分割事件の抗告審において、被相続人の子4名のうちの1名のみに対する不動産の遺贈による特別受益（遺産の額の約4割に相当）につき、黙示による持戻免除の意思表示を否定した原審の判断を維持した事例

（大阪高決平25・7・26判時2208・60）

当事者及び遺産の概要	
被相続人	A（死亡日不明）
相続人及び法定相続分	X：子（抗告人・原審A事件相手方・原審B事件申立人）4分の1 Y₁、Y₂、Y₃：子（相手方・原審A事件申立人・原審B事件相手方）4分の1（3名合計4分の3）
遺産の額	9763万5574円
遺産の構成	不明

当事者の主張	
X（抗告人）	Y（相手方）
不動産の遺贈によるXの特別受益の持戻免除の意思表示：Yらが父名義の預金から無断で払戻しをする等、黙示の持戻免除の意思表示の存在を認めるべき事情があった。また、持戻免除が認められず、不動産がYらとの共有になると、XがAから遺贈を受けた建物の敷地利用が不安定となり、YらとXとの間で紛争が不可避となるが、Aがこのような事態を容認していたとは考えられない。	——

事実経過（裁判所が認定した事実）	
——	Yら（子・相手方）とX（子・抗告人）の父が死亡した。
——	A（被相続人）がYに不動産を遺贈する旨の遺言をした。
——	Aが死亡した。
H25.5	原審決定
H25.7	本決定

第2章　特別受益をめぐる事例　　203

原 審 の 判 断

1　不動産の遺贈によるＸの特別受益の持戻免除の意思表示について

　不動産の遺贈によるＸ（子・抗告人）の特別受益の持戻免除の意思表示は認められない。

裁 判 所 の 判 断

1　Ｘの特別受益の持戻免除の意思表示について

　Ｘ（子・抗告人）に対する特別受益は本件遺言によるものであるところ、本件遺言には持戻免除の意思表示は記載されていない上、仮に遺言による特別受益について、遺言でなくとも持戻免除の意思表示の存在を証拠により認定することができるとしても、方式の定められていない生前贈与と異なり、遺言という要式行為が用いられていることからすれば、黙示の持戻免除の意思表示の存在を認定するには、生前贈与の場合に比べて、より明確な持戻免除の意思表示の存在が認められることを要すると解するのが相当である。また、このような生前贈与との方式の相違に加えて、本件の場合、Ａ（被相続人）が相続開始時点で有していた財産の価額に占める特別受益不動産の価額の割合は4割であることからも、黙示の持戻免除の意思表示の存在を認定するには、民法の相続人間の公平の要請を排除するに足りる明確な持戻免除の意思表示の存在が認められることを要するものと解するのが相当である。

　Ｙら（子・相手方）による父名義の預金からの無断払戻しの事実があったとしても、これが判明したのはＡの死亡後であり、Ａが本件遺言をする前にこれを知っていたとは認められないから、そのような事実があったとしても、本件遺言によるＸの特別受益について、Ａが持戻を免除する動機になるものではなく、Ａの黙示の持戻免除の意思表示の存在を認めるに足りる事情にはなり得ない。

　Ｘは、持戻免除が認められず、本件各土地がＹらとの共有になると、ＸがＡから遺贈を受けた建物の敷地利用が不安定になり、ＸとＹらとの間で紛争が不可避となり、Ａがこのような事態を容認していたとは考えられないと主張するが、そもそも、Ａは、本件遺言時において、既にその敷地が相続を原因として父からＸ及びＹらの各持分4分の1の割合で共有取得され、その旨の移転登記を経由していたにもかかわらず、本件遺言で同土地上の建物をＸに単独相続させていることからすれば、Ａが敷地と地上建物の所有者が一致するような配慮をしたとは認められない上、ＡがＸの主張するような事態を想定し、これを避ける意思であったのなら、Ａは本件遺言において持戻免除の意思表示をしたはずであるが、同意思表示が本件遺言に記載されていないことは前記のとおりである。したがって、Ｘの主張を採用することはできない。

コメント

1 遺贈による特別受益と黙示の持戻免除の意思表示

遺贈による特別受益の持戻免除の意思表示は、遺贈自体が要式行為であることから、持戻免除の意思表示も遺言によるべきという見解（谷口知平・久貴忠彦編集『新版注釈民法(27)相続(2)補訂版』220頁（有斐閣、2013）。死因贈与の持戻免除の意思表示を否定した東京高決昭56・11・2家月34・12・38参照）もあるが、遺言によることを要しないという見解が近時は有力である。

本事例は、「仮に遺言による特別受益について、遺言でなくとも持戻免除の意思表示の存在を証拠により認定することができるとしても」と判示して、遺言によることを要しない立場に理解を示しつつも、「方式の定められていない生前贈与と異なり、遺言という要式行為が用いられていることからすれば、黙示の持戻免除の意思表示の存在を認定するには、生前贈与の場合に比べて、より明確な持戻免除の意思表示の存在が認められることを要する」として、遺贈による特別受益について黙示による持戻免除の意思表示を認定するに当たって、慎重な姿勢を取ったものである。

＜参考判例等＞

○被相続人のなした死因贈与について、民法903条3項の適用の要件となるべき持戻免除の意思表示をなしたものと認めるに足りる証拠はないと判示した事例（東京高決昭56・11・2家月34・12・38）

第2章　特別受益をめぐる事例　　205

59 　遺留分減殺事件において、原告の土地の無償使用による特別受益について、黙示による持戻免除の意思表示を認めて、これを遺留分算定の基礎財産に算入しなかった事例

（東京地判平26・2・25平24(ワ)14476）

当事者及び遺産の概要	
被相続人	A（平成22年6月16日死亡）
相続人及び法定相続分	X：子（原告）3分の1 Y₁：子（被告）3分の1 Y₂：養子（被告）3分の1
遺産の額	4億0046万0973円（特別受益含む。）
遺産の構成	不動産14件、現金、預金、生命保険契約返戻金等

当事者の主張	
X（原告）	Y（被告）
本件保険①にかかるX（子・原告）の特別受益の額：終身保険の契約者はA（被相続人）であり、A死亡後の平成22年7月に契約者をXに変更したもので、Aの相続開始時の解約返戻金相当額224万7909円が特別受益となる。	本件保険①にかかるXの特別受益の額：Aは契約者をXとする終身保険に関し、Xが支払うべき保険料339万7536円を支払った。これはAからXに対する金銭の贈与であり、上記保険料相当額が特別受益となる。
本件土地の無償使用にかかるXの特別受益：本件土地の使用は認めるが、AとXとの間で、本件土地の固定資産税及びA所有の倉庫の敷地である別の土地の使用料相当額を賃料とする賃貸借契約が成立していたので、特別受益に当たらない。 仮に特別受益に当たるとしても、持戻免除の意思表示があった。	本件土地の無償使用にかかるXの特別受益：Xは昭和59年ころ本件土地上に自己所有の建物を建築し、現在まで約25年間にわたって無償使用している。よって、本件土地の評価額5543万円の3割である1662万9000円はXの特別受益となる。 持戻免除の意思表示はなかった。
X名義の本件定期預金の開設によるXの特別受益：本件定期預金の原資は、Xが出捐したものであり、特別受益に当たらない。	X名義の本件定期預金の開設によるXの特別受益：X名義で開設された本件定期預金は、Aが396万6837円を出捐して預金口座を開設したものであるから、仮に本件定期預金がXに帰属するとしても、AのXに対する生前贈与、すなわち、特別受益に当たる。

206　　第2章　特別受益をめぐる事例

本件保険②にかかるXの特別受益：年金保険の保険料はXが支払ったので、特別受益に当たらない。	本件保険②にかかるXの特別受益：Aは契約者をXとする年金保険に関し、Xが支払うべき保険料200万円を支払った。これはAからXに対する金銭の贈与であり、特別受益に該当する。
簡易保険にかかるXの特別受益：簡易保険の保険料はXが支払った。	簡易保険にかかるXの特別受益：Aは契約者をXとする簡易保険に関し、Xが支払うべき保険料461万5550円を支払った。これはAからXに対する金銭の贈与であり、特別受益に該当する。
現金の生前贈与にかかるXの特別受益：Xはタクシー運転手であり、Y（子・被告）の主張する金員は、XがAを病院等に送迎するため仕事を休んだ際に送迎の対価として受領したものであるので、特別受益に当たらない。	現金の生前贈与にかかるXの特別受益：AはXに対し、平成21年5月から平成22年2月まで7回に分けて計75万5000円を手渡した。これはAのXに対する金銭の贈与であり、特別受益に当たる。

事実経過（裁判所が認定した事実）

S25.3	A（被相続人）がBと婚姻し、a社の建材業を営んだ。その後、X（子・原告）とY₁（子・被告）はa社に入社した。
S56	AとBが二世帯住宅を建築して、Y₁の家族とともに生活を始めた。
S57.5	Bが死亡した。
S59	Xは、A所有の土地上にX所有の建物を建築し、以後25年間土地を無償で使用した。
H14	Xがa社を退職し、タクシー運転手として稼働した。
H22.4	Aが公正証書遺言を作成し、不動産のうち土地2筆をXに相続させ、その余の財産をY₁及びY₂（養子・被告）に均等の割合で相続させる旨の遺言をした。
H22.6	Aが死亡した。
H23.6	XはY₁及びY₂に対し遺留分減殺請求をした。

裁　判　所　の　判　断

1　本件保険①にかかるXの特別受益の額について

　本件保険①は、A（被相続人）の生前において、契約者A、被保険者X（子・原告）、受取人Aであったことからすれば、Aが生存中に保険事故が発生した場合、その保険金はAが受領することになっていたから、Xの特別受益の額は、相続開始時に解約し

た場合の解約返戻金相当額である224万7909円と認めるのが相当である。

2　本件土地の無償使用によるＸの特別受益とその持戻免除の意思表示について

　Ａ所有の倉庫の敷地である別の土地の面積は105.78m²にすぎず、Ｘの持分はさらにその3分の1にすぎないのに対して、Ｘが無償使用していた本件土地の面積は241m²であることから、固定資産税を考慮したとしても、本件土地につき賃貸借契約が締結されていたと認めるのは困難であり、本件土地の無償使用が特別受益でないとするＸの主張は採用できない。

　以上のとおり特別受益には当たるものの、Ａ及び妻Ｂは、昭和56年、所有地上に建築資金約5000万円のうち少なくとも4800万円を同人らが負担して二世帯住宅を建てて、Ｙ₁（子・被告）の家族と共に生活するようになったこと、Ｙ₁がＡに対し、上記の二世帯住宅に関して賃料その他の使用料を支払った事実は証拠上認められないこと、Ｘは本件土地上に建物を建築して居住していたが、Ａから賃料その他の使用料を請求された事実は証拠上認められないこと、本件遺言によれば、Ａは本件土地ともう一つの土地（評価額145万8994円）を除く全ての財産をＹ₁及びその子であるＹ₂（養子・被告）に相続させていることからすれば、Ａは、本件遺言をした際に、土地の使用料について黙示的に持戻免除の意思表示をしたと認められる。

3　Ｘ名義の本件定期預金の開設によるＸの特別受益について

　Ｘは、本件定期預金の原資はＸが出捐したものと主張し、ＸがＢ（Ａの妻）から相続した土地の賃料が年間150万円ないし160万円あり、これをＡが定期預金にしたものであると供述するが、上記土地の賃料として年間150万円ないし160万円を受領することが相当であったことを示す客観的な証拠は一切提出されていないこと、本件定期預金の預入手続を行ったのはＡであること、定期預金の預入れを開始した時期は明確でないこと、本件定期預金の届出住所はＡの住所とされたままＸの住所に変更されていないことからすれば、定期預金は、Ａが積み立てたものであり、Ｘの特別受益に該当すると認めるのが相当である。

4　本件保険②にかかるＸの特別受益

　Ｘは、本件保険②の保険料はＸが支払ったと主張し、Ｘの妻Ｃの預金口座から平成22年1月14日に400万円を引き出して保管していた中から支払ったと供述しているところ、その当時Ｘが保険料を支払うための資金がなかったとは認められないこと、保険

会社の勧誘員DがAの知合いであり、本件保険②の手続をAの自宅で行ったとすれば、Dが振込金受取書をAの自宅に預け、Aがこれを保管していたとしても不合理とまではいえないこと、他に、Aが本件保険②の保険料を支払ったと認めるに足りる証拠はないことからすれば、本件保険②の保険料につきXの特別受益であると認めることはできない。

5 簡易保険にかかるXの特別受益

簡易保険の保険料の一部は、AがXのために支払っていたと解するのが合理的であるので、その部分に限り特別受益になる。

6 現金の生前贈与にかかるXの特別受益

送迎の日数に比し、報酬額として若干高かったとしても、Aが、Xに対し、Xが病院等の送迎を行ってくれたことの報酬として75万5000円を渡したとしても不自然・不合理とまで認めることはできない。よって、Xに対する贈与と認めることはできないので、特別受益とするYの主張は採用できない。

コ　メ　ン　ト

1 遺留分の算定における特別受益の取扱い

特別受益となる生前贈与は、民法1044条が特別受益に関する同法903条3項の規定を準用していることから、遺留分算定の基礎財産として加算される（最高裁平成10年3月24日判決（民集52・2・433）はそのことを前提にしている。）。なお、平成30年法律72号により、民法1044条の準用規定は削除されたが、改正後の民法1044条3項において読み替えて適用される同条1項前段は、相続開始前の10年間にされたものに限り、遺留分算定の基礎財産に算入するとしている。

本事例は、被告から主張された6件の特別受益のうち、2件（本件保険②と現金）を特別受益として認めず、残り4件を特別受益として認めた。

2 遺留分の算定における持戻免除の意思表示の取扱い

本事例は、特別受益と認めた4件のうち、1件（土地の無償使用）については持戻免除の意思表示があったことを理由に、遺留分算定の基礎財産に算入しなかった。しかし、持戻免除の意思表示があった場合でも、特別受益を基礎財産として算入すべきかどうかについては議論があるところ、当然算入説が有力であって、そのことを明言す

第2章　特別受益をめぐる事例　　209

る判例もある（大阪高判平11・6・8判タ1029・259。遺産分割事件における最決平24・1・26判時2148・61）。よって、遺留分減殺請求事件において、特別受益の持戻免除の意思表示が問題となる場合には、上記の議論状況を踏まえた上で、十分な主張あるいは反論を行う必要があろう。

＜参考判例等＞

○民法903条1項の定める相続人に対する贈与は、同贈与が相続開始よりも相当以前にされたものであって、その後の時の経過に伴う社会経済事情や相続人など関係人の個人的事情の変化をも考慮するとき、減殺請求を認めることが同相続人に酷であるなどの特段の事情のない限り、民法1030条の定める要件を満たさないものであっても、遺留分減殺の対象となるものと解するのが相当であるとし、その理由として、民法903条1項の定める相続人に対する贈与は、すべて民法1044条、903条の規定により遺留分算定の基礎となる財産に含まれるところ、同贈与のうち民法1030条の定める要件を満たさないものが遺留分減殺の対象とならないとすると、遺留分を侵害された相続人が存在するにもかかわらず、減殺の対象となるべき遺贈、贈与がないために同人が遺留分相当額を確保できないことが起こり得るが、このことは遺留分制度の趣旨を没却するものというべきであるからであると判示した事例（最判平10・3・24民集52・2・433）

○被相続人が、相続人に対する贈与（特別受益）につき、持戻免除の意思表示をしている場合であっても、これを無視し、民法903条1項に定める贈与の価額は民法1030条に定める制限なしに遺留分算定の基礎財産に算入すべきであると判示した事例（大阪高判平11・6・8判タ1029・259）

○遺産分割事件において、遺留分減殺請求により特別受益に当たる贈与についてされた持戻し免除の意思表示が減殺された場合、持戻免除の意思表示は、遺留分を侵害する限度で失効し、当該贈与に係る財産の価額は、上記の限度で、遺留分権利者である相続人の相続分に加算され、当該贈与を受けた相続人の相続分から控除されるものと解するのが相当であるとして、各相続人の相続分を定めた事例（最決平24・1・26判時2148・61）

210 第2章 特別受益をめぐる事例

60 遺産分割事件の抗告審において、被相続人の相続人3名（妻、長女、二女）に対する株式の生前贈与による特別受益については、すべて黙示による持戻免除の意思表示を認めたが、他方、妻及び長女に対する不動産の生前贈与については、いずれも特別受益と認めた上で、そのうち妻の特別受益は持戻免除の意思表示を認めず、独立生活を営むのが困難な心身の状況にあった長女の特別受益に限って黙示による持戻免除の意思表示を認めた事例

（東京高決昭51・4・16判タ347・207）

当事者及び遺産の概要	
被相続人	A（死亡日不明）
相続人及び法定相続分	X：二女（抗告人）4分の1 Y1：妻（相手方）2分の1 Y2：長女（相手方）4分の1
遺産の額	9779万2013円
遺産の構成	株式、土地等

当事者の主張	
X（抗告人）	Y（相手方）
X（二女・抗告人）、Y1（妻・相手方）、Y2（長女・相手方）に対する株式の贈与による特別受益 ―― Y1及びY2に対する土地の贈与による特別受益 ――	X、Y1、Y2に対する株式の贈与による特別受益 ―― Y1及びY2に対する土地の贈与による特別受益 ――

事実経過（裁判所が認定した事実）	
S33.5	A（被相続人）がX（二女・抗告人）、Y1（妻・相手方）、Y2（長女・相手方）の3名に対して株式を、Y1及びY2の2名に対し土地を贈与した。この当時、Y2は強度の神経症により、40歳に達しながら未婚で、両親の庇護のもとに生活していた。
――	A死亡。
――	X、Y1、Y2は遺産の一部を分割した。

第2章　特別受益をめぐる事例　　211

原 審 の 判 断

1　X、Y₁、Y₂の3名に対する株式の生前贈与による特別受益について

　原審の判断は不明である。

2　Y₁、Y₂の2名に対する土地の生前贈与による特別受益について

　土地は、Y₁（妻・相手方）及びY₂（長女・相手方）がそれぞれ第三者から直接自らの資金をもって買い受けたものであって、A（被相続人）がY₁及びY₂に土地を贈与した事実ないしY₁及びY₂の買受け代金をAがY₁及びY₂に贈与した事実は認められない。

裁 判 所 の 判 断

1　X、Y₁、Y₂の3名に対する株式の生前贈与による特別受益について

　A（被相続人）のX（二女・抗告人）、Y₁（妻・相手方）、Y₂（長女・相手方）の3名に対する株式の生前贈与は、いずれも民法903条所定の生計の資本の贈与に当たり、いわゆる特別受益に該当する。

　しかし、AとY₁との間の長女であるY₂は大学卒業の翌年ころより強度の神経症となり、その後入院再発を繰返し、株式が贈与された昭和33年5月当時、40歳に達しながら結婚もできない状態で両親の庇護のもとに生活していたこと、特に母であるY₁がY₂の身の廻りの世話をしていて、将来にわたってその状態を続けなければならないことが予測されていたため、Aとしては株式の利益配当をもってY₂とY₁の生活の安定を計ろうとして株式の贈与を決意したものであることが認められ、しかも、その際、既に他に嫁入りしていたXに対しても株式の贈与を行っていることを考え合わせると、Aとしては、株式の生前贈与に当たり、Y₁、Y₂のみでなく、Xに対しても、いわゆる持戻免除の意思を少なくとも黙示的に表示したものと推認することができる。

2　Y₁、Y₂の2名に対する土地の生前贈与による特別受益について

　土地はいずれもAが第三者から買い受け取得したものであって、Aが買受け当時これを登記名義のとおりY₁及びY₂に対し、その生計の資本として生前贈与したものであることが認定できる。この認定に反する原審の判断は、Y₁及びY₂が自ら買受けを主張する昭和30年ないし33年当時これを買い受けるに十分な資力を有していたことを認めるに足りる証拠が他にないことに照らし採用できず、登記簿謄本の記載によっては認定を覆すに足りない。

212　　　第2章　特別受益をめぐる事例

　この生前贈与につき、Y₁に対しては、Aが民法903条3項所定の持戻免除の意思を表示した事実を認めるべき証拠が見当たらないが、上記のとおりY₂が強度の神経症のため独身のまま両親の庇護のもとに生活して来た者であり、その後も社会的活動によって独立した生計を営むことを期待することの困難な心身の状態にあったという状況下で、Y₁に対する4筆の土地と区別して特に1筆の宅地のみをY₂に贈与することにした点を考慮に入れれば、父AとしてはY₂に対する贈与については、その贈与に当たり、相続開始の場合にも持戻計算の対象とすることを免除する意思を少なくとも黙示的には表示したものと推認できる。

コ　メ　ン　ト

1　持戻免除の意思表示

　生前贈与の持戻免除の意思表示（民903③）は、特別の方式を必要とせず、明示であるか黙示であるかを問わない（高松家丸亀支審昭37・10・31家月15・5・85等）。実務上、明示の意思表示がある場合はほとんどなく、黙示の意思表示の有無が争われることが多い。そして、黙示であるがゆえに、それを証拠によって直接証明するのではなく、生前贈与に至った経緯や動機、被相続人と受贈者の関係、それらと他の相続人との関係などの事情を総合考慮して、黙示の意思表示を「推認」できるかどうかが判断されることになる（森野俊彦「特別受益持戻し規定の解釈と運用について」判タ1050号62頁）。

　上記の黙示の意思表示が認められるのは、持戻しによる利益を取得する合理的な事情がある場合である。本事例は、複数ある特別受益について、それぞれ上記の合理的事情があるかどうかを判断した。つまり、株式の生前贈与については、精神的障害により扶養を要する長女と、同人の面倒を見る妻（母）だけでなく、二女に対してもされていることから、各相続人に対しそれぞれ同程度の贈与をしたことを考慮して、黙示による持戻免除の意思表示を認めたものと解される。他方、不動産の生前贈与については、二女に対してはされていないことから、妻に対する不動産の生前贈与の特別受益（評価額8187万6900円）については持戻免除を認めず、特に扶養が必要な長女に対する特別受益に限って、上記の合理的な事情があるとして、黙示による持戻免除の意思表示を認めたものと解される。

相続人	一部分割による取得	生前贈与による持戻分	以上合計	法定相続分の価額	過不足
X	3952572	0	3952572	93378102	不足89425530

Y_2	58905144	0	58905144	同上	不足34472958
Y_1	37607900	81876900	119484578	同上	過26106476

　そして、遺産分割の結果としては、上記のとおり、すでに法定相続分を超える多額の生前贈与を受けた妻については具体的相続分をゼロとして遺産を取得させず、長女と二女のみに対して遺産を取得させるよう命じたことで、具体的な妥当な遺産の配分を図ったものと評価できる。

＜参考判例等＞

○特別受益の持戻免除の意思表示は、特別の規定もないから特別な要式を用いずに有効になされうると判示した事例（高松家丸亀支審昭37・10・31家月15・5・85）

214 第2章 特別受益をめぐる事例

61 遺産分割事件において、土地の無償使用による長男の特別受益（遺産総額の10%）、学費、挙式費用、土地購入資金、建物建築資金の贈与による長女の特別受益につき、それぞれ黙示による持戻免除の意思表示を認めた事例

（東京家審昭49・3・25家月27・2・72）

当事者及び遺産の概要	
被相続人	A（昭和42年7月26日死亡）
相続人及び法定相続分	X_1：妻（申立人）9分の5（昭和55年改正前の法定相続分9分の3に、亡三男の法定相続分9分の2が加わったもの） X_2：長女（申立人）9分の2 Y：長男（相手方）9分の2
遺産の額	1653万9200円（相続開始時） 3956万7450円（遺産分割時）
遺産の構成	土地2筆（2筆に跨ってY所有建物がある。）

当事者の主張	
X（申立人）	Y（相手方）
土地の無償使用によるY（長男・相手方）の特別受益 ――	土地の無償使用によるYの特別受益 ――
学費等の贈与によるX_2（長女・申立人）の特別受益 ――	学費等の贈与によるX_2の特別受益

事実経過（裁判所が認定した事実）	
S21頃	A（被相続人）が学校教員を退職した。Y（長男・相手方）が戦地から帰還した。
S22.6	Yが婚姻した。
S24.1	Aが土地64.99坪を購入し、旧家屋を建築した。
S28	Aの土地64.99坪のうち6.32坪が帝都高速度交通営団に線路敷地として買収され（残部58.67坪が遺産1）、代替地として6.32坪（遺産2の1）が交付された。Aはその買収資金で旧家屋を増築し、その一部を間貸しして賃料収入を得た。

第2章　特別受益をめぐる事例　　215

S30.8	X₂（長女・申立人）が上記営団からX₂土地30坪（購入資金36万円の一部はAが支出）、Aが土地4.82坪（遺産2の1）の払下げを受け、さらにAが0.7坪（遺産2の3）の払下げを受けた。
S31.4	X₂が婚姻したが、その挙式費用10万円をAが支出した。
S31.秋	X₂がX₂土地上にX₂家屋を建築。その購入資金の一部31万円余りをAが拠出した。
S42	Yが土地（遺産1及び2）上にY家屋を建築した。Y家屋では、Aも同居し、三男が療養生活を始めた。
S42.7	Aが死亡した（相続開始）。
S44.4	三男が死亡した（相続人は直系尊属であるX₁（妻・申立人）のみ）。
S48.2	本件遺産分割事件の申立てをした。

裁　判　所　の　判　断

1　土地の無償使用によるYの特別受益について

　Y（長男・相手方）が昭和42年に「Y家屋」建築につきA（被相続人）の承諾を得たのは、「旧家屋」を取り壊して建て直す趣旨であり、建て直し後の新家屋はYの所有となるが、Yが父A、母X₁（妻・申立人）、三男と同家屋において同居し、長男としてこれら家族の面倒を見るということが前提になっているのであって、特に「旧家屋」のうち昭和28年に増築された2階建部分をも取り壊すことについては、「Y家屋」のうち、これに相当する部分をAの所有と同視し、その使用収益をAに委ねることの黙示的合意があったと推認される（したがって、この部分にAが居住し、一部を間貸しして賃料収入を得たことも、Yがこれによって Aを扶養したと見る必要はない。）。そのようなことの代償として、Aは遺産たる土地を「Y家屋」の敷地として無償使用することを許諾したものであるから、同土地使用の権原は一種の負担付使用貸借上の権利に基づくものであり、その負担の関係はAの死亡による相続開始後も母X₁、三男が生存し、その必要の存する限り継続するが、その必要のなくなったのちも、「Y家屋」所有のため必要な期間内は単純な使用貸借として残存するものというべきである。もし上記土地使用の関係が賃貸借であるなら、そこに借地権としての価額が生じ、これが生計の資本としてAからYに贈与されたことになるが、上記のような属人的関係にもとづく負担付使用貸借は特にこれについての価額を算定することができず、したがってこれを生計の資本としての特別受益そのものとみることは相当でない。

　本件土地上には現実に「Y家屋」が建築されている以上、建付地として標準価格より10%減価されたものとみる鑑定の評価は相当であり、この減価分は特別受益に準ずることになるが、前記で認定した事実関係のもとにおいては、Aは民法903条3項にい

う持戻義務免除の意思を表示したものというべく、もちろんその意思表示はその余の相続人の遺留分に関する規定に反するものではないから有効である。

2 学費等の贈与によるX₂の特別受益について

X₂（長女・申立人）の学費及び嫁資並びに帝都高速度交通営団からの「X₂土地」の買受代金の一部及び「X₂家屋」建築資金の一部をAが出捐したことは、いずれも特別受益に該当するが、上記のYに対する遺産たる土地に「Y家屋」を建築するための土地使用許諾の関係と対比するときは、Aは同様に持戻義務免除の意思を表示したものというべきである。

コ　メ　ン　ト

1 持戻免除の意思表示

生前贈与の持戻免除の意思表示（民903③）は、特別の方式を必要とせず、明示であるか黙示であるかを問わない（高松家丸亀支審昭37・10・31家月15・5・85等）。実務上、明示の意思表示がある場合はほとんどなく、黙示の意思表示の有無が争われることが多い。そして、黙示であるがゆえに、それを証拠によって直接証明するのではなく、生前贈与に至った経緯や動機、被相続人と受贈者の関係、それらと他の相続人との関係などの事情を総合考慮して、黙示の意思表示を「推認」できるかどうかが判断されることになる（森野俊彦「特別受益持戻し規定の解釈と運用について」判タ1050号62頁）。

上記の黙示の意思表示が認められるのは、持戻しによる利益を取得する合理的な事情がある場合である。本事例は、土地の無償使用による長男の特別受益については、長男として、父である被相続人、母、三男と同居し、これら家族の面倒を見るということが前提になっており、その使用権原が「一種の負担付き使用貸借上の権利」であることを考慮して、黙示による持戻免除の意思表示を認めたものと解される。また、土地購入資金等の贈与による長女の特別受益については、上記の長男が家屋を建築するための「土地使用許諾との対比」との理由で、黙示による持戻免除の意思表示を認めたが、これは相続人間の衡平を考慮したものと解される。

＜参考判例等＞

○特別受益の持戻免除の意思表示は、特別の規定もないから特別な要式を用いずに有効になされうると判示した事例（高松家丸亀支審昭37・10・31家月15・5・85）

第 3 章
寄与分をめぐる事例

218

第3章　寄与分をめぐる事例　　219

第1　相続人以外の者の寄与行為

62　被代襲者の寄与に基づき代襲相続人に寄与分を認めることも、相続人の寄与と同視できる場合には、相続人の寄与分として考慮することも許されるとした事例

（東京高決平元・12・28家月42・8・45）

当事者及び遺産の概要	
被相続人	A　（昭和50年12月23日死亡）
相続人及び法定相続分	X：二男（抗告人・原審相手方）6分の1 Y₁：妻（相手方・原審申立人）3分の1 Y₂：長女（相手方・原審相手方）6分の1 Y₃：二女（相手方・原審相手方）6分の1 Y₄：長男の長女（相手方・原審相手方）12分の1：Y₅に相続分譲渡 Y₅：長男の長男（相手方・原審相手方）12分の1
遺産の額	2140万9794円
遺産の構成	不動産、預貯金、電話加入権、農協出資金

当事者の主張	
X（抗告人・原審相手方）	Y₄・Y₅（相手方・原審相手方）
農業維持、協力による寄与分：被代襲者死亡後の被代襲者妻の農業従事の事実を寄与とすることは認められない。 　X（二男・申立人）らがA（被相続人）の扶養から離れたことによって遺産減少を防いだこと、またXが1年間農業を手伝ったことや農機具購入代金を負担していることも寄与と言える。	農業維持、協力による寄与分：被代襲者のみならず、被代襲者死亡の前後、同人の妻であり代襲相続人の母親が農業に従事したことによる寄与分を認めるべきである。

事実経過（裁判所が認定した事実）	
S2	A（被相続人）、Y₁（妻・相手方・原審申立人）と結婚。
S13頃及び	A、不動産を売買により取得し、Y₁と共に農業を営む。

S21〜25	B（長男・被代襲者）は中学卒業後、A及びY₁と共に農業に従事し、婚姻後は妻C共々、A・Y₁と同居し、農業に従事する。
S24頃〜	長男B死亡。
S44.12.17	Cは引き続き、A・Y₁と同居し、Y₄・Y₅（Bの子ら・相手方・原審相手方）を育てながら農業に従事する。
S50.12.13	A死亡。

原 審 の 判 断

1 農業維持、協力による寄与分について

　B（長男・被代襲者）は中学卒業後ただちに家業である農業に従事し、妻Cと結婚してからもA（被相続人）の許にとどまり、Cと一緒に農業に従事してきた。B死亡当時、Aは64歳、Y₁（妻・相手方・原審申立人）は60歳であった。Bの妻であるCはB死亡後もAらと同居し、2人の子供を養育しながら農業に従事し、またA死亡後も現在に至るまで農業に従事しておりA方の農業の主体はCであったと見るのが相当である。以上より、B及びCの働きがなければ、Aに属した現在の遺産が減少していたことは明らかであり、B及びCの働きは遺産の維持に寄与したものというべく、その寄与の程度は現遺産の半額とするのが相当である。Cの働きはB死亡の前後を通じて遺産の維持に貢献したものであるが、上記はBの相続分を代襲相続したY₄（Bの長女・相手方・原審相手方）、Y₅（Bの長男・相手方・原審相手方）の取得分については一体として考慮されるべきである。

裁 判 所 の 判 断

1 農業維持、協力による寄与分について

　寄与分制度は、被相続人の財産の維持又は増加につき特別の寄与をした相続人に、遺産分割に当たり、法定又は指定相続分を超えて寄与相当の財産額を取得させることにより、共同相続人間の衡平を図ろうとするものであるが、共同相続人間の衡平を図る見地からすれば、被代襲者の寄与に基づき代襲相続人に寄与分を認めることも、相続人の配偶者ないし母親の寄与が相続人の寄与と同視できる場合には相続人の寄与分として考慮することも許されると解するのが相当である。

　本事例についてみると、被代襲者たるB（長男）が中学卒業後農業後継者として相続財産の増加・維持に寄与した事実及びCがBの配偶者として農業に従事し、B死亡後もA（被相続人）らと同居の上、Bの遺志を継いで農業に従事して相続財産の維持に寄与した事実を、Y₄（Bの長女・相手方・原審相手方）及びY₅（Bの長男・相手方・原審相手方）の寄与分として認めることは寄与分制度の趣旨に反するものではないと解される。

第3章　寄与分をめぐる事例　　221

コ　メ　ン　ト

　本決定は、被代襲者の寄与に基づき代襲相続人に寄与分を認めること、また、相続人の配偶者や母親の寄与が相続人の寄与と同視できる場合には、配偶者等の寄与を含めて相続人の寄与分を認めることを肯定した裁判例である。

　本決定においては、被代襲者が、生前、家業である農業に従事して相続財産の維持に寄与したこと及び被代襲者の配偶者である代襲相続人の母親が、被代襲者死亡の前後を通じて家業の農業に従事し、被代襲者の死亡後には同人が被相続人方の農業経営の主体であったとの事実認定があり、その上で、共同相続人間の公平を図ろうとする寄与分制度の趣旨に照らし、上記の通りの判断が示されたものである。

　被代襲者の寄与については、代襲者は被代襲者の寄与により修正された相続分を取得するものであるから代襲相続人は被代襲者の寄与分を主張することができるとするのが多数説である。

　一方、相続人の配偶者等の寄与を相続人が自分の寄与として主張できるとする説には疑問を呈する見解があった。しかし、寄与分の請求は相続人にのみ認められているものの、現実には相続人の配偶者等が寄与を行っていることは多く、このように相続人と密接な身分関係のある者が行った寄与が相続人の寄与と同視しうる場合には、相続人がこれを自己の寄与に含めて主張することが共同相続人間の衡平を図ろうとする寄与分制度の趣旨に適うものであり、このような寄与分の請求も肯定してよいとする見解もあり、本審判も同様の理解により、Y_4（Bの長女・相手方・原審相手方）、Y_5（Bの長男・相手方・原審相手方）の寄与分請求において、実質的には被代襲者の妻であり、かつ代襲者の母親Cの寄与による寄与分を認めたものである。

　相続人以外の者の貢献を遺産分割においてどのように扱うべきかについては、立法的解決を求める要請が強かったが、今般、相続法の見直しに伴う民法改正によって、特別寄与料の制度が導入され、民法904条の2による寄与分を定める手続とは別に、相続人に対して寄与に応じた額の金銭を請求するための手続が設けられた（改正民1050）。なお、平成30年法律72号改正後の民法の下で、新しい手続によることなく、相続人の寄与と同視する従来の考え方に依拠して寄与分を請求することができるかについては議論がある。

222　第3章　寄与分をめぐる事例

63　相続人の妻の行った献身的看護につき、相続人の補助者又は代行者として遺産の維持に特別の寄与がなされたものであると認め、これを相続人の寄与分とした上で、遺産総額や療養看護の期間等の事情を総合的に考慮して裁量的に寄与分額を評価した事例

（神戸家豊岡支審平4・12・28家月46・7・57）

当事者及び遺産の概要

被相続人	A（昭和51年7月6日死亡）
相続人及び法定相続分	X：長男（申立人）3分の1 Y₁：二男（相手方）3分の1 Y₂：長女（相手方）3分の1
遺産の額	851万7000円（相続開始時） 1115万7000円（遺産分割時）
遺産の構成	不動産（土地）

当事者の主張

X（申立人）	Y（相手方）
療養看護による寄与分：X（長男・申立人）の妻BによるA（被相続人）の療養看護。	療養看護による寄与分 ――

事実経過（裁判所が認定した事実）

S25頃	A（被相続人）は、それまで従事していた農作業をX（長男・申立人）に任せ、花売りの行商に従事するようになる。
S44頃	Aの高血圧と心臓病が悪化したことから、花売りの行商を止め、以後Xに扶養されるようになる。
S48末	Aが寝たきりとなり、自宅療養となる。B（申立人Xの妻）が専らその付添看護を行う。
S49.3～	Aの病状が進行し、垂れ流しの大小便の世話のため、Bは30分以上の外出をすることができなくなる。
S50.12～	Bは昼夜を問わず、付きっきりでAの看護に当たる。
S51.7	A死亡。

第3章　寄与分をめぐる事例　　223

裁 判 所 の 判 断

1　療養看護による寄与分について

　A（被相続人）は、昭和44年頃、高血圧と心臓病が悪化したことから、花売りの行商を止め、以後はX（長男・申立人）に扶養されていた。昭和48年末ころからは、上記持病に老衰も加わって、寝たきりの状態となった。近隣には入院できる病院はなく、またAも入院を嫌ったため、自宅療養し、B（申立人Xの妻）が専らその付添看護を行っていた。Bは、Aの病状が進行した昭和49年3月頃からは、垂れ流しの大小便の世話のため、30分以上の外出をすることができなくなり、Aの発作の危険が増した昭和50年12月頃からは、昼夜、Aの傍に付きっきりで看護した。そのため、Bは、慢性的睡眠不足となり、Aの死後、長期間の看護疲れから自律神経失調症を患ったほどであった。

　以上のようなBのAに対する献身的看護は、親族間の通常の扶養の範囲を超えるものがあり、そのため、Aは、療養費の負担を免れ、遺産を維持することができたと考えられるから、遺産の維持に特別の寄与貢献があったものと評価するのが相当であるところ、上記看護は、Xの妻として、Xと協力しあい、Xの補助者又は代行者としてなされたものであるから、本件遺産分割に当たっては、Xの寄与分として考慮すべきである（なお、本事例は、昭和55年法律51号「民法及び家事審判法の一部を改正する法律」施行前の事案であるが、寄与分を考慮することは、同法律施行前の民法によっても、解釈上是認される。）。

　上記寄与分の価格は、相続開始時において、120万円と評価するのが相当である（昭和49年3月以降概ね28か月として、死亡直前の6か月を月9万円程度、その余の22か月を月3万円程度が通常の扶助を超える部分の評価とした。）。

コ メ ン ト

　本事例は、寄与分制度施行前の事案であるが、A（被相続人）の療養看護について、X（長男・申立人）の妻Bの貢献につき、Xの補助者又は代行者として遺産の維持に特別な寄与がなされたものであると認め、これをXの寄与分として考慮して遺産分割をした事例である。

　療養看護型の寄与分が認められるために、「被相続人との身分関係に基づいて通常期待される程度を超える特別の寄与」である必要があり、その一要件として、被相続人の病状が近親者による療養看護を必要とする状態であったことの検討が必要であるが、これについては「介護保険における要介護度2以上の状態にあることが1つの目安になる」とされている（片岡武・菅野眞一『家庭裁判所における遺産分割・遺留分の実務［第3

版]』353頁（日本加除出版、2017））。本事例は、介護保険制度施行前（平成12年3月以前）の寄与であるが、Aの病状が進行した昭和49年3月ころには、Aは寝たきりで、排泄の世話も手助けが必要な状態であり、Bが30分以上の外出ができない程、常時介護を要する状態であったことから、要介護認定を受けていれば、要介護2以上の状態であるとの判断がなされていたものと思われる。本事例も、Aが上記の状態となって以後の期間の療養看護を特別な寄与としている。

　上記のとおり、特別の寄与は「被相続人との身分関係」において判断がなされるが、本事例のように、Bの貢献をXの寄与分とする場合、判断の前提としての身分関係は、AとBの間の身分関係となるか、それともAとXとの間の身分関係となるのかは問題となる。ＡＢ間においては、民法730条の同居の親族としての扶け合いの義務が定められているが、ＸＡ間においては、同扶け合いの義務に加え、直系血族関係としての民法877条1項の扶養義務が定められている。本事例は、「BのAに対する献身的看護は、親族間の通常の扶養の範囲を超える」としているところ、BのAに対する親族間の扶け合い義務に基づき寄与分を判断しているとも思われる。この点について、BはあくまでXの補助者又は代行者であり、Bの貢献をXの寄与分として考慮するのであるから、ＡＸ間の扶養義務を前提として、同義務を超えた貢献であるか否かを判断すべきではないかとの意見もある（辻朗「申立人の妻による被相続人に対する療養看護と寄与分」判タ871号71頁）。

　療養看護行為の評価方法については、療養看護行為の報酬相当額（日当）に看護日数を乗じ、それに裁量割合を乗じて算出するのが一般的であるが、本事例はこのような方法によらず、「死亡直前の6か月を月9万円程度、その余の22か月を月3万円程度」として「120万円と評価するのが相当である」としている。これを日当として換算すると、死亡直前の6か月につき約2903円、その余の22か月につき約967円となるが、これは当時在宅看護の報酬の参考とされていた「家政婦報酬」と比して、低額である。本事例においては、本件相続開始時の遺産の総額が851万7000円であったこと、また寄与分として認定された療養看護期間が、約2年5か月であったこと等の事情から、裁判所が月額の看護報酬金を設定し、裁量的に判断をしたものといえる。

　なお、相続人以外の者による特別の寄与制度については、事例62を参照。

＜参考判例等＞
○10年間の療養看護につき、看護婦・家政婦紹介所の協定料金を基礎にし、その60％を寄与
　分として定めた事例（盛岡家審昭61・4・11家月38・12・71）
○被相続人の長男の妻（被相続人の養女）の相続人に対する3年半の療養看護につき家政婦賃

金を基礎にし、その60％を寄与分として認めた事例（療養看護のほか、家業の農業への従事、工員として得た収入による扶養それぞれの態様ごとの寄与分を算定している。）（盛岡家一関支審平4・10・6家月46・1・123）

○相続人の妻子による介助行為を無償の寄与行為として、看護補助者による看護料金一覧表を参考にし、その70％を寄与分として認めた事例（東京家審平12・3・8家月52・8・35）

○常時の見守りが必要となった後の期間の介護につき、1日8000円程度と評価して寄与分を算出した事例（大阪家審平19・2・8家月60・9・110）

○看護婦家政婦紹介所の標準賃金表を参考に寄与分を算出（約600万円）し、その他一切の事情を考慮した上で、寄与分を遺産総額の3.2％強の750万円と定めた事例（大阪家審平19・2・26家月59・8・47）

○被相続人の農業の手伝い、療養看護、遺産の維持形成のための費用の支出等を理由として寄与分を認めたが、その寄与分を遺産総額の30％とする原審の判断は過大であるとして、遺産総額の15％と変更した事例（大阪高決平19・12・6家月60・9・89）

○相続人の妻による履行補助者としての療養看護及び相続人自身の金銭援助を相続財産の維持増加に対する寄与と評価し、その程度をそれぞれ金銭に換算して合計400万円の寄与を認めた事例（東京高決平22・9・13家月63・6・82）

226　　第3章　寄与分をめぐる事例

64

相続人の妻による履行補助者としての療養看護及び相続人自身の金銭援助を相続財産の維持増加に対する寄与と評価し、その程度をそれぞれ金銭に換算して合計400万円の寄与分を認めた事例

（東京高決平22・9・13家月63・6・82）

当事者及び遺産の概要	
被相続人	A（平成11年死亡）
相続人及び法定相続分	X：長男（抗告人・原審相手方）2分の1 　　二男（原審脱退前相手方） Y：長女（相手方・原審申立人）2分の1
遺産の額	3062万0738円
遺産の構成	不動産（土地、建物）、預貯金等

当事者の主張	
X（抗告人）	Y（相手方）
療養看護による寄与分：Xの妻BによるA（被相続人）の入院中の看護及び退院後死亡までの間の介護。 2847万円（××地区の介護家政婦の平均時給1500円×4時間（/1日）×365日×13年間）。 **金銭援助による寄与分**：昭和42年から昭和55年までの間、給与全額をA夫妻に渡し、その半分程度を小遣いとしてもらうだけであった。 466万9000円（A夫婦に渡した給与総額933万8000円÷2（小遣い分を控除））。	**療養看護による寄与分**：Aは死亡2、3か月前まで起居、自立歩行が可能であった。また、Xとその妻Bは、日中仕事やパート等のため外出しており、XはAと不仲であったから、同居の親族として行うべき扶養義務を超える介護はされていない。 **金銭援助による寄与分**：Xが給与をA夫婦に渡していたということは聞いたことがない。

事実経過（裁判所が認定した事実）	
S23	A（被相続人）がCと婚姻。X（長男・抗告人）出生。
S25	二男（原審脱退前相手方）出生。
S27	Y（長女・相手方）出生。
S42〜S55	X勤務先からの給与全額の管理を原則としてA夫婦に任せる（YはS51、二男はS52にそれぞれ婚姻）。

第3章　寄与分をめぐる事例　　227

S55	X婚姻。
S59	X離婚。
S59～S61	X再び勤務先からの給与全額の管理をA夫婦に任せる。
S60	Aの妻C死亡。
S61	XがBと再婚。
	X再婚の翌月、A脳梗塞で倒れる。
S62	A退院。右半身不随のため身体障害者2級の認定。
	以後、Xの妻Bが通院の付添いや入浴の介助などの日常的な介護に当たり、
	A死亡までの半年間は失禁の処理も行う。
H11	A死亡。
H16	二男は、相続分を放棄し、原審審判手続に先立つ遺産分割調停事件において
	脱退届提出。

原　審　の　判　断

1　療養看護による寄与分について

　相続人中X（長男・抗告人）のみが成人後も継続してA（被相続人）所有の不動産でAと生活してきたこと、介護期間中のAは一日中付添いが必要な状態ではなかったこと、入院中の付添いによる拘束時間は長かったが、付添介護期間が長期にわたるとまではいえないことなどの事情に鑑み、Xの妻Bが同居の直系親族として通常期待される扶養義務の範囲を超える療養看護をしてきたとまでは評価できない。

2　金銭援助による寄与分について

　Xが小遣いを渡され、食事の提供を受け、日用品、衣類等を購入してもらっていたこと、A夫婦が少なくとも子らが就職・独立した後は生活に十分な収入を得ていたこと、遺産はAが相続により取得した不動産のほか300万円程度の預貯金のみであることなどの事情を考慮すると、遺産の維持増加との因果関係を認めることはできない。

裁　判　所　の　判　断

1　療養看護による寄与分について

　A（被相続人）は、X（長男・抗告人）の妻であるBが嫁いで間もなく脳梗塞で倒れて入院し、付添いに頼んだ家政婦がAの過大な要望に耐えられなかったため、Bは、少なくとも3か月間はAの入院中の世話をし、その退院後は右半身不随となったAの通院の付添い、入浴の介助など日常的な介護に当たり、更にAが死亡するまでの半年の間は、Aが毎晩失禁する状態となったことから、その処理をする等Aの介護に多くの労力と時間を費やした。Aが入院した期間のうち約2か月は家政婦にAの看護を依

頼し、Aは、在宅期間中は入浴や食事を作ることを除けば、概ね独力で生活する能力を有していたことが認められるが、BによるAの入院期間中の看護、その死亡前約半年間の介護は、本来家政婦などを雇ってAの看護や介護に当たらせることを相当とする事情の下で行われたものであり、それ以外の期間についてもBによる入浴の世話や食事及び日常の細々した介護が13年余りにわたる長期間にわたって継続して行われたものであるから、BによるAの介護は、同居の親族の扶養義務の範囲を超え、相続財産の維持に貢献した側面があると評価することが相当である。そして、BによるAの介護は、Xの履行補助者として相続財産の維持に貢献したものと評価でき、その貢献の程度を金銭に換算すると、200万円を下ることはないというべきである。

2　金銭援助による寄与分について

　Xは、少なくとも昭和42年から昭和55年まで及び昭和59年からBと婚姻する昭和61年までの間、原則として勤務先から支給される給与の全額をいったん家計に入れて（Y及び二男については、それぞれの収入を家計に入れることがあったとは認められない。）、昭和60年に母Cが死亡するまでの間はCに、以後はAにその管理を任せて苦しい家計を助けていたことが認められる。したがって、Xは、Aの相続財産の維持及び増加に寄与したものということができる。もっとも、Xが家計の中から必要な小遣いをもらい、時にはそれがXの給与の額を超える額となったことがあり、Xが家庭で生活する際の日常の食費、被服費、光熱費等の出費は家計から賄われていたこと、Xが家計に入れた収入の一部はX名義の金融資産となった可能性があることも認められるから、その寄与の程度を具体的に確定することは困難であるが、少なくとも現在の貨幣価値に換算して200万円を下ることはないという程度の推定は可能である。

コ　メ　ン　ト

　療養看護に関し、原審は、本事例と同様の事実認定の下、X（長男・抗告人）の妻Bの苦労が相当なものであったと評価したが、上記の理由によって、これは「相続分の修正要素たる特別の寄与には該当しない」とした。療養看護型の寄与分の一要件として、被相続人の病状が近親者による療養看護を必要とする状態であったことの検討が必要であり、これについては「介護保険における要介護度2以上の状態にあることが一つの目安になる」とされている。また、入院中の付添看護については、近親者による付添看護の必要性が認められる場合に限定される。本事例では、入院期間中の約3か月の付添看護及び死亡前約半年間の介護は上記要件に該当しているが、その他の期間は必ずしも該当しているとはいえない。原審はこれに着目しているが、本事例は、

要件に非該当と思われる期間についても、Bが13年余りにわたり継続して介護等を行ったことを考慮し、全体として「相続財産の維持に貢献した側面がある」と評価している。なお、療養看護型の寄与分の評価方法は、一般的に家政婦報酬等（日給額）に看護日数を乗じ、事情に応じて適宜修正割合を乗する方法が採られているが、遺産総額のうちの一定額又は一定割合を寄与分とする例もある（事例63、86参照）。Xは、家政婦報酬を基準としているが、主張する寄与分額は遺産総額に比べ「相続分の修正要素」としては過大であり、これが認められることは難しいであろう。

　家計援助に関する寄与分について、本事例は、Xがどの程度家計援助したか具体的に確定することは困難だとしながら、200万円の寄与分を認めている。これは、寄与分が「相続分の修正要素」であり、相続人間の実質的平等を図るための制度であることを基本とする裁判所の裁量的考慮の表れと理解できよう。

　なお、本事例は、Yに取得させた建物について、Xが一時使用目的で本事例確定の日から2年間賃借権を有するものとし、併せて、Xに賃料月額5万円の支払を命じている。遺産分割に伴う付随処分の例として参考になろう。

230　　第 3 章　寄与分をめぐる事例

第 2　寄与分行為
1　特別の寄与

65　被相続人の配偶者が、遺産の形成につき、夫婦の協力義務に基づく一般的な寄与をしたとしても、法定の相続分以上の遺産を取得させることはできないとした事例

（高松高決昭48・11・7家月26・5・75）

当事者及び遺産の概要	
被相続人	A（死亡年不明）
相続人及び法定相続分	X_1：孫（養子の子）（抗告人）9分の1 X_2：孫（養子の子）（抗告人）9分の1 Y_1：妻（相手方）9分の3 Y_2：養子（相手方）9分の2 Y_3：養子（相手方）9分の2
遺産の額	1億4050万円（遺産不動産の換価代金）
遺産の構成	不動産（ただし、原審にて換価済）

当事者の主張	
X（抗告人）	Y（相手方）
寄与分について：原審が、分割の対象となるべき財産を法律的根拠も示さず、漫然とY_1（妻・相手方）の寄与分として相続財産の換価代金の利息をY_1の単独所有とすると判断したのは不当である。また、Y_1の寄与の内容と、寄与分として与えられる金額が不明確である。	──

事実経過（裁判所が認定した事実）	
M45頃	A（被相続人）とY_1（妻・相手方）が婚姻する。 Aは下級船員から身を起こし船具商を営む。 A・Y_1夫婦は、X_1とX_2（孫・養子の子・抗告人）の両親、及びY_2、Y_3（養子・相手方）を順次養子にし、Y_1は家政を処理しながら上記養子の養育に当たる。

T11〜S18頃	A、本件遺産である土地建物を取得する。
S23.8	X_1 と X_2 の母が、A・Y_1 夫婦と協議離縁
──	A死亡
S43.9.23	相続人ら「共同相続人による遺産運営方針の議事録」に署名捺印する。
S43.12.3	遺産不動産の中心をなす本宅につき相続人共有名義に相続登記する。
	その後、同不動産に債権者を国とする相続税分納のための抵当権を設定。
S44.1	Y_1 遺産分割調停申立て。

原　審　の　判　断

1　寄与分について

遺産形成に対する Y_1（妻・相手方）の寄与を認め、これを分割すべき遺産から除外すべきものとして、遺産管理人による遺産の換価代金1億4050万円に対する銀行預入時より審判確定後 Y_1 に対する分割金交付時までの預金利息を寄与分相当として遺産分割の対象から除外した。

2　遺産分割の方法について

遺産管理人を選任のうえ、本件遺産（複数の不動産）の一括換価を命じ、換価処分後の代金を分割することにした。

裁　判　所　の　判　断

1　寄与分について

「本件遺産の形成について妻である Y_1（妻・相手方）の内助の功が大いに寄与貢献したであろうことを否定することはできない。

しかしながら、夫婦の一方が婚姻中に自己の名で得た財産は、民法上その特有財産とされており、その財産取得について相手方配偶者の協力寄与があった場合にも、民法には別に財産分与請求権、相続権ないし扶養請求権等の権利が定められていて、特段の事情がない限り、これらの権利を行使することにより結局夫婦間の実質上の不平等が生じないように立法上の配慮がなされているのである。そして、事柄を、遺産形成についての他方配偶者の寄与に関して考えるならば、夫婦の協力義務にもとづく一般的な寄与にもとづき、寄与配偶者の遺産中に占める潜在的な持分は、相続分の形で定型化されているものと考えられるので、一般的な寄与をしたことを根拠として、寄与配偶者に対し法定の相続分以上の遺産を取得させることはできないというべきである」。

「（Y₁の）寄与は夫婦の協力義務にもとづく一般的な寄与の程度をこえるものではないと認められる（事業の共同経営など一般的な寄与の程度をこえる特段の寄与をしたことを認める資料はない。）ので、寄与分を考慮することにより法定の相続分以上の遺産を同人に取得させることはできない。」

2　遺産分割の方法について

「遺産の分割は現物分割を本則とし、可能な限り、遺産の現物を各相続人の手中に帰属させるように配慮すべきであることは勿論であるけれども、現物により分割することが著しく困難であるとか、著しく価格を減損するとか、その他現物により分割するのを不適当とする事情があるときは遺産の全部または一部を換価し、その換価代金により価格分割をすることも許される。」

コ　メ　ン　ト

本裁判は、「民法及び家事審判法の一部を改正する法律」（昭和55年法律51号）によって現行民法904条の2に定める寄与分制度が施行される前に発生した相続に関する事例である。

本決定当時にあっても、相続人が被相続人の遺産の維持増加について特別の寄与をした場合、共有、あるいは不当利得の理論を用いて遺産から上記寄与分を除外することができる等として、裁判において寄与分が認められる傾向にあったところ、本決定は配偶者に寄与分を認める場合の要件を示したものである。

本決定は、相続人が「事業の共同経営など一般的な寄与の程度を超える特段の寄与をしたこと」が認められれば、遺産分割において寄与分を考慮して寄与者に法定相続分以上の遺産を取得させる余地があることを前提としつつ、Y₁（妻・相手方）には、本件遺産の形成について、妻としての夫婦の協力義務に基づく一般的な寄与の程度を超える寄与貢献が認められないとして、Y₁の寄与分を考慮した原審判を取り消した。

現行民法904条の2第1項は、寄与分の要件として「特別の寄与」があることを求めている。被相続人と相続人の身分関係に基づいて通常期待されるような程度の貢献（本決定にいう「一般的な寄与」）は相続分の定め自体において評価されていることから、相続分の修正要素として扱う必要がないからと解されている。

本決定が判示した上記配偶者に寄与分が認められる要件は、現行寄与分制度の下でも妥当するものであり、参考となる。

また、本事例では、原審において中間処分として遺産換価が命ぜられ、遺産管理人が遺産不動産の全部を任意売却している。遺産分割手続中に、遺産の全部又は一部を

換価する必要の生じることがあり、前記昭和55年法改正前も旧家事審判規則（以下「旧家審規」という。）107条に審判手続中の換価について規定がおかれており、原審は同条に基づいて換価を命じたものであった（なお、旧家審規107条による換価については手続不明確などの不備が指摘されており、前記昭和55年法改正により内容の整備が図られ、これが基本的には現行の家事事件手続法にて維持されている（家事194等））。

　本決定は、中間処分たる遺産の換価が、具体的にどのような場合において「遺産分割の審判をするため必要がある」と認められるのかについて参考になると思われる。

234 第3章 寄与分をめぐる事例

66 配偶者が被相続人の生活費負担をしたことは通常の扶助義務の範囲内にとどまるとして、配偶者の寄与分を否定した事例

（神戸家姫路支審昭46・2・12家月23・11−12・98）

当事者及び遺産の概要	
被相続人	A（昭和40年7月15日死亡）
相続人及び法定相続分	X：妻（申立人）3分の1 Y：子（相手方）3分の2
遺産の額	2558万9062円
遺産の構成	土地、建物、株式、出資金等

当事者の主張	
X（申立人）	Y（相手方）
生活費負担による寄与分：X（妻・申立人）は、A（被相続人）と婚姻以来、Aが死亡するまで一貫して同居生活をしてきた。Aは婚姻当初から老年と病弱のため働くことができず収入がないため、Xは遺産である建物で雑貨の小売業を始め、その収益とXの恩給を被相続人らの生活費及び遺産の不動産の公租公課、管理費用に充ててきた。Xは、生活費等の負担により、遺産の維持に大きな寄与をしたのだから、分割に当たっては寄与分を考慮するべきである。	──

事実経過（裁判所が認定した事実）	
T5頃	Y（子・相手方）、A（被相続人）の婚外子として出生。以後、短期間を除いてAと同居、生活をともにすることなく過ごす。
S26.6	AとX（妻・申立人）が婚姻。以来、夫婦として生活をともにする。
S28.3〜	X、遺産である建物で小売業を始める。小売業は主としてXが営んでいたが、Aも時折助力した。X及びAは、前記小売業の収入及びXの恩給で生活してきた。
S40.7.15	A死亡。

第3章　寄与分をめぐる事例　　235

裁 判 所 の 判 断

1　生活費負担によるＸの寄与分について

「夫婦は相互に同居協力扶助する義務を有し、その資産、収入等に応じて夫婦共同生活から生ずる費用を負担する義務を有する（民法752条、760条を参照）から、一方が他方の生活に協力し、扶助をしたとしても、それが配偶者として通常の協力扶助の範囲内にとどまる限り、他方の死後、遺産分割にあたり、自己の負担した分につき不当利得として遺産から償還を求めるとか、自己の負担した額に応じた潜在的持分を他方の特有財産のうえに取得し、右部分を分割にあたり遺産の範囲から控除するとかの形式で、自己の他方の生活に対する寄与分の清算を求めることはできないと解せられる。むしろ、かかる通常の協力扶助の範囲内の寄与は、遺産相続にあたり、配偶者が他方の遺産の上に法定相続分に相当する持分を取得することによって定型的に清算されることを法は予定して配偶者の相続権を定めているものというべきである。」「Ｘ（妻・申立人）とＡ（被相続人）の収入中、Ｘの寄与分の占める割合がＡの寄与分よりも大きいから、Ｘの寄与分の一部がＡの日常の生活費（医療費、近隣との交際費、慶弔費等を含む。）に充てられており、したがって、Ａの生活保持についてＸの寄与が認められないわけではないが、右程度の寄与は配偶者としての通常の協力扶助の範囲内にとどまるものとみるのが相当であるから、右寄与分について分割にあたり遺産から清算を求めることは許されないというべきである。」

コ メ ン ト

本審判は、民法が配偶者に相続権を認めている趣旨は、配偶者による通常の協力扶助の範囲内の寄与について、配偶者が他方の遺産の上に法定相続分に相当する持分を取得することで清算するところにあるとし、ここから、配偶者の寄与が通常の協力扶助の範囲内にとどまる限り、法定相続分以外の寄与分は認められないとの判断を導いて、Ｘ（妻・申立人）の寄与分を否定した。配偶者による生活費等の援助が通常の協力扶助の範囲内であることを理由に本審判と同様の判断をした審判例としては、高松高裁昭和48年11月7日決定（家月26・5・75）がある。このように、配偶者の寄与が通常の協力扶助の範囲にとどまる限り、特別の寄与（民904の2①）を認めないのが実務である。

したがって、配偶者の寄与分を主張する場合は、配偶者としての通常の協力扶助義務の程度を超えて遺産の維持に寄与したという特別の事情を主張・立証する必要がある。特別な事情の具体的内容については、本審判が、被相続人の日常の生活費（医療費、近隣との交際費、慶弔費等を含む。）を負担したことは配偶者としての通常の協力

扶助義務の範囲内であるとしていることが、一つの参考となろう。

　なお、被相続人と相続人の各身分関係によって通常期待される義務の程度に差異があるため、配偶者が被相続人に生活費を援助した場合と、親に対し一般的な扶養義務ないし互助義務を負うに過ぎない子が同様の援助をした場合とでは、特別の寄与の有無の判断に差が生じうることに留意する必要がある（最高裁判所事務総局家庭局「改正民法及び家事審判法規の解釈運用について」家月33巻4号5頁参照）。

第3章　寄与分をめぐる事例　　237

2　寄与行為の類型
(1)　家事・家業従事

67 被相続人の家業である農業に従事したことを理由とする寄与分を遺産総額の30％と定めた原審判を変更し、農業に従事したこと以外の寄与を認めることができないことも考慮して、農地のみの評価額の30％と定めた事例

（大阪高決平27・10・6判タ1430・142）

当事者及び遺産の概要	
被相続人	Ａ（平成24年死亡）
相続人及び法定相続分	Ｘ：二男（抗告人・原審相手方）　4分の1 Ｙ₁：Ａの妻（相手方・原審相手方）　2分の1 Ｙ₂：長男（相手方・原審申立人）　4分の1
遺産の額	4343万6367円（相続開始時） 3915万9336円（遺産分割時）
遺産の構成	不動産（農地・宅地・建物）、預貯金

当事者の主張	
Ｘ（抗告人・原審相手方）	Ｙ₂（相手方・原審申立人）
農業従事による寄与分：Ｙ₂（長男・相手方）及びＹ₂妻の行為は、専従性、継続性、無償性がなく、親族間の扶養義務範囲内の行為であり、特別の寄与と評価できない。Ｙ₂らの行為と遺産の維持・増加との間には因果関係もない。 金銭援助による寄与分：Ｙ₂はＡ（被相続人）の生活費を負担していたと主張しているが、Ａ名義の貯金口座から定期的に出金がされていることから考え難い。 寄与分 ――	農業従事による寄与分：Ｙ₂は約35年にわたって、年間約150日間、家業である農業に従事してきた。Ｙ₂はみかん畑への設備投資として平成21年〜24年頃までに約200万円を支出してみかん樹の改植をするなどもし、相続財産の維持管理に寄与した。 扶養による寄与分：昭和49年以降、Ａ所有地の固定資産税、ＸとＹ₁（妻・相手方・原審相手方）の公共料金を負担し、昭和55年以降はＡとＹ₂の生活費の大半を負担してきた。 寄与分：相続財産の30％を下らない。

第3章　寄与分をめぐる事例

事実経過（裁判所が認定した事実）

S49	Y₂（長男・相手方・原審申立人）、就職し、引き続き実家で生活。
S55	Y₂婚姻。この頃以降、Y₂は休日の昼間は可能な限り農作業を手伝い、繁忙期には休暇を取って農作業を手伝う。
S56	X（二男・抗告人・原審相手方）、就職。就職後、農作業を手伝ったことはない。
S63	X、結婚し、家を出る。
H19〜H23	農業所得はY₂の所得として申告されていたが赤字であった。
H21	Y₂、退職して警備会社に就職。より積極的に農作業に従事。
H22	Y₂、みかん樹の改植を行い、新たに農機具を取得する。
H24	A、死亡。

原　審　の　判　断

1　農業従事による寄与分について

「A（被相続人）は、農業を家業としていたものであるところ」、Y₂（長男・相手方・原審申立人）は約35年前頃からは、休日において、平成21年に退職して警備会社に転職後は「専従的に農業に従事していると認められる。」「Aの農地の総面積は、約65アールに及んでいたこと」、「農作業は、年間を通じて様々な作業が必要と認められること、Aは昭和3年×月×日生まれであること、Aが農作業に従事する人員を雇傭していたとは認められないこと、Y₁（妻・相手方・原審相手方）がY₂及びその家族が農業を手伝い貢献してくれたと主張していること等に照らせば、Aが、80歳以上まで農業を営み続けることが出来たのは、Y₂やその家族による相当程度の労働力の提供があったからと推認される」。Y₂の「農業に従事する態様は、AとY₂の身分関係に基づいて通常期待される程度を大きく超える貢献と言うべきであり、特別な寄与と認められる。」

また、Y₂は、「みかん樹の改植を行い」「約200万円を支出していることが認められるところ、当時のAの年齢に照らせば、Y₂がAの農業を承継した後を見越した投資としての側面を有することは否定できないが、老齢化したみかん樹を改植することにより、Aの畑地の価値の維持が図られたことも否定すべきでないから、かかる設備投資も特別な寄与と認めるのが相当である。」

Y₂によるAの土地利用については、「Y₂において利益を受けていたものとはいえ」ず「Y₂の寄与に見合った相当の対価性があるものとは評価できない」ことから「Y₂の寄与行為は、無償に近い状態でなされていたと認めるのが相当である」。

第3章　寄与分をめぐる事例　　　239

「Y₂がAの家業である農業に従事することにより、Aの重要な財産である農地が荒廃することなく、収穫を産出し得る土地としての状態の維持が図られたもので、Y₂は、Aの財産の維持に寄与したと認められ、その寄与分は、本件にあらわれた事情を総合考慮し、遺産の30％と見るのが相当である。」

裁 判 所 の 判 断

「A（被相続人）が目録記載a2ないし7の各土地をみかん畑として維持することができたのは、Y₂（長男・相手方・原審申立人）が昭和55年ころから農業に従事していたことによるものであると推認される。」「同a2及び3の各土地は宅地見込地として評価されるが、当面はみかん畑としての利用が考えられ、これを売却するとしても市場参加者としては○○市内の農業従事者が中心となると見込まれること、a4ないし7の各土地は山畑でありみかん畑以外の利用は考えにくいことからすれば、耕作放棄によりみかん畑が荒れた場合には、取引価格も事実上低下するおそれがあるといえる。したがって、Y₂には、みかん畑を維持することにより遺産の価値の減少を防いだ寄与がある」「農業の収支が赤字であったことは上記判断を左右するものではない。」「上記認定のY₂の農作業従事の程度に照らせば、上記寄与は特別の寄与であると認めることができる。」「以上をふまえ、Y₂の寄与分については、目録記載a2ないし7の各土地（みかん畑）の相続開始時の評価額の30％とみるのが相当である。」

コ メ ン ト

家業従事型の貢献が特別の寄与と認められるには、無償又はこれに近い状態で労務の提供が行われたこと（無償性）、被相続人と相続人の身分関係に基づいて通常期待される程度を超える有無の提供であることが必要である。後者の要件については、具体的には、家業の従事が手伝い程度ではなく本来自分が従事すべき仕事と同様に携わっていたか（専従性）、相当長期間にわたって継続してなされたか（継続性）によって判断されている。

本件において、X（二男・抗告人・原審相手方）は、Y₂（長男・相手方・原審申立人）が会社員として勤務していたこと、Y₂がAの農地の一部を対価の支払なく利用・収益してきたことから、Y₂の行為は、専従性、継続性、無償性がなく、親族間の扶養義務・互助義務の範囲内の行為であると主張した。これに対し、原審・本決定ともに、農地面積やA（被相続人）の年齢、Y₂の勤務サイクル（日勤・夜勤・休みの繰り返しであった）等から、休日・休暇に年間150日程農作業に従事していた旨のY₂の主張は不自然・不合理とはいえないとし、かつ、Y₂がAの農地の一部を利用していたことにつ

いては、「農業従事の対価を得ているとまではいえない」として、Y2の貢献を特別の寄与と認めた。そして、原審・本決定とも、Y2が農業に従事することにより、農地が荒廃することなく維持されたとして特別の寄与と遺産の維持との間の因果関係も肯定したものである。なお、Y2によるA及びY1の生活費負担による寄与の主張に対しては「親族間の扶養義務の範囲を超えて被相続人及びY1の生活費を負担したと認めるに足りる資料はない」として特別の寄与は認められなかった。

ところで、寄与分の評価において、原審は遺産総額の30％（1237万円）を認めたのに対し、本決定は原審を変更して、農地の評価額の30％（574万円）を寄与分とした。

上記のとおり、原審と抗告審とで、特別の寄与及びこれと遺産維持との因果関係を認めた理由に違いがないところ、寄与分の評価が変更された背景として被相続人の妻であるY1（相手方・原審相手方）の資力（代償金支払能力）の問題があると考えられる。原審ではY2の寄与分を遺産全体の30％と認定し、一方、自己が居住する居宅の敷地（評価額は遺産総額の半額近い）を取得したY1は、X及びY2に対し代償金の支払を命じられた。Xは抗告理由においてY1の資力について判断することなく代償金の支払を命じることは相当ではない旨主張しており、Y1の資力に不安がある状態であったことがうかがわれる。本決定では、Y2の寄与分を遺産全体の30％から農地の30％に減縮し、かつ、Y1の居住宅の敷地の持分10分の1をY2が取得するものとしたことにより、Y1には代償金支払義務は定められず、Y2が代償金支払義務を負うものとされた（Y2については代償金支払能力ありと判断されている）。寄与分が相続人間の衡平を図る調整の要素であることを考慮し、寄与分の認定額を変更することにより、相続人全員にとり衡平相当な遺産分割となるよう配慮したものと考えられる。

なお、本事例では、遺産に属する農地のうち、2筆が宅地見込み地として評価されていることから、Y2の農業従事による寄与分を「農地全体の30％」としても寄与分額は574万円と算出された。しかし、一般的に農地の評価額は低額に留まることが多く、本件のように農地が高額に算定されるような事情が認められない事案において、農業従事による寄与分を農地のみの価額の一定割合とするならば、貢献を適切相当に評価することはできないのではないかと考えられる。

第3章　寄与分をめぐる事例　　241

68 7年間家業に従事してきた相続人の貢献に対しては、報いる措置が講じられていると評価し、相続人の寄与分を認めなかった事例

（仙台家審昭49・3・30家月27・7・62）

当事者及び遺産の概要	
被相続人	A（昭和37年死亡）
相続人及び法定相続分	X₁：妻（申立人）3分の1 X₂：長女（申立人、先妻との間の子）　21分の2 X₃：長男（申立人、先妻との間の子）　21分の2 X₄：長女（申立人、X₁との間の子）　21分の2 X₅：二男（申立人、X₁との間の子）　21分の2 X₆：二女（申立人、X₁との間の子）　21分の2 X₇：三男（申立人、X₁との間の子）　21分の2 Y：長男（相手方、X₁との間の子）　21分の2
遺産の額	570万8700円
遺産の構成	不動産

当事者の主張	
X（申立人）	Y（相手方）
農業維持、協力による寄与分：実質的にはA（被相続人）が買い受けたがY（長男・相手方）取得とさせた不動産、及び買受資金をAが出してYに取得させた不動産により、Yの貢献は報われている。	農業維持、協力による寄与分：A（被相続人）と共に約7年間、農業に専従してきた。

事実経過（裁判所が認定した事実）	
T13	A（被相続人）がX₁（妻・申立人）と結婚。X₁はAと共に農業に従事。
S30～S37	Y（長男・相手方）、A・X₁・X₇（三男・申立人）と同居し、Aと共に農業に従事。YはA名義の農地以外にも、他所有者の田畑も同一経理の下に耕作収益し、A・X₁・X₇の生活費を支弁。また、酪農経営も始め、拡張する。
S37	A死亡。
S45	X₁・X₇、Yとの不和により、家を出る。

第3章　寄与分をめぐる事例

裁 判 所 の 判 断

1　農業維持、協力による寄与分について

　「Ｙ（長男・相手方）は昭和30年7月から相続開始時である昭和37年11月24日まで約7年間Ａ（被相続人）と共に農業に専従したものであるところ、その間とくにＡの財産の増加があったことは認められず、かえって、Ｙ名義の財産はその間に増加している。」すなわち「宅地の登記移転は相続開始後である昭和39年に第三者からの贈与名義でなされているけれども実質的には、Ａが買受けていたものをＹ取得としたもの、又田二筆も買受資金をＡが出し、Ｙ名義に取得したものである」。「この点を考えると、ＡはＹの農業従事の貢献に対し、酬いる措置を講じていたものというべく、他の相続人らにおいても、上記不動産のＹへの帰属を、特別受益分より除外することに合意した点、Ｙの相続財産維持への貢献の評価とみるべきところである。」

　また、「ＹのＡと共に農業に従事した前記7年間、ＹはＡと共に」Ａ名義の農地以外も「同一経理の下に耕作収益して、Ａ、Ｘ₁（妻・申立人）、Ｘ₇（三男・申立人）、Ｙ及びその家族の生活費用も支弁し、自らは酪農経営を初めその拡張も図り得たことが認められる。」

　「したがって、Ｙの約7年間にわたるＡの下での農業専業は、他の相続人らに比して無駄働き、Ａの不当利得があったものとは認め難く、この点からしてＹに対し本件遺産よりの法定相続分以上特段のいわゆる『寄与分』を附加取得させる根拠は認め難い。」

コ メ ン ト

　本事例は、寄与分を主張するＹ（長男・相手方）について、相続財産維持への貢献に対し「酬いる措置を講じていた」として、寄与分を認めなかった。

　本事例は、実質的にはＡ（被相続人）が買受けてＹ取得とさせた不動産及び買受資金をＡが出してＹ名義とした不動産の存在があり、かかる不動産について特別受益から排除することについて他の相続人らが同意した点から、すでにＹの相続財産維持への貢献に対する評価がなされていると判断された。

　特別の寄与と認められるためには、寄与行為に対して補償がないこと（無償性）の検討が必要である。本事例では、生前贈与がなされていることでＹ名義の財産の増加が認められ、ＡによるＹの貢献に対する実質的清算はなされている。したがって、無償性の要件を満たさず、Ｙの寄与分を認めなくても当事者間の公平に反することがないため、Ｙの貢献は「無駄働き」とは認め難いとして、寄与分を認めない判断がなされたものである。

第3章　寄与分をめぐる事例　　243

69 親である被相続人が営んでいた営業を実質上その子夫婦に承継して経営させたことを組合契約と認め、被相続人死亡により清算が必要になったとして、子夫婦の出資に対応する組合財産3分の2の取得分については、財産形成の「寄与分」として遺産から除外し、親の取得分のみを遺産として取り扱うべきものとした事例

（東京高判昭51・5・27判時827・58）

当事者及び遺産の概要	
被相続人	A（昭和42年2月8日死亡）
相続人及び法定相続分	X₁：三男（控訴人）6分の1（遺留分12分の1） ※なお、訴訟係属中にX₁死亡により、X₂：X₁妻、X₃：X₁長男、X₄：X₁長女に承継。 Y₁：二女（被控訴人）6分の1 Y₂：二女の夫（被控訴人・受遺者）法定相続分なし 上記のほか、訴外法定相続人として、妻（3分の1）、長女（6分の1）、三女（6分の1）がいる。
遺産の額	614万0278円
遺産の構成	建物、借地権、商品類及びその他動産類

当事者の主張	
X₂～X₄（控訴人・X₁訴訟承継人）	Y（被控訴人）
家業たる商店営業による「寄与分」：本件建物、借地権、商品類、その余の動産類は、すべてA（被相続人）が自らの営業で造成したもので同人の遺産であり、Y₁、Y₂らに上記財産造成の「寄与分」はない。	家業たる商店営業による「寄与分」：控訴人が遺産に属すると主張する財産は、もとAが主となって経営していた営業をY₁、Y₂夫婦が昭和30年頃に後継者として引き継いで経営に従事して造成した財産であり、A・Y₁・Y₂の3名の共有に属し、寄与割合は各3分の1である。

事実経過（裁判所が認定した事実）	
S20以前～	A（被相続人）、時計の販売修理業を経営。
S21～S27	X₁（三男・控訴人）、Aの時計店の帳簿整理などの手伝い。
S27.9	X₁、X₂（三男の妻・X₁訴訟承継人）と婚姻し、A夫婦と同居。
S27.12	X₂とAの妻折り合い悪く、X₁、X₂は、X₂の実家へ転出。

S29〜34	X₁、Aの経営する時計店に通いで帳簿整理などの手伝いをする。
S30	Y₁（二女・被控訴人）、Y₂（二女の夫・被控訴人）と婚姻し、A夫婦と同居して、家業の時計店の営業をするようになり、実権は徐々にY₁、Y₂夫婦に移行する。
	Aは、X₁に菓子商、古本商を営む店舗を用意して商売をさせる。
S34.4	X₁、別途時計店を開店し、Aの時計店手伝いを辞める。
S35頃〜	家業の時計店の経営はY₁、Y₂夫婦に任され、Aはほとんど営業の実務に関与しなくなる。
S36	A、本件建物（店舗兼居宅）の賃借権をY₁に譲渡。
	Y₁、本件建物及び敷地の所有者から、本件建物を買い受け、敷地を借主名義Y₁として建物所有の目的で賃借し、代金8万円を時計店の収益から支払う。
S37	Y₁、Y₂は、本件建物の店舗部分を拡張、二階居住部分を増築し、Aの所有名義として保存登記する。
S42	A死亡。

裁 判 所 の 判 断

1　家業従事による寄与分について

「被相続人が営んでいた商店の営業を実質上、その子夫婦に承継させ、爾後営業名義は被相続人としているが、実際にはもっぱら子夫婦の経営努力によって営業が維持され、その利益によってその建物所有権及び敷地の借地権等を取得し、建物を増築し店の商品等の在庫量が増大するなどその商店に造成された財産は、その一部の所有名義が被相続人になっていても、実質的に被相続人および子夫婦がその商店を営むことを目的として一種の組合契約をし、子夫婦が組合の事業執行として店舗の経営をした結果得られた財産とみられるから、被相続人が死亡し他に共同相続人がいる場合には、組合の解散に準じ、その出資の割合に応じて残余財産を清算し、その清算の結果、子夫婦の各取得する分はその財産形成の寄与分として遺産から除外し、被相続人の取得分のみを遺産として取り扱うべきものと解するのが相当である。」

本件において、A（被相続人）は時計店の販売修理業を実質上Y夫婦（二女夫婦・被控訴人ら）に承継させ、「営業名義はAに残したもののAは営業に関与せず、「Yらが経営し努力した結果、本件建物を取得した上増築し本件借地権も取得したほか」、「本件商品類、その余の動産類等を取得し財産を形成するに至ったものであり、その営業名義、本件建物の所有名義がAであるとしても、その財産は、A及びYら3名の組合財産とみるべきであるから、Aが死亡し他にX₁（三男・承継前控訴人）など4名の共同相続人もいるので」「清算することを要するにいたったというべく、この場合、組合財産中、Yらの各取得分を除外したAの取得分のみを遺産として取扱うべきものである。」

第3章　寄与分をめぐる事例　　　245

　財産形成の寄与割合についてみると、「Aは、本件建物での営業権（本件では、得意先、のれん、場所的利益、対外的な信用等）を出資し、Yらはそれぞれ時計店経営に関する諸労務の出資をしており」「その財産形成はほとんど右労務に負うものである」ことなどの諸事情を総合考慮すると「Aの出資に対応する財産取得割合はその3分の1であり、その余はYらの取得（各3分の1宛）分であるとみるのが相当である。」

コ　メ　ン　ト

　本事例において、X₂ら（控訴人、X₁訴訟承継人）は、A（被相続人）が遺産の大部分をYら（被控訴人）に遺贈したとして遺留分減殺を主張した。遺留分額算定・遺留分侵害の有無認定の前提として、遺産の範囲が明らかにされなければならないところ、本判決は遺産の範囲を画する手法として組合契約の理論を用いた。

　組合契約は、2人以上の当事者が出資をして特定の共同事業を営むことを内容とする双務契約である（民667）。各組合員の出資、及び組合業務の執行によって取得した財産等の組合財産は、総組合員の共有（「合有」）に属し（民668）、特約のない限り、出資の価額に応じて組合解散時に清算される（民685）。

　本判決は、Aが営んでいた時計修理販売業を営業名義はAとしたままY夫婦（二女夫婦・被控訴人ら）が承継したことについて、実質的にはAとY夫婦がその商店を営むことを目的とした一種の組合契約をなしたものと認め、Aの出資財産及びY夫婦の経営努力により新たに取得した財産は、一部がA名義になっていても、3名の組合財産とみるべきであるとした。

　ところで、組合財産の「共有」は、「合有」ともいわれ、自由に分割請求をしたり、持ち分を処分したりすることができない等の特則があるところ、本判決は、「Aが死亡し他に共同相続人がいる場合には、組合の解散に準じ、その出資の割合に応じて残余財産を清算」すべきであると判示した。

　そして、組合財産の清算は、各組合員の出資の価額に応じて分割するとされているが（民688③）、本判決では、Aの出資は本件建物での営業権、Y夫婦の出資は時計店経営に関する諸労務であり、組合財産の形成はほとんどY夫婦の労務に負うものであると認定したうえ、諸般の事情を総合考慮して、出資に対応する財産取得割合は各人3分の1ずつとし、財産の内3分の2は、Y夫婦の財産形成の「寄与分」として遺産から除外し、分割の対象となるAの遺産は、組合財産の3分の1となる旨認定したものである。

　なお、本判決は、「民法及び家事審判法の一部を改正する法律」（昭和55年法律51号）により、寄与分制度（民904の2）が創設される前のものである。現行法に定める寄与分は、被相続人の財産の維持増加に貢献した相続人に、遺産分割に当たって法定相続分又は指定相続分を超える財産を取得させることにより、相続人間の実質的衡平を図る

ことを目的とする制度であり、遺留分減殺請求訴訟において、寄与者は抗弁として寄与分に関する主張をすることはできないと考えられている。寄与分は遺留分額算定の基礎に含まれておらず（民1029①）、現行法上、寄与分の申立ができるのは、遺産分割の場合と死後認知を受けた相続人の価額支払請求の場合とに限られているから等の理由による。

　被相続人が個人企業を営み、これを名義は被相続人のまま相続人等が承継している場合には、本事例に類似するケースもあると考えられるところ、遺留分算定の基礎となる財産の算定という場面において、本判決は現行制度下であっても、なお、参考にすべきものといえよう。

第3章　寄与分をめぐる事例　　247

70　配偶者及び直系卑属が通常の協力扶助・相互扶助の程度を超えて相続財産の維持・増加に寄与したとして、遺産分割に際し寄与分の清算を認めた事例

（東京高決昭52・2・17判タ352・201）

当事者及び遺産の概要	
被相続人	A（昭和35年2月26日死亡）
相続人及び法定相続分	X₁：妻（甲事件抗告人、乙事件相手方） X₂〜X₇：（甲事件抗告人、乙事件相手方） Y：長男（乙事件抗告人、甲事件相手方）
遺産の額	不明
遺産の構成	不動産等

当事者の主張	
X₁（妻：甲事件抗告人、乙事件相手方）	Y（長男：乙事件抗告人、甲事件相手方）
農業従事による寄与分：Aと婚姻後同人とともに約35年間農業に従事し、婚姻翌々年から12年間の内にA名義で8筆の土地を取得し、相続財産の増加・維持に寄与した。	農業従事による寄与分：Aとともに約10年間農業に従事し、相続財産の維持に寄与した。

事実経過（裁判所が認定した事実）	
T13	A（被相続人）とX₁（妻・甲事件抗告人、乙事件相手方）婚姻。 X₁は、以後、Aと共に約35年間農業に従事。
T15〜S13	A名義で8筆の土地を取得。
S24	Y（長男・乙事件抗告人、甲事件相手方）、新制中学の教師となる。
S25	Y、教師を辞め、家業に戻り、以後10年間農業に従事する。
S35.2.26	A死亡。

裁　判　所　の　判　断

1　農業従事による寄与分について

「共同相続人のうち相続財産の維持または増加につき顕著な寄与貢献をした者があり、その程度が、配偶者については民法第752条に基づく通常の協力扶助の程度を超え、

直系卑属については民法第730条に基づく通常の相互扶助の程度を超える場合には、公平の見地に立って、民法上の共有持分あるいは不当利得返還請求権等の規定を類推適用したうえ、これを民法第906条所定の一切の事情として考慮し、当該相続人は、法定相続分とは別に右寄与の程度に応じ、相続財産中に潜在的な持分を取得するものとして、遺産分割に際し、申立によりその清算をすることができると解するのが相当である。そして、右清算にあたっては、相続財産の維持増加に貢献した当該相続人の寄与分を評価算定し、これを相続財産の価額から控除した残額につき法定相続分に従って算出された価額に右寄与分を加えた価額が当該相続人の取得分になると解すべきである。」

本件においては、X₁が「約35年間農業に従事して」おり、婚姻後「8筆の土地を取得していることが窺われ」る。また、YはAと共に「約10年間農業に従事し」たことが認められ」る。したがって、「他に特段の事情のない限り、X₁、Yは、相続財産の維持増加につき顕著な寄与貢献があったと考えられるのである。」

原審としては、「X₁、Yが、いかなる立場でどの程度農業経営に関与したか、同人らの寄与貢献によるAの財産の維持増加の程度、これに対し同人らがAから報酬あるいは贈与を受けていたか否か、同人らの行為により減少させたAの財産の有無などの点を審理し、もって同人らがAの遺産中に取得すべき寄与分の有無及びその価額を確定すべきである。」

コ　メ　ン　ト

本決定は「共同相続人中に、相続財産の維持又は増加につき顕著な寄与貢献をした者があり、その程度が、配偶者については民法752条に基づく通常の協力扶助の程度を超え、直系卑属については民法730条に基づく通常の相互扶助の程度を超える場合」「当該相続人は、法定相続分とは別に右寄与の程度に応じ」、遺産分割に際し、申立により「寄与分」を清算取得することができる旨判示した。

本事例は「民法及び家事審判法の一部を改正する法律」（昭和55年法律51号）施行前に発生した相続に関するものであるが（このため、民法上の共有や、不当利得を理論的根拠としている。）、現行民法904条の2に定める「特別の寄与」に当たるというためにも、本決定の判示同様、当該の身分関係に基づいて通常期待されるような程度を超える貢献があることが必要と解されている。配偶者の協力扶助義務、子など親族の互助義務の範囲内と認められる寄与は、それらの者の相続分に織り込まれているから、それを超えた寄与があって、はじめて寄与分が認められるものと説明されている（猪瀬慎一郎「寄与分に関する解釈運用上の諸問題」家月33巻10号20頁）。

第3章　寄与分をめぐる事例　　　　249

　また、本決定は、寄与分の有無、及びその価額を確定するには、寄与相続人がいか
なる立場でどの程度家業に関与したか、同人らの寄与貢献による相続財産の維持増加
の程度、これに対し寄与相続人らが被相続人から報酬あるいは贈与を受けていたか否
か、寄与相続人らの行為により減少させた被相続人の財産の有無などを審理すべきで
あるとしており、いかなる事情が寄与分の有無、額の算定において考慮されるべきか
について、現行法下においても参考となる事例である。

250　　　　　　第3章　寄与分をめぐる事例

71　老齢の被相続人と養子縁組し、被相続人に代わり家族経営の支柱となって努力した相続人につき、同人が遺産分割に先立つ一部分割協議において遺産の一部を単独取得し、被相続人と同一生計のもとに収益の中から自己及び家族の生活費を支弁してきたこと等を考慮し、寄与分として20％をもって相当とした事例

（徳島家審昭52・9・16家月30・2・125）

当事者及び遺産の概要	
被相続人	A（昭和35年2月8日死亡）
相続人及び法定相続分	X：四男（申立人）4分の1 Y_1：養女（相手方）4分の1 Y_2：長男（相手方）4分の1 Y_3：二男（相手方）4分の1
遺産の額	6527万2427円（相続開始時の価格362万0848円）
遺産の構成	不動産（土地）

当事者の主張	
X（申立人）	Y（相手方）
──	家業の従事による寄与分：Y_1（養女・相手方）がAと養子縁組をしてまで事実上Aの承継者としてこれまで農耕と果樹栽培に尽力し、遺産の維持に貢献してきた実績を認め、法定相続分に寄与分を加え、Y_1の相続分を他の相続人より増やすべきである。

事実経過（裁判所が認定した事実）	
S11	Y_2（長男・相手方）とX（四男・申立人）は会社を共同経営していたが、倒産。
S22	Xは家族を連れて帰郷し、A（被相続人）及びAの妻と同居するようになる。
S25.4	X家族とA家族はうまくいかず、Xは転居。転居の際、自宅購入費用として、XはAより金5万円及び木材を贈与される。
S25.9	Y_2の長女Y_1（養女・相手方）をA家の承継者にすることが決められ、Y_1とAは養子縁組を締結。以後、Y_1とXは同居し、同一生計を営む。

第3章　寄与分をめぐる事例　　251

S27.7	Y₁は高校を中退し、Y₁の氏を称する婚姻をし、Aの承継者として農耕と果樹栽培に従事するようになる。
S35.2	A死亡。
S36.10	Aの遺産の一部の土地を、Y₁が単独取得する。Y₁は、同土地を担保としたAの債務及びその他の債務元金合計140万円及び利息を返済。
S49.1	Xが遺産分割調停を提起。

裁 判 所 の 判 断

1　家業の従事による寄与分について

「A（被相続人）は〔中略〕昭和25年当時70歳近い老齢で農耕も十分にできず〔中略〕Y₁（相手方）はAとの養子縁組により周囲からAの後継者となることを当然視されるとともに、Aに代わって農業に従事するため、昭和27年高校を中退してまでいわゆる婿養子婚姻をし、以後は文字通り農業経営（稲作と果樹栽培）の支柱となり、苦心惨たんして利益の向上に努力して、実績をあげ、幼時からAと同居し、Aの晩年はよく面倒をみて孝養を尽した。」

「Y₁はAが死亡当時銀行、農協に負担していた借入債務（元金140万円と利息）について相続開始後すべて自力で弁済した（本来遺産の維持に対する寄与は被相続人の生存中のものに限られる。従ってY₁が相続開始後に遺産を管理してきた事実は寄与分として考慮できない。しかし被相続人が生存中既に負担していた債務の如きものについては、その弁済が死後になされた場合にも、遺産の維持に対する寄与として斟酌するのが相当である）。これによれば、Y₁が遺産の維持に貢献してきたものであることが否定できない事実であり、Aから相当の扶養を受け、早くから他出して独立し、あるいはAの農業経営に全く協力していないか、または短期間の手伝程度の寄与しかしていない他の相続人との間には極めて大きな差異が存在する。この場合遺産を平等に分配することになれば実質的に不平等を招来することになるから、Y₁について上記寄与に相当するものを上積みして評価すべきものである。」

「Y₁はAに代り農業に専従したとはいえ、相続開始時までの期間は8年に満たず、この間被相続人の財産に特段の増加があったとは認められず、かえってY₁は別紙〔略〕目録(3)の土地を本遺産分割の対象外として単独取得し、この土地は農地としての立地条件に優れ、価値も高く、またY₁がAと同一生計のもと農業収益の中から自己および家族の生活費を支弁してきた点を考慮しなければならない。従って、本件遺産の維持管理に対するY₁の貢献については上記一部分分割をもってすでに相応の報いがなされているとまでは一概に認めがたいが、反面Y₁が他の相続人と比較してAのために

専ら犠牲を強いられた無駄働きというほどのものでもないから、これら諸般の事情を斟酌して、さらに遺産からY₁のために清算されるべき寄与分の割合は十分多く見積もって20％と認めるのが相当である。」

コ メ ン ト

　家業としての農業の従事による寄与分が認められる要件は、①無報酬又はこれに近い状態で労務の提供が行われ、②労務の提供が、被相続人と相続人の身分関係に基づいて通常期待される程度を超える提供であること、③当該労務の提供によって相続財産を増加させた、又はこの労務の提供がなければ相続財産を処分せざるを得なかったと認められることとされている。

　本事例では、①については、Y₁（養女・相手方）はほぼ無報酬で家業に従事していたものの、A（被相続人）と同居し、同一生計のもとに農業収益の中から自己及び家族の生活費を支弁しており、その収益で生計を立てていたことは否定できないことから、かかる事情についても、寄与分の算定の際に斟酌されている。

　②については、Y₁がAと養子縁組をし、高校を中退して家業の農業に専従し、老齢のAに代わって、農業経営（稲作と果樹栽培）の支柱となり、利益の向上に努力した点を捉え、通常期待される程度を超える労務の提供があったと認定されている。

　③については、Aの財産に特段の増加があったとは認められないとされ、寄与と相続財産の維持増加との間の因果関係が詳細に認定されているわけではない。しかし、少なくとも相続財産が維持されていたことについては、認められる事案であろう。

　本審判は、寄与分の算定に当たり、家業収益の額、寄与者の生活費等の細かい数字を算出して判断するのではなく、様々な具体的事情を考慮して、裁量的にその寄与分を20％と判断しているものである。

　ところで本審判は、遺産の維持に対する寄与は被相続人の生存中に限られ、相続開始後にY₁が遺産を管理してきたことは寄与分として考慮できないとするものの、Aが生存中に負担していた債務について、Y₁がAの死後に弁済をしたことについて、遺産の維持に対する寄与として斟酌するのを相当としている。一般的に、「相続開始後に相続財産を維持又は増加させたことに対する貢献は寄与分として評価すべきものではない」（東京高決昭57・3・16家月35・7・55）とされていることから、本審判をどのように評価すべきであろうか。

　相続債務は、相続開始と同時に、共同相続人間に分属するという判例法理からすれば、Y₁による相続債務の弁済は、本来は他の相続人に対する求償権の行使の問題であり、あえて寄与という必要はなかったとも思われる。この点については、本件におい

ては、一部の不動産をY_1が単独取得していることから、その範囲で求償権を行使できるのかという問題があり、寄与分を算出する一要素として考慮した判例の結果は是認できるとの意見が参考になろう（右近健男「相続開始後の寄与分を肯定すべきか」判タ514号201頁）。

＜参考判例等＞

○学校を中退し、相続開始まで40年以上にわたり家業の農業に従事し農業経営の支柱となって遺産の維持に貢献してきた相続人に、寄与分として遺産の20％を認めた事例（徳島家審昭52・3・14家月30・9・86）

○妻が家事、育児に従事するのみならず、被相続人の死亡まで46年間にわたり、家業である農業に従事し、相続財産の増加維持に特段の貢献をし、また長男が被相続人の死亡まで27年間に渡って報酬を受けることなく家業に従事し、相続財産の増加維持に特段の貢献をなした寄与分として、妻に対して3割、長男に対して1割をもって相当と認めた事例（福岡高決昭52・6・21家月30・1・78）

○相続開始後に相続財産を維持又は増加させたことに対する貢献は寄与分として評価すべきものではないとした事例（東京高決昭57・3・16家月35・7・55）

○申立人は、被相続人の葬儀等の費用につき、申立人自身の資金から費用を賄ってきたことをもって寄与分として主張したが、いずれも相続開始後の事情であって、寄与分として考慮できないとされた事例（和歌山家審昭59・1・25家月37・1・134）

254　　　　第3章　寄与分をめぐる事例

72　相続開始後に遺産から生じた果実は本来遺産には属さないが、当事者にこれを遺産分割の中で清算することに異論がなく、相続開始後既に数10年を経て別途訴訟により解決すべきとすると、紛争の全体的解決が得られず、相続人間の公平が実現されない可能性が極めて強いとして、果実を遺産と併せて清算することが相当であるとした事例

（東京家審昭61・3・24家月38・11・110）

当事者及び遺産の概要	
被相続人	A　（昭和47年11月19日死亡）
相続人及び法定相続分	X：子（申立人）9分の1 Y₁ ないしY₅：子（相手方）各9分の1 妻　3分の1（なお、昭和54年9月18日死亡）
遺産の額	6242万8000円（相続開始時） 1億7311万4000円（遺産分割時）
遺産の構成	不動産（土地・建物)、賃料、自己使用収益（賃料相当額）

当事者の主張	
X（申立人）	Y₁、Y₂（相手方）
──	家業の従事による寄与分：Y₁（子・相手方）については、昭和26年頃から昭和39年ないし40年頃まで、Y₂（子・相手方）については昭和25年頃から昭和39年頃まで、いずれもA（被相続人）を手伝って家業である左官業に従事し、この間、給料のような形で労働の対価を得てはおらず、生活費を負担してもらっていたほかは、小遣い銭程度をもらっていただけであり、Aの遺産の維持への寄与があった。

事実経過（裁判所が認定した事実）	
S25	Y₂（子・相手方）はこの頃から昭和39年頃まで、A（被相続人）を手伝い、家業である左官業に従事する。
S26	Y₁（子・相手方）はこの頃から昭和39年ないし40年頃まで、Aを手伝い、家業である左官業に従事する。

S47.11	Ａ死亡。以後Y₁がＡの妻の面倒をみるようになる。
	Y₁は、Ａの遺産の一部の不動産（土地・建物）を収益・管理するようになり、建物の賃料を取得し、公租公課を負担し、土地の借地権の名義を変更し、地代の支払を行う。
	Y₂は、Ａの遺産の一部の不動産（土地・建物）を収益・管理するようになり、建物に居住するとともに、公租公課を負担し、土地の借地権の名義を変更し、地代の支払を行う。
S54.9	Ａの妻死亡。

裁 判 所 の 判 断

1 家業の従事による寄与分について

Y₁（子・相手方）は高校を卒業した昭和26年ころから昭和39年ないし昭和40年ころまで、Y₂（子・相手方）は中学校時代の昭和25年ころから昭和39年ころまで、いずれもＡ（被相続人）を手伝って家業である左官業に従事し、この間、給料のような形で労働の対価を得てはおらず、生活費を負担してもらっていたほかは、小遣い銭程度をもらっていたものと認められる。このY₁、Y₂両名のＡに対する貢献の態様、期間等に照らすと、このY₁、Y₂両名については、Ａの遺産の維持へ寄与があったものと評価すべきであり、その寄与分はそれぞれ遺産の10％と見るのが相当である。

2 相続開始後発生した果実について

「Y₁は、Ａの死亡以来、同目録2及び3の遺産を収益・管理しており、同目録3の建物の賃料を取得するとともに、公租公課を負担し、また同目録2の借地権の名義を変更した上、地代の支払いを行っている。同人の使用収益は、Ａとの間の使用貸借契約等の法的な権原に基づくものとは認められないから、少なくとも同目録3の建物の賃料から公租公課、地代その他の管理費用を除いた分は、同遺産の果実として共同相続人間で分配すべきものである。そして、その分配・清算は、本来は民事訴訟手続の中で行われるべきものであるが、本件の当事者間にはこれを遺産分割手続の中で清算することに特に異論が見られるわけではなく、また、相続開始後既に十数年を経たこの段階で別途に訴訟により解決すべきものとすることは、結局、紛争の全体的な解決がなされず、共同相続人間の公平が実現されないことになる可能性が極めて強くて相当ではない。」

「他方、Y₂は、前記のように、Ａの死亡の前後から、同目録4及び5の遺産を収益・管理しており、同目録5の建物に居住するとともに、公租公課を負担し、また、同目録

4の借地権の名義を変更した上、地代の支払いを行っている。同人についても、その使用収益が法的な権原に基づくものとは認められないから、少なくとも同目録5の建物の自己使用収益（賃料相当額）から管理費用を除いた分は、同様に、同遺産の果実として本件遺産分割手続の中で清算するのが相当と考えられる。」

コメント

　家業の従事による寄与分が認められる要件は、①無報酬又はこれに近い状態で労務の提供が行われ、②労務の提供が、被相続人と相続人の身分関係に基づいて通常期待される程度を超える提供であること、③当該労務の提供によって相続財産を増加させた、又はこの労務の提供がなければ相続財産を処分せざるを得なかったと認められることとされている。

　本事例においては、Y1（子・相手方）、Y2（子・相手方）はいずれも、A（被相続人）の家業である左官業に従事し、Aに生活費を負担してもらったほかは、小遣い程度をもらっていたのみでほぼ無報酬であり、約13〜14年間の間、専従的に家業に従事していたのであるから、通常期待される程度を超える労務の提供があったといえる事案である。

　本事例では、Y1、Y2の寄与分は10％とされているが、一般的には、寄与分額の算定には、業種別の賃金統計等を参考にして相応の労働対価を算出し、そこから生活費を控除して、寄与年数を乗じて算定される。裁判例では、家業が農業であった事案で「農作業の種類、程度、期間及び被相続人方の農業規模並びに農業所得などから裁量により合理的に算出した労務対価額（給与相当額）より、その期間における同人の生活費相当額を控除した額」が寄与分額に当たると判旨するもの（東京高決昭54・2・6判時931・68）、寄与分の程度を「寄与労働に対する平均賃金×寄与年数×生活費控除1／2×配偶者の協力義務を超える割合1／2」という算式を用いて算定した審判例（神戸家審昭50・5・31家月28・4・110）がある。もっとも算定の際には、上記算出額を一応の目安とし、相続財産の額、寄与による相続財産の増減、生前贈与の事情を総合的に考慮し算定される。

　ところで、本事例は、相続開始後に発生した果実（賃料、自己使用収益）について、遺産分割手続の中で清算することを認めているが、民法906条が遺産分割は「遺産に属する物又は権利の種類及び性質・・・その他一切の事情を考慮してこれをする」としており、当事者間にこれを遺産分割手続の中で清算することに異論がないのであれば、本審判のとおり、遺産分割手続の中で清算することに、特段の問題はないであろう。

　本事例では、Aの死亡後遺産分割未了の状況で、相続人であったAの妻が亡くなっ

ており、審判においては、A及びAの妻それぞれの相続における具体的相続分を合計した割合により、A及びAの妻の遺産全体を分割する旨の判断がなされている。Aの妻の遺産分割においては、Y_1より、A死亡後、Aの妻の面倒をみて療養看護に当たってきた事実をもって、寄与分の主張がなされている。裁判所もその事実は認め、Y_1に労苦があったと認定したが、Y_1がAの妻の入院費等について、Aの建物の賃料収入で賄っており、その他、Aの妻の財産の維持増加という面で、Y_1が特別の寄与をしたとは認められないとして、Y_1の寄与分については否定している。なお、Aの妻の入院費等は、Aの建物の賃料収入から控除することを認めている。

　このほか、本事例では、相続人が遺産である土地に使用貸借を有して家屋を所有する場合に、遺産分割により、当該土地を、同人を含む相続人の共有取得とさせる際の土地の評価は、借地権付きの価格ではなく、自己使用を前提とした更地価格によるのが相当と判断されており、参考になろう。

＜参考判例等＞

○相続人である長男が12年間無給で家業を手伝い、遺産たる家屋の購入、更に維持増加に寄与した度合いが大きいことを考慮し、長男が上記家屋上に寄与分相当の潜在的持分を有するものと認め、民法250条の趣旨を参酌して長男の持分を2分の1とした事例（大阪家審昭40・9・27判タ199・213）

第3章　寄与分をめぐる事例

73 寄与分を定める処分申立事件において、相続人それぞれにつき、被相続人と共に養豚業に従事してきた程度を考慮して、寄与分の有無、額を判断した事例

（前橋家審昭61・7・14家月38・12・84）

当事者及び遺産の概要	
被相続人	A（昭和57年5月12日死亡）
相続人及び法定相続分	X_1：妻（申立人・遺産分割調停相手方）2分の1 X_2：Aと前妻との間の子（申立人・遺産分割調停相手方）6分の1 X_3：養子（申立人・遺産分割調停相手方）6分の1 Y：長女（相手方・遺産分割調停申立人）6分の1
遺産の額	1億2005万9901円（相続開始時） 1億5174万9901円（遺産分割時）
遺産の構成	不動産（土地・建物）、預貯金

当事者の主張	
X_1 ないしX_3（申立人）	Y（相手方）
家業従事による寄与分（X_1）：A（被相続人）が養豚業を始めてからは、忙しくしていたAに代わり、日常の豚の飼育、豚舎の掃除等に従事していたのは主としてX_1（妻・申立人）であり、さらに昭和40年から47年に養豚業の規模を拡大していったのは、X_1の稼働によるところが大きい。 **家業従事による寄与分（X_2）**：高校を卒業して以後農業を手伝うようになり、車で豚の種付けに行くなどして、養豚業にも従事していた。 **家業従事による寄与分（X_3）**：X_2（Aと前妻との間の子・申立人）と結婚し、Aの養子となって以後、Aの後継者として一家の中心となって養豚業に従事し、X_1、X_2と協力して豚舎を改造したり、金融機関から自己名義で金員を借り受けて豚舎を新築するなどして養豚業の規模を拡大した。	**家業従事による寄与分（Y）**：Y（長女・相手方）は物心ついた頃からAから農業後継者にすると言われ、小学校の頃から15頭位の豚を受け持ち、毎日朝夕の餌くれ、豚舎掃除などの作業に従事し、中学校卒業後は農林高校畜産部に入学して養豚の勉強をした。昭和45年頃までに、Aが養豚業を拡張したのは、Yの労務提供が大きく寄与している。その後も昭和54年に結婚して家を出るまで養豚業を手伝い、家業に従事していた。

第3章　寄与分をめぐる事例　　259

事実経過（裁判所が認定した事実）	
S27.12	X₁（妻・申立人）とA（被相続人）が結婚。Aは両親と同居し、父親と、米・麦作・養蚕を中心とした農業を営んでおり、X₁も家事、子育てをしながら、農業に従事するようになる。
S30	Aは養豚業を始める。
S35	Aは養蚕をやめ、米・麦作を縮少して本格的に養豚業を営むようになる。その頃よりAは○○町町会議員を務めるようになる。
S40〜45	Aは○○種豚組合会長、○○町農業委員なども務めるようになり、日常の豚の飼育、豚舎と掃除等の作業はX₁が中心になってやっていた。 Aは別紙遺産目録（略）記載の土地を取得し、豚舎を建築。
S49	X₂（Aと前妻との間の子・申立人）とX₃（養子・申立人）が婚姻し、X₃はAの養子となる。以後X₃が中心となって養豚業を営むようになる。
S52〜55	X₃は別紙遺産目録記載のAの土地に抵当権を設定してもらい、2000万円の融資を受け、新たに土地を購入し、同土地上に、X₃名義の豚舎を数棟新築して、養豚業の規模を拡大。
S57.5	A死亡。

裁 判 所 の 判 断

1　X₁の家業従事による寄与分について

　X₁（妻・申立人）は昭和27年12月A（被相続人）と結婚したが、Aは当時60歳の父と米・麦作・養蚕を中心とした農業を営んでおり、X₁もAの父母らと同居して、X₂（Aと前妻との間の子・申立人）、Y（長女・相手方）2人の子どもを養育し、家事をしながら農業に従事していたところ、Aは昭和30年頃から養豚業を始め、昭和35年ころには養蚕をやめ、米・麦作を縮少して本格的に養豚業を営むようになり、X₁もそれに協力したが、Aはそのころから○○町町会議員を務め、また昭和40年ころから○○種豚組合会長を、その他同町農業委員なども務めていて、公的活動に忙しく、日常の豚の飼育、豚舎の掃除等の作業はX₁が中心になってやっていた。そして、Aは、昭和40年頃に別紙遺産目録1（略）記載の各土地を、昭和43年に同目録1（略）記載の各土地を、昭和45年に同目録1（略）記載の各土地を取得し、豚舎等を建築して、そのころまでに遺産の大部分を取得して養豚業の規模を拡大していった。昭和49年X₃（申立人）がX₂（申立人）と結婚して、A・X₁の養子となって以後はX₃が中心となって養豚業を営んでいたが、後記のようにさらにその規模が拡大したため、X₁も引き続いて養豚業の手伝いをしていた。

　「これらの事実を勘案すると、X₁は、結婚後Aとともに長年にわたり養豚業に従事

260　　第3章　寄与分をめぐる事例

し、これによりAの主要な遺産である本件土地・建物の維持、形成につき著しい寄与
をなしたもので、それは通常の夫婦の協力扶助の程度を超えた特別の寄与があったも
のというべきであるが、その寄与分は、X₁の相続持分等も考慮して、1000万円と認め
るのが相当である。」

2　X₂の家業従事による寄与分について

　「X₂は、昭和26年Aと先妻の長女として出生し、高校を卒業して専攻課を終了した
昭和45年頃まではほとんど家の農業の手伝をしなかったが、その後農業や家事の手伝
をするようになり、昭和49年X₃（養子・申立人）と結婚して以後は、X₃に協力して共
に養豚業に従事し、昭和53年10月農作業中豚に足をかまれて切断する事故が起き、入
院するなどして昭和54年4月まで農作業を休んでいたことが認められ、またこの間X₃
の財産形成もされ養豚業の規模が拡大されたのは前記のとおりであり、これらの事情
に顧みると、X₂については寄与分として特別の考慮をしないのが相当である。」

3　X₃の家事従事による寄与分について

　「X₃は、昭和49年3月6日X₂と結婚し、A・X₁の養子となって以後は事実上の農業後
継者として、一家の中心になって養豚業に従事し、Aの遺産の維持に特別の寄与はあ
ったと認めることはできる。しかし、一方で、X₃は、昭和52年Aから別紙遺産目録1
（略）記載の各土地に抵当権を、昭和55年同目録1（略）記載の各土地に根抵当権を設
定してもらって○○町農業協同組合棟から約2000万円の融資を受け、これで、○○畑
1599平方メートルを買い受け、新たにX₃名義の豚舎を数棟新築して自己の豚を増やし
て養豚業の規模を拡大していったことも認められ、上記借受金はX₃において分割して
返済していることが認められるものの、これは、特別の受益ともみなし得るものであ
り、これらの事情を勘案すると、X₃の寄与分は500万円と認めるのが相当である。」

4　Yの家事従事による寄与分について

　Y（長女・相手方）は、小学生のころからAに農業後継者となれと言われ、朝晩や
休日などの養豚業の手伝をして、豚の餌くれや豚舎の掃除等に従事し、中学校卒業後
は養豚業の後を継ぐ意思で○○農林高校に進学し、畜産部に入部して養豚の勉強もし、
AやX₁に協力していたところ、昭和48年ころにX₃とX₂の結婚の話が持ち上がったこ
とから、同年4月高校卒業後調理師学校に入学し、昭和49年4月会社に勤めるようにな
ったが、休日など家事や養豚の手伝いもし、その後昭和54年11月7日○○と結婚して家
を出るに至った。これらの事情を勘案すると、Yとしては、Aらから農業後継者と期

第3章　寄与分をめぐる事例　　　261

待をかけられ、普通の農家の子女以上に養豚業の手伝いをして家業に協力してきたことは認められるが、養豚業に主として協力した期間が、Yが小学生から高校生にかけての期間であって、いわば学業の合間の手伝いであり、X₁、X₃の寄与・貢献と比較考慮しても、特別の寄与分として考慮するのが相当と認めることはできない。

コ　メ　ン　ト

　家業の従事による寄与分が認められる要件は、①無報酬又はこれに近い状態で労務の提供が行われ、②労務の提供が、被相続人と相続人の身分関係に基づいて通常期待される程度を越える提供であること、③当該労務の提供によって相続財産を増加させた、又はこの労務の提供がなければ相続財産を処分せざるを得なかったと認められることとされている。

　本事例においては、上記①ないし③の点について、X₁（妻・申立人）、X₂（Aと前妻との間の子・申立人）、X₃（養子・申立人）、Y（長女・相手方）それぞれについて、寄与分が認められるか否かを、個別具体的事情に即して詳細に判断されており、裁判所における寄与分の考え方を学ぶ上で、大変参考になろう。

　ところで、X₃については、A（被相続人）の土地を担保に融資を受け、X₃名義の豚舎を新築して、養豚業の規模を拡大していったことについて、特別の受益ともみなしうるとして、当該事情が勘案され寄与分が算定されている。

　一般的に、寄与分と特別受益の関係が問題となるのは、寄与行為のある相続人が受けた生前贈与や遺贈についてである。この場合、まず寄与行為との関係で、特別受益該当性及び持戻義務の有無が問題となる。そして特別受益該当性が否定され、あるいは持戻義務が免除されたとしても、生前贈与や遺贈によって、その分の補償は得られていると考えられることから、その部分は寄与分から控除する、とされるのが通常である。

　本事例では、X₃はAから具体的財産の贈与を受けているわけではなく、特別受益というのは困難である。もっとも、X₃は、Aの不動産がなければ融資を受け、X₃名義の豚舎を建築することが適わず、X₃の財産形成にAの援助があったことは確かであるから、寄与分算定の中で「特別の受益ともみなしうる」として、当該事情が判断されたものであろう。

＜参考判例等＞
○妻が家事、育児に従事するのみならず、被相続人の死亡まで46年間にわたり、家業である農業に従事し、相続財産の増加維持に特段の貢献をし、また長男が被相続人の死亡まで27

年間にわたって報酬を受けることなく家業に従事し、相続財産の増加維持に特段の貢献を
なした寄与分として、妻に対して3割、長男に対して1割をもって相当と認めた事例（福岡高
決昭52・6・21家月30・1・78）

○生前贈与につき、貢献に報いる気持ちで行ったもので生計の資本としてのものではないと
認めて特別受益性を否定した上で、その分は報われており、その限りで寄与分の請求はで
きないとした事例（盛岡家一関支審平4・10・6家月46・1・123）

○生前贈与を、貢献に報いる気持ちで行ったもので生計の資本としてのものではないと認め、
黙示の持戻免除の意思表示を肯定し、他方寄与分の申立てについては、生前贈与を超える
寄与があったとは認められないとした事例（東京高決平8・8・26家月49・4・52）

第3章　寄与分をめぐる事例　　263

74　家業に従事して被相続人の資産の増加に貢献した相続人が、被相続人から小遣い程度をもらっていたにすぎない場合には寄与分を認めるのが相当であるとして、寄与分を認めなかった原審判を取り消し、差し戻した事例

（大阪高決平2・9・19家月43・2・144）

当事者及び遺産の概要	
被相続人	A（昭和43年5月31日死亡） B：Aの妻（昭和52年5月28日死亡）
相続人及び 法定相続分	X：長男（甲事件抗告人・乙丙事件相手方・原審申立人）5分の1 Y₁：二男（乙事件抗告人・甲丙事件相手方・原審相手方）5分の1 Y₂：二女（丙事件抗告人・甲乙事件相手方・原審相手方）5分の1 Y₃：三女（丙事件抗告人・甲乙事件相手方・原審相手方）5分の1 Y₄：三男（甲乙丙事件相手方・原審相手方）5分の1
遺産の額	2億4242万1875円
遺産の構成	不動産、信託財産、預金、有限会社の出資、宝石

当事者の主張	
X（長男・甲事件抗告人・乙丙事件相手方・ 原審申立人）	Y₁（二男・乙事件抗告人・甲丙事件相手方・ 原審相手方） Y₂（二女・丙事件抗告人・甲乙事件相手方・ 原審相手方）
――	家業従事による寄与分（Y₁）：昭和22～23年頃から同50年頃まで家業を手伝い、ABら（被相続人ら）から生活の面倒をみてもらったが、昭和36年に結婚するまでは小遣い銭程度しかもらっておらず、結婚後は同種職人が月給10万円のときに月給2万円をもらい、昭和40年に第二子が生まれてからも月給3万円をもらっていたにすぎない。 （Y₂）：昭和24年～昭和40年に結婚するまで家業の仕事、特に会計を担当し、ABらから生活の面倒をみてもらったが、小遣銭程度しかもらっていなかった。

264　　　　第3章　寄与分をめぐる事例

事実経過（裁判所が認定した事実）	
S17	A（被相続人）が染色業に着手する。
S20.9	Aが本格的に染色業を始める。X（甲事件抗告人）がAの家業を手伝い始める。
S23	Y₁（甲事件相手方）がAの家業を手伝い始める。小遣い銭程度をもらう。
S24	Y₂（甲事件相手方）がAの家業を手伝い始める。小遣い銭程度をもらう。
S25	Aが会社を設立。Xは専務取締役に就任し、Y₁が現場作業、Y₂が会計事務を手伝うようになった。
S36	Y₁が結婚。結婚後は月給2万円程度もらうようになる。
S40	Y₂が結婚。家業から離れる。
S43.5	Aが死亡。家業をXが引き継ぐ。
S46	Xが会社を廃業する。

原 審 の 判 断

1　寄与分について

「Y₁（二男・乙事件抗告人・甲丙事件相手方・原審相手方）は、昭和22〜3年頃から同50年頃迄、家業を手伝い、その対価は小遣い程度しか貰っていないと述べ、Y₂（二女・丙事件抗告人・甲乙事件相手方・原審相手方）も、中学校在学頃から昭和40年に30歳で結婚する迄、家業を手伝い、会計の仕事の他、B（被相続人Aの妻・被相続人）に代り家事も手伝い、X（長男・甲事件抗告人・乙丙事件相手方・原審申立人）やY₁が家業を手伝って月給を貰っていたのにもかかわらずその対価として小遣い程度しか貰っていないと述べているが、同人らは、無報酬で家業に貢献したのであればともかく、額の多寡はあっても、A（被相続人）の経営する家業である染工業を手伝い、Aと協議のうえその額を定めて収入を得ていたものであって、家業に貢献したことに対しては対価を得ていたものであるから、これらの貢献を寄与分とは認められない。結局、相続人らには、寄与分は無いこととなる。」

裁 判 所 の 判 断

1　寄与分について

「A（被相続人）の財産形成に相続人が寄与したことが遺産分割にあたって評価されるのは、寄与の程度が相当に高度な場合でなければならないから、被相続人の事業に関して労務を提供した場合、提供した労務にある程度見合った賃金や報酬等の対価が支払われたときは、寄与分と認めることはできないが、支払われた賃金や報酬等が提供した労務の対価として到底十分でないときは、報いられていない残余の部分につ

いては寄与分と認められる余地があると解される。また、寄与分が共同相続人間の実質的な衡平を図るための相続分の修正要素であることに照らせば、共同相続人のうちに家業に従事していなかった者と家業に貢献していた者がいる場合にこれを遺産分割に反映させる必要性があるというべきである。」

「Y₁（二男・乙事件抗告人・甲丙事件相手方・原審相手方）については昭和23年から結婚する昭和36年まで、Y₂（二女・丙事件抗告人・甲乙事件相手方・原審相手方）については昭和24年から昭和40年まで、それぞれ家業に従事して被相続人らの資産の増加に貢献したが、被相続人らから小遣銭程度を貰っていたにすぎないのであるから、上記期間の労務の提供については被相続人らの財産について寄与分があると認めるのが相当である。」

コ メ ン ト

本事例は、「民法及び家事審判法の一部を改正する法律」（昭和55年法律51号）によって現行民法904条の2に定める寄与分制度が施行される前に発生した相続に関し、制度施行後に出された審判、抗告審決定である。

制度施行前にも、寄与の事実を認定しながら寄与分を認めず法定相続分のみによる遺産の分割をした家庭裁判所の審判につき、審理不尽の違法があるとした高等裁判所の裁判例が出るまでに至っており（東京高裁昭和52年2月17日決定判タ352号201頁・事例**70**参照、昭和35年2月発生の相続に関する裁判）、制度施行前の相続であっても、寄与相続人がいるときは、その者に寄与分を認めるべきとするのが実務の取扱いであった。

本事例の原審も、一定の貢献については寄与分を認めるべきであるという前提で判断をしているが、家業に貢献したY₁（二男・乙事件抗告人・甲丙事件相手方・原審相手方）、及びY₂（二女・丙事件抗告人・甲乙事件相手方・原審相手方）が寡少の対価を得ていたことをもって、「額の多寡はあっても‥対価を得ていたものであるから、これらの貢献を寄与分とは認められない」と判断した。

これに対し、本決定は、寄与分は「共同相続人間の実質的な衡平を図るための相続分の修正制度である」と判示し、その趣旨に照らせば「共同相続人のうちに家業に従事していなかった者と家業に貢献していた者がいる場合にこれを遺産分割に反映させる必要性がある」として、支払われた報酬等が提供した労務の対価として到底十分でない場合は、報いられていない残余の部分について寄与分を認める余地があると判示し、Y₁、Y₂が被相続人らから生活の面倒をみてもらったが小遣い程度しかもらっていない期間の労務の提供については寄与分を認めるのが相当であり、寄与分の額につい

て審理を尽くす必要があるとして、原審判を取り消し、差し戻したものである。

寄与分制度施行前においても、家業への従事が「特別の寄与」と認められるために
は、労務に対し実質的な対価が支払われていないこと（労務の無償性）が必要である
とされていた。原審は寄与相続人に寡少の対価が支払われていることをもって形式的
判断により寄与分を否定したものであるが、寄与相続人の貢献に対する実質的対価支
払の有無を検討しなければ、共同相続人間の実質的な衡平を図ることはできない。

本事例は、この点を明らかにするものとして、現行寄与分制度の下でも参考になる
と思われる。

第3章　寄与分をめぐる事例　　267

75 被相続人の農業後継者として家業に従事した被代襲者の寄与分を代襲者が主張できるとした事例

(熊本家玉名支審平3・5・31家月44・2・138)

当事者及び遺産の概要	
被相続人	A （昭和60年2月8日死亡）
相続人及び法定相続分	X₁：妻（申立人）2分の1 B ：長男（昭和56年8月2日死亡） X₂：二男（申立人）10分の1 X₃：三男（申立人）10分の1 X₄：長女（申立人）10分の1 X₅：二女（申立人）10分の1 Y₁：Bの長女（相手方）30分の1 Y₂：Bの長男（相手方）30分の1 Y₃：Bの二男（相手方）30分の1
遺産の額	3542万7000円（相続開始時） 3206万8000円（遺産分割時）
遺産の構成	不動産（土地、建物）

当事者の主張	
X₁（申立人）	Y（相手方）
家事従事及び療養看護による寄与分：X₁はA（被相続人）の妻として昭和12年5月12日結婚の挙式以来子供の養育はもちろん、Aとともに農業に従事し、不動産の購入等につき特別の寄与をし、また、Aの2回に及ぶ入院や自宅療養の際にはその療養看護に当たった。	被代襲者の家事従事による寄与分：Y₁、Y₂、Y₃はAの長男亡Bの子であるが、Bは、昭和32年高等学校卒業後、Aの農業を手伝うかたわら、出稼ぎに行くなどして、昭和39年頃の自宅の改築資金の一部を出捐し、結婚以後は特に農業の後継者としてこれに従事してきたが、その間ほとんど無報酬であった。そのためAの財産の維持、増加について特別の寄与があった。

事実経過（裁判所が認定した事実）	
S12	A（被相続人）とX₁（妻・申立人）が婚姻。X₁はAと共に農業に従事。

S15〜43	A、不動産を多数購入。
S25	Aが自宅を新築。A・X₁ら家族が居住。
S32	B（長男）が高等学校卒業し、Aの農業を手伝うかたわら、出稼ぎに行く。
S37〜48	A、不動産を購入してB名義に登記する。
S39	Aが自宅を一部改築、Bは出稼ぎ収入から改築資金の一部を出損。
S42	Bが婚姻。以降Bは後継者として妻と共にAの農業に従事。
S56	Bが死亡。
S60	Aが死亡。

裁 判 所 の 判 断

1　X₁の寄与分について

　本件記録によれば、X₁（妻・申立人）には、X₁の主張に記載の事実の他、「昭和15年から同43年までの間に別紙物件目録記載…の不動産を購入している事実が認められる。」

　「A（被相続人）の財産の維持、増加についてのX₁（申立人）の寄与は、Aの妻としての当然なすべき通常の協力義務の範囲を遥かに超えた特別の寄与というべきであり、その寄与の額は上記不動産の価額（相続開始時の遺産の価額）の10％相当と認めるのが相当である。」

2　Y₁、Y₂、Y₃の寄与分について

　本件記録によればB（亡長男）には、Y₁〜Y₃（相手方）の主張に記載の事実が認められBの妻は「昭和42年以来Aの農業後継者としてのBの補助者として貢献してきたことが認められる。」「Bやその妻の寄与は特別の寄与というべき」であり、「被代襲者であるBの死亡によって、代襲者であるその相続人Y₁（相手方）らは被代襲者であるBの寄与分を主張できるものと解される。」

コ メ ン ト

　代襲相続は相続人たる地位の包括的な承継であること、寄与分制度が共同相続人間の衡平を図る趣旨のものであることから、代襲相続人は被代襲者の寄与分を主張することができると解されている（東京高決平元・12・28家月42・8・45）。

　本事例では被代襲者であるB（亡長男）の「特別の寄与」を認め、それを代襲者であるY₁、Y₂、Y₃（相手方）が主張できるとしたにとどまらず、被代襲者Bの配偶者の寄与についても「被相続人の農業の後継者としてのBの補助者として貢献してきた」として「特別の寄与」と認め、これを代襲者が主張できるとしている。

この点について本審判は特段の理由を付していないが、前掲決定は被代襲者の配偶者の寄与を被代襲者の寄与や代襲相続人の寄与と同視できるかどうかを判断の基準としており、本審判も概ねこれと同様の視点に立っているものと思われることから、Bの配偶者の寄与がBの寄与と同視できると判断したのであろう。

本決定では、被相続人の配偶者であるX₁（妻・申立人）について寄与分が認められているが、X₁が子供の養育やAの入院・療養時の療養看護にあたったほか、婚姻後、X₁がAとともに農業に従事していた間に、Aが自宅を新築したり、土地を多数購入するなど財産を増加させていることが評価されたものと思われる。

本決定は、Bの寄与分の額の算定においては、BがAの後継者として、ほとんど無報酬で農業に従事してきた旨認定する一方、Aは生前不動産を購入してB名義に登記し、実質上Bに贈与しているという事実を認定し、これを寄与分を定めるについて考慮すべき「一切の事情」に含まれるとした。不動産の贈与を寄与に対する実質的対価と評価した一方、Bの寄与の態様、期間等を考慮すれば、Bの寄与は上記贈与のみでは十分報われていないものとして、本決定は、さらに、相続開始時の遺産の価額の5％（177万1000円）相当を代襲相続人Y₁らの寄与分として認めた。

本事例では、A・X₁夫婦、及びBとその妻並びにY₁らが、自宅に長年居住してきており、本件遺産分割後も、Y₁らが居住の継続を希望したという事情があったが、本決定は、Y₁らに対し、審判確定から1年6か月以内に自宅を退去することを命じた。他方で、Y₁らが、遺産分割により居住を奪われることなどの事情を考慮し、分割の対象となる遺産の価格の算定においては、自宅土地建物価額から、Y₁らの「居住利益」相当額を控除するのが相当とし、居住利益を自宅土地建物の価額の20％に当たる319万5000円と認定した。

居住用不動産の評価及び分割方法において参考になる事例である。

＜参考判例等＞
○被代襲者の寄与に基づき代襲相続人に寄与分を認めることも、相続人の配偶者や母親の寄与が相続人の寄与と同視できる場合にはこれを相続人の寄与分として考慮することも許されるとした事例（東京高決平元・12・28家月42・8・45）
○被相続人の長男及びその妻とともに被相続人の家業である農業を維持してきた長男の長男である代襲相続人について、5割の寄与分を認めた事例（横浜家審平6・7・27家月47・8・72）

270　　　第3章　寄与分をめぐる事例

76　寄与分と遺留分の関係―農家の遺産の維持に貢献した相続人の寄与
分を大きく評価した原審判が他の相続人の遺留分との関係で違法とさ
れた事例

(東京高決平3・12・24判タ794・215)

当事者及び遺産の概要	
被相続人	A（平成元年5月9日死亡）
相続人及び法定相続分	X：長女（抗告人）4分の1 Y₁：長男（相手方）4分の1 Y₂：二男（相手方）4分の1 Y₃：二女（相手方）4分の1
遺産の額	5465万7422円
遺産の構成	不動産（土地、建物）

当事者の主張	
X（抗告人・長女）	Y₁（相手方・長男）
家業農業従事による寄与分：Y₁が農業後継者として営農に努めたとしても、Aの補助として行ってきたものにすぎない、財産は増加していない、Y₁はAの相続財産から多大な利得も得ている面もある。 **療養看護による寄与分**：Aは死亡直前まで自ら農業に従事しており、Y₁の療養看護の必要はなかった。 **寄与分と遺留分の関係**：1人の相続人に、他の相続人の遺留分を侵害する7割もの寄与分を認めるのは不当である。	――

事実経過（裁判所が認定した事実）	
S20.3〜H1.5	Y₁（長男・相手方）がA（被相続人）の農業を手伝い、農地の維持管理に努め、晩年のAの療養看護にも当たる。
H1.5	A死亡。

第3章　寄与分をめぐる事例　　271

原　審　の　判　断

1　Y₁の寄与分について

　Y₁（相手方・長男）は家業である農業を手伝い、その相続財産である農地等の維持管理に努めるとともに、晩年のA（被相続人）の療養看護にあたってきたことから、Y₁の相続財産に対する寄与分が、7割を下らないものと判断した。

裁　判　所　の　判　断

1　寄与分と遺留分の関係について

　「寄与分の制度は、相続人間の衡平を図るために設けられた制度であるから、遺留分によって当然に制限されるものではない。しかし、民法が、兄弟姉妹以外の相続人について遺留分の制度を設け、これを侵害する遺贈及び生前贈与については遺留分権利者及びその承継人に減殺請求権を認めている（1031条）一方、寄与分について、家庭裁判所は寄与の時期、方法及び程度、相続財産の額その他一切の事情を考慮して定める旨規定していること（904条の2第2項）を併せ考慮すれば、裁判所が寄与分を定めるにあたっては、他の相続人の遺留分についても考慮すべきは当然である。確かに、寄与分については法文の上で上限の定めがないが、だからといって、これを定めるにあたって他の相続人の遺留分を考慮しなくてよいということにはならない。むしろ、先に述べたような理由から、寄与分を定めるにあたっては、これが他の相続人の遺留分を侵害する結果となるかどうかについても考慮しなければならないというべきである。」

2　Y₁（長男・相手方）の寄与分について

　「（原審のような）寄与分の定めは、X（長女・抗告人）の遺留分相当額（約683万円）をも大きく下回るものであって、Y₁がA（被相続人）の遺産の維持ないし増殖に寄与したとしても、前認定のように、ただ家業である農業を続け、これら遺産たる農地等の維持管理に努めたり、Aの療養看護にあたったというだけでは、そのようにY₁の寄与分を大きく評価するのは相当でなく、さらに特別の寄与をした等特段の事情がなければならない。しかしながら、原審判には、その判文上からもそのような点を考慮した形跡は少しも窺われない。」「本件は、改めて右の点をも考慮した上で寄与分を定め、遺産を分割すべきものといわなければならない。」

3　家業の農業従事による寄与分について

　「相続財産が主として農地など農業経営に必要な資産である場合、永年農業経営の維持継続に尽力してきた相続人に対し、その寄与分を考慮することは十分考えられるところであるが、寄与分は相続人間の衡平を図るために設けられた制度であるから、農業経営の近代化、合理化に資する途であるからといって、農業経営の承継者のみを格別に扱うことは、その制度の趣旨にそぐわない」。

コ　メ　ン　ト

　条文上、寄与分と遺留分との優先関係は規定されていない。学説には寄与分優先説、遺留分優先説、運用説（遺留分は当然に寄与分の上限を画するものではないが、寄与分を定めるに当たり、遺留分は「一切の事情」として考慮されるべきであるとする説）等があるところ、本決定は、運用説に立つことを明らかにした。この見解は立法担当者の取る見解でもあり（法務省民事局参事官室編「新しい相続制度の解説―改正相続法の詳解と相続制度のすべて」254頁）、実務上は、運用説が支配的とされている。

　本決定は、運用説に立ちつつ、「ただ家業である農業を続け、これら遺産たる農地等の維持管理に努めたり、父の療養看護にあたったというだけでは、そのように（遺産の7割）寄与分を大きく評価するのは相当ではなく、さらに特別の寄与をした等特段の事情がなければならない」として、「特段の事情」の存在によっては遺留分を侵害する寄与分を認める余地があることを判示している。

　では、どのような場合に上記「特段の事情」が認められるのか。本決定では、具体的内容は不明であるが、過去の裁判例では、相続人が相続財産の購入資金の大半を提供した場合に高い割合の寄与分を認める例があり（和歌山家審昭59・1・25家月37・1・134、事例97）、このような事情が存する場合には「特段の事情」が認められる可能性があると考えられる。

第3章　寄与分をめぐる事例　　273

77　被相続人の家業である薬局経営に無報酬又はこれに近い状態で従事したとはいえないが、薬局を会社組織にし、店舗を新築するなどして経営規模を拡大した相続人に対し、3000万円の寄与分を認めた事例

(福岡家久留米支審平4・9・28家月45・12・74)

当事者及び遺産の概要	
被相続人	A（昭和61年9月9日死亡） B（昭和63年4月7日死亡）
相続人及び 法定相続分	X$_1$：長男（申立人）5分の1 X$_2$：長女（申立人）5分の1 X$_3$：二女（申立人）5分の1 X$_4$：二男（申立人）5分の1 Y　：三男（相手方）5分の1
遺産の額	（被相続人Aの遺産） 701万3750円（相続開始時448万6750円） （被相続人Bの遺産） 1億9319万8880円（相続開始時1億2943万6880円）
遺産の構成	不動産（土地、建物）、預金、出資持分、株式、現金等

当事者の主張	
X（申立人）	Y（相手方）
——	——

事実経過（裁判所が認定した事実）	
S46	Y（三男・相手方）が実家に戻り、A（被相続人）、B（被相続人）、X$_2$（長女・相手方）らとともに家業である薬局を手伝うようになる。
S51	Aが薬局経営から外れ、以降B、Yが家業（薬局本店）の経営を行う。 X$_1$（長男・申立人）とX$_3$（二女・申立人）、薬局甲支店開設して経営に当たる。
S53	X$_1$、薬局甲支店から離れ、乙支店開設。
S56	X$_1$の薬局乙支店閉店。
S56〜	Yが結婚し、妻とともに薬局本店の経営に当たる。Bはこのころ第一線から退く。

S58末	薬局本店の店舗が改装される。
S60.4	本店とX₃が経営する薬局甲支店を併せて会社組織とすることとし、B、X₃、Yが100口ずつ出資して有限会社(以下「K社」という。)を設立。Bが代表取締役、Y、X₃が取締役となる。
S60.8	X₃はK社を退社し、退職金196万9880円の支払を受ける。K社の甲支店における営業がX₃に譲渡され、K社に対するX₃の出資持分はYが買い取る。
S61.9	Aが死亡。
S62.2	Bが融資を受けて、新店舗兼居宅を建設。新店舗は面積が3倍になった上に駐車場付きで、売上が向上した。
S62.8	Bが寝たきりになる。
S63.2	K社の出資口数を300口から1000口に増加。増加の口数はBの出資。
S63.4	Bが死亡。

裁　判　所　の　判　断

1　家業への従事による寄与分について

　Y(三男・相手方)は、昭和46年ころから家業の薬局経営を手伝い、昭和56年からはB(被相続人)に代わって経営の中心となり、昭和60年に薬局を会社組織にした後も、店舗を新築するなどして経営規模を拡大した。その間、Yが無報酬又はこれに近い状態で事業に従事したとはいえないが、それでも、Yは、薬局経営のみが収入の途であったBの遺産の維持又は増加に特別の寄与貢献を相当程度したものと解せられる。その程度は、本件における一切の事情を斟酌し、Bの相続開始時における遺産の評価額の総額1億2943万6880円から当時の負債3715万1256円を控除した9228万5624円の32%強、金額にして3000万円と認めるのが相当である。

2　遺産分割の方法について

　K社の出資持分全部と薬局経営に必要な○○製薬の株式はYに取得させるのが相当であり、不動産は、本件の一切の事情を勘案し、X₁(長男・申立人)ら4名及びYの共有とすることにする。本件では不動産を現物分割することはできないし、不動産を単独取得するための代償金を支払う能力がある相続人は見当たらないから、選びうる他の方法としては競売を命じて換価分割することしかない。しかしながら、この方法によるときは、不動産の時価を損なう可能性が強く、その意味でX₁ら4名にとっても必ずしも利益にならない上、Yは直ちに生活の本拠を失い、また、K社の店舗もなくなってその営業継続に深刻な打撃を被る。また、上記のような持分多数決になれば、むしろYに酷な結果になる可能性があるが、YにおいてはX₁ら4名との共有を希望して

第3章　寄与分をめぐる事例　　275

いる。その他、X₁ら4名とYの利害得喪等をあれこれと勘案すると、本件においては、不動産を換価する方法ではなく、共有とする方法で分割するのが相当である。

コメント

　被相続人の事業に対する労務の提供が「特別の寄与」と評価されるには、寄与行為に対して補償がないこと（無償性）が必要とされている。この点、本事例で寄与分を申し立てたY（三男・相手方）は、給与あるいは役員報酬を得ながら家業に従事していたものであり、本事例も、Yの労務の提供が「無報酬又はこれに近い状態で事業に従事したとはいえないが」と指摘しつつ、しかし、Yについて寄与分を認めた。

　本事例は、Yが、10年間薬局経営を手伝った後、B（被相続人）死亡までの7年間は、YがB（被相続人）に代わって経営の中心となり、さらにBを代表取締役、Yを取締役として薬局を会社組織にし、店舗を新築する（新築資金はBの名義で融資を受けている。）などして経営規模を拡大し、薬局経営のみが収入の途であったBの遺産の維持又は増加に特別の寄与貢献をした旨評価しており、家業の従事に対し労務対価を得ている場合において、なお寄与分が認められた事例として参考になろう。

　なお、本事例は、YとXら（申立人ら）が、調停中、家業K社の経営権を争う等の対立関係を示したこともあるものの、裁判所は店舗兼居宅不動産の遺産分割方法について、上記「裁判所の判断」記載の理由を示し、相続人全員の共有とする旨判断した。

　遺産分割において不動産を全員の共有とすることは、後日に紛争を残すことになり望ましくないとされているところ、いかなる場合に共有とする方法が相当とされるのか、参考になる事例である。

276   第3章　寄与分をめぐる事例

78 被相続人の家業従事、家事労働、扶養、療養看護の各態様ごとに寄与分を算定した上、これらを合算して寄与分を認めた事例

(盛岡家一関支審平4・10・6家月46・1・123)

当事者及び遺産の概要	
被相続人	A（昭和63年6月28日死亡）
相続人及び法定相続分	B：長男（昭和52年7月18日死亡） X：養女・Bの妻（申立人）7分の1 Y₁：二男（相手方）7分の1（Xに相続分譲渡） Y₂：三男（相手方）7分の1（Xに相続分譲渡） Y₃：二女（相手方）7分の1（Xに相続分譲渡） Y₄：四男（相手方）7分の1 Y₅：養女・Y₄の妻（相手方）7分の1 Y₆：ⅩBの子（相手方）21分の1（Xに相続分譲渡） Y₇：ⅩBの子（相手方）21分の1（Xに相続分譲渡） Y₈：ⅩBの子（相手方）21分の1（Xに相続分譲渡）
遺産の額	3173万5000円
遺産の構成	不動産（土地、建物）

当事者の主張	
X（申立人）	Y₄、Y₅（相手方）
X（養女・申立人）は家業の農業に従事するとともに、工具として得た収入をもってA（被相続人）及び家族の生活を支え、Aの療養看護に勤めたことから、寄与分がみとめられるべきである。	——

事実経過（裁判所が認定した事実）	
S31	X（養女・申立人）とB（長男）が婚姻。Bは出稼ぎに行き、XがA（被相続人）夫婦及びY₁・Y₂・Y₃・Y₄（相手方）と同居して家事や農作業に従事する。
S36～S49頃	Y₁・Y₂・Y₃・Y₄がそれぞれ独立する。
S52.7.18	Bが出稼ぎ先で死亡。

S52.8〜	XがAに代わり田畑を管理耕作するとともに、工員として働きA夫婦との家計を支える。
S55	Aの妻が死亡。
S57.3.8	XとAが養子縁組をし、AがXに不動産を生前贈与する。
S60	Aに痴呆の症状が現れ、XがAの療養看護を行う。
S63.6.28	Aが死亡。

裁 判 所 の 判 断

1 家業の従事による寄与分について

X（養女・申立人）は、昭和52年から家業の農業に従事していたが、昭和63年の人力による農作業標準賃金1日4800円、年間の作業日数を60日、生活費として40％を控除すると、Xの農業に従事したことによる寄与分は190万0800円となる。4800円×60日×11年×0.6＝190万0800円。

2 家事労働による寄与分について

Xは、A（被相続人）の妻死亡後は家事労働を行っていたところ、昭和63年の家政婦の基本賃金5100円、Aの妻が死亡した昭和55年12月9日からA死亡日までの2759日、生活費として40％を控除すると、Xの家事労働についての寄与分は844万2540円となる。5100円×2759日×0.6＝844万2540円。

3 療養看護による寄与分について

Xは、Aが昭和60年から老人性痴呆が進行し昼夜を問わず療養看護を要する状態となったため、日常の家事労働の他にAの療養看護を行った。上記寄与分は家政婦賃金の基本料金に超過料金及び深夜料金を加えた額とするのが相当であり、合計1170万4500円となる。（5100円＋2550円＋1530円）×1275日＝1170万4500円。

4 扶養による寄与分について

Xは、B（長男）が死亡してから工員として稼働し、その収入でAを扶養していたところ、上記寄与分は工員として得た収入の60％とするのが相当であり、合計660万円となる。100万×11年×0.6＝660万円。

コ メ ン ト

本事例は、X（養女・申立人）の家業従事、家事労働、療養看護及び扶養の各態様

による貢献につき「特別の寄与」を認め、それぞれ寄与分の算定をしている。

　このうち、家事・家業従事についてみると、Xは昭和31年の婚姻後から、A（被相続人）夫婦と共に家事や農作業に従事していたものの、Xが高齢の「Aに代わって」家業である農業の主たる従事者として田畑の管理耕作を行うようになった昭和52年8月以降の貢献についてのみ家業従事による寄与分算定の対象とし、また、Aの妻死亡後の家事労働についてのみ寄与分算定の対象とした。

　Xは家族の生計を支えるために工員としても稼働しており、その収入でAを扶養したとして扶養の態様による寄与分も認定されていることからすれば、Xは専業的に農業に従事していたものではない。しかし、本事例でX以外に主として農業に従事していた者はなく、Xは農業の主たる担い手として、特別の寄与が認められたものである。

　本決定は、相続発生まで11年間分の農業従事によるXの貢献について、相続発生時である昭和63年の農作業標準賃金1日4800円に1年間の作業日数60日を乗じ、生活費40％を控除して算出しており、農作業従事による寄与分の算定において参考になろう。

　なお、本事例において、AはXと昭和57年3月8日に養子縁組し、Xの貢献に感謝し、それに報いる気持ちでXに不動産（相続発生時評価額2232万6000円）を贈与している。相当額の贈与であるが、本決定は、その実質が「貢献に対する報酬」であり、生計の資本ではないとして特別受益性を否定し、その一方、「寄与分の制度は、相続財産の増加ないしは維持に特別の貢献があった相続人と他の共同相続人との実質的公平を図る制度であるから、寄与相続人が、被相続人から生前贈与を受ける等して寄与相当分が報われている場合は、その限度で寄与分の請求はできない」として各態様ごとに算出した寄与分評価額の合計から、贈与不動産の価額を控除した残額を遺産分割において請求できる寄与分としており、生前贈与を受けている寄与相続人の寄与分の評価についても参考になる。

第3章　寄与分をめぐる事例　　279

79　被相続人への生活費援助に加え、被相続人に無償で住居に居住させ光熱費等も負担した子に寄与分20％を認めた事例

（山口家萩支審平6・3・28家月47・4・50）

当事者及び遺産の概要	
被相続人	Ａ（平成2年7月25日死亡）
相続人及び 法定相続分	Ｘ：子（申立人）5分の1 Ｙ$_1$：子（相手方）5分の1 Ｙ$_2$：子（相手方）5分の1 Ｙ$_3$：子（相手方）5分の1 Ｙ$_4$：子（相手方）5分の1
遺産の額	2118万7619円（うち寄与分423万7523円）
遺産の構成	現金、預貯金

当事者の主張	
Ｘ（申立人）	Ｙ（相手方）
──	──

事実経過（裁判所が認定した事実）	
S24	Ｙ$_1$（子・相手方）は、母Ａ（被相続人）と父Ｂが営む理容店（甲理容店）を無償で手伝うようになる。Ｂは理容師であったが、Ａは理容師資格なし。
S25	Ｙ$_1$理容師資格取得。
S31.6.22 ～S39頃	Ｙ$_1$、Ｃと婚姻。ＣもＹ$_1$と共に無償で甲理容店を支える。
S39頃	Ｃも理容師資格取得。この頃から、Ｙ$_1$が甲理容店の実質的経営者となる。
S50.2.24	Ｂ死亡。Ｂの遺言によりＢの遺産はＹ$_1$が取得した。以後、Ｙ$_1$は、Ａに対し、昭和54年4月頃までは毎月3万5000円を、その後はＡが死亡するまで毎月9万円を生活費として渡してきたほか、Ｙ$_1$が新築した家にＡを無償で住まわせ、光熱費や公租公課等もすべてＹ$_1$が負担した。
H2.7.25	Ａ死亡。Ａは、特定の不動産をＹ$_2$（子・相手方）に相続させる旨の内容が含まれた公正証書遺言を残していた。

第3章　寄与分をめぐる事例

裁 判 所 の 判 断

1　Y₁による寄与分について

　Y₁（子・相手方）は、昭和24年に高校を1年残して中退してB（被相続人の夫）の理容業（甲理容店）を手伝うようになり、翌25年には理容師の資格を取得し、以後Bと共に理容業に従事して家計を支えた。

　Y₁は、昭和31年6月22日にCと結婚したが、Cも結婚後甲理容店の手伝いをするようになり、昭和39年ころには理容師の資格を取得した。

　そのころから、B及びAが高齢となったこともあり、Y₁は甲理容店の経営を実質的に任されるようになったが、それまではBから給与等を支給されることはなかった。

　Bは昭和50年2月24日に死亡し、Y₁がBの遺言によりBの遺産を相続した。そして、以後、Y₁は、Aが平成2年7月25日に死亡するまでの間、Aを扶養してきた。

　具体的には、Y₁（相手方）は、A（被相続人）に対し、生活費として昭和54年4月頃までは毎月3万5000円を、その後死亡するまでの間は毎月9万円を渡してきた（この財源は、主としてY₁がAから購入した後記アパートの家賃収入及びY₁が新築した建物の家賃収入であった。）。

　なお、Aは、B死亡後は甲理容店を手伝うことはほとんどなかった。

　Aは、別紙物件目録記載1の土地及び同目録2記載の建物を昭和27年ころに購入後、上記建物をアパートとして2所帯に賃貸して賃料収入を得ていた。昭和43年ころ、上記建物が老朽化してきたため、Aの求めに応じて補修したが、畳や建具等の造作に要した費用はAが負担したが、基礎部分に要した費用70万円については、Y₁がこれを負担した。

　ところで、上記建物には、各部屋に備え付けの便所及び風呂がなくAから各部屋に固有の便所と風呂を設置するように改装するように、さらにはこれを購入するように求められたため上記土地建物を購入し、（Y₁は）Aに500万円を支払った。

　Y₁は、Aの求めに応じて、昭和51年8月28日に木造瓦葺平屋建居宅を1300万円で新築し、Aが死亡するまでの間、無償でAを居住させてきた。

　そして、Y₁は、Aが上記家屋で使用した水道、電気、ガス代等の光熱費等一切を負担した。

　Y₁は、昭和51年から平成2年までの間におけるAの負担すべき公租公課をすべて支払った。

　上記認定の事実によれば、Y₁に特別の寄与があったものというべきであり、遺産の評価額2118万7619円の20％に相当する423万7523円をもって寄与分の額と認めるのが

相当である。

2　Xによる寄与分について

　審判の申立てはなく、本件記録を精査してもX（子・申立人）に特別の寄与があったものと認定することはできない。

3　Y2（子・相手方）の特別受益について

　「相続させる」旨の遺言による特定の遺産の承継についても、民法903条1項の類推適用により、特別受益として持戻計算の対象になるものと解するのが相当である。

　したがって、別紙遺産目録3記載の不動産は、特別受益として、持戻計算の対象となる。

コメント

　本事例は、A（被相続人）の夫であるBが営んでいた理容店において、約15年間無償で家業を手伝ってきたY1（子・相手方）が、理容店を引き継いだ後は、Aの生活費負担に加えて、Y1が新築した居宅にAを無償で住まわせ、光熱費や公租公課もY1がすべて負担してきたという事情の下で、Y1に寄与分20％を認めた事例である。

　扶養義務のある法定相続人には、生活費援助等の事情があってもそれが通常の扶養義務の範囲を超えると評価できない限り寄与分を認めないのが実務であるが、本事例では、子であるY1に寄与分を認めている。本事例が摘示した各事実は、被相続人の子における通常の扶養義務の範囲内を超える具体的事情の例として、参考になるだろう。

　なお、本事例は、「相続させる」旨の遺言により、特定の相続人に対する特定の遺産の承継があった場合については、民法903条1項の類推適用により、特別受益として持戻計算の対象になることを明示している。

80 家業専従の代襲相続人につき50％の寄与分を認めた事例

（横浜家裁審平6・7・27家月47・8・72）

当事者及び遺産の概要	
被相続人	A（昭和51年5月30日死亡）
相続人及び法定相続分	X：三男（申立人）7分の1 Y_1：亡長男Cの長男（代襲相続人・相手方）28分の1 Y_2：亡長男Cの二男（代襲相続人・相手方）28分の1 Y_3：亡長男Cの長女（代襲相続人・相手方）28分の1 Y_4：亡長男Cの二女（代襲相続人・相手方）28分の1 Y_5：長女（相手方）7分の1 Y_6：二女（相手方）7分の1 Y_7：亡四男Eの妻（相続承継人・相手方）14分の1 Y_8：亡四男Eの長女（相続承継人・相手方）42分の1 Y_9：亡四男Eの長男（相続承継人・相手方）42分の1 Y_{10}：亡四男Eの二男（相続承継人・相手方）42分の1 Y_{11}：五男（相手方）7分の1 Y_{12}：三女（相手方）7分の1
遺産の額	2億8278万円（うち寄与分1億4139万円）
遺産の構成	田、建物、山林等

当事者の主張	
X（申立人）	Y（相手方）
――	――

事実経過（裁判所が認定した事実）	
T4.9.19	A（被相続人）、夫であるBと婚姻。その後、亡長男C、X（三男・申立人）らが生まれる。Bの父が死亡したため、Bが農地を相続し、A夫婦は以来、農業によって生活する。
S17.4.4〜	CがDと婚姻し、その後、Y_1（Cの長男・相手方）らが生まれる。C夫婦は、A・Bと共に農業に専従。
S31.12.13〜S41	Bが死亡。Bの遺産は、AとCが相続し、その後は、Cが中心となって農業を営む。遺産の固定資産税はCが負担。

第3章　寄与分をめぐる事例　　283

S41頃	Aが脳溢血で倒れる。
S43.8.28	C、死亡。その後、農業の担い手はCの妻DとY1が中心となった。遺産の固定資産税はY1が負担。
S51.5.30	A死亡。

裁 判 所 の 判 断

1　Y1による寄与分について

　A（被相続人）は、大正4年9月19日Bと婚姻し、Bの父が大正7年7月5日に死亡したため、Bが家督相続により農地2町3反を相続し、A夫婦は農業によって生活してきた。BとA間の長男であるC（Y1の父）は、昭和17年4月4日Dと婚姻し、C・D夫婦とAらが農業に専従していたが、Bは昭和27年頃借家を建ててその家賃収入を得、Cは農閑期に工場で働くなどの副収入を得て、Aらの生活費に当てた。昭和31年12月13日Bが死亡したため、それ以降、Cが中心となって農業経営を維持し、Bの遺産はAとCが相続し、Aの相続した物件が本件遺産となった。Aは昭和41年ころ脳溢血で倒れ、それ以降農作業はできなくなったところ、昭和43年8月28日Cが死亡し、農業の中心的担い手はY1（Cの長男・相手方）及びDとなった。遺産の固定資産税は、昭和31年から昭和43年はCが、昭和43年以降はY1が負担した。

　以上の事実によれば、C及びD、Y1はB及びAの家業である農業を維持することによって農地などの遺産の維持に寄与したものと認められ、Cの代襲相続人であるY1は、Aの相続人としてのCの地位を承継するのであるから、Cの寄与分あるいは、DがC及びY1の履行補助者として寄与したことを承継ないし包含するものということができる。そこで、Y1の寄与分として本件遺産の前記評価額の50％と認めるのが相当である。

コ メ ン ト

　本事例は、被相続人の長男の代襲相続人について、被代襲者及びその配偶者（代襲者相続人の母）とともに被相続人の家業である農業を維持してきたことを評価し、また、被代襲者の寄与分の承継及び被代襲者の配偶者（履行補助者）の寄与分も認め、代襲相続人に5割の寄与分を認めた事例である。

　代襲相続人が自身の寄与を主張することは実務上認められており、問題となるのは、代襲相続人が被代襲者の寄与及び被代襲者の配偶者の寄与を含めて主張できるかである。被代襲者の寄与については、代襲相続人は被代襲者の地位を承継し、その相続分と同一のものを取得する等の理由から肯定するのが実務・多数説であり、本事例も同

じ立場である。被代襲者の配偶者の寄与については、履行補助者としての寄与に含まれるとするのが多数説である。本事例は多数説に立ち、Cの配偶者の寄与も含めて認めた（加藤永一「農業に寄与した代襲相続人に五割の寄与分を認めた事例」民商114巻6号120頁）。

なお、本事例は、寄与分判断の考慮要素として、被相続人の夫が亡くなってから10年間以上、被代襲者が農業経営の中心を担い、遺産にかかる固定資産税を負担していたこと、被代襲者が死亡した後は、約8年間にわたって、代襲相続人及び被代襲者の妻が農業経営の中心を担い、遺産にかかる固定資産税を負担していたことを示した。本事例が示した考慮要素は、農業従事の場合における寄与分主張において参考になるだろう。

第3章　寄与分をめぐる事例　　285

81 家業である農業に長年にわたり無償で従事し被相続人の介護を務めた相続人には寄与分を認める一方、原審の調査を拒否し審問に不出頭であった他方相続人の抗告審における寄与分を定める審判申立てを却下した事例

（広島高岡山支決平12・11・29家月53・4・47）

当事者及び遺産の概要	
被相続人	A（平成6年12月21日死亡）
相続人及び法定相続分	X：子（抗告人兼抗告審寄与分申立人）3分の1 Y1：子（相手方・原審遺産分割申立人・原審寄与分申立人）3分の1 Y2：子（相手方・原審遺産分割申立人・原審寄与分申立人）3分の1
遺産の額	6292万円（うち寄与分2600万円）
遺産の構成	不動産

当事者の主張	
X（抗告人）	Y（相手方）
経済援助による寄与分 ——	経済援助による寄与分：A（被相続人）は、本件遺産たる農地、Y1及びY2（子・相手方ら）の農地で農業経営をしていたが、農機具等を買い入れるための利益は出ず、Y1（平均年収150万円）及びY2（平均年収150万円）が、25年間にわたり、それぞれ年額50万円程度の農機具等の購入資金を拠出してきた。
財産維持による寄与分：昭和34年から昭和61年まで、稲作の作業に最も重要な「荒起し」、「苗代、田植え」、「稲刈、脱穀」の際には機械運転などを手伝い（機械運転はX（子・抗告人）のみができた。）、相続財産たる田の維持に寄与した。	財産維持による寄与分：Y1及びY2はそれぞれ、出勤前、帰宅後に無報酬でAの農業経営の手伝いを25年間にわたり行ってきた。
療養看護による寄与分 ——	療養看護による寄与分：Y1及びY2は、Aが自宅療養をしていた際には出勤前に身の回りの用意をして、帰宅後に後始末をし、Aが入院してからは病院で介護して療養看護に努めた。

原審手続の審理不尽：Ｘは、脳の手術の影響で知覚に障害があり、怒りやすくなった。Ｘが原審における調査に非協力的であったのは、この障害のためである。	原審手続の審理不尽 ——

事実経過（裁判所が認定した事実）

～S35	Ｘ（子・抗告人）、Ｙ₁及びＹ₂（子・相手方ら）は、母Ａ（被相続人）と同居してＡの農業経営を手伝っていた。なお、Ａの夫は昭和29年に死亡。
S35～S58	Ｘは結婚しＡと別居したため、年に数回、農業の手伝いに帰省する程度であったのに対し、Ｙ₁及びＹ₂はＡと同居を続け、会社員として働く傍ら、朝夕あるいは休日にＡの農業を手伝い、Ａが高齢化するのに伴い、Ａに代わって農業経営にあたった。
S58頃～	Ａは足腰が弱くなり失禁も頻繁になったため、Ｙ₁及びＹ₂が介護に当たるようになる。
S62	Ｘ、手術で右脳を損傷し左半身不全麻痺になったが、思考能力には影響なし。
H3頃～	Ａの認知症が進行。
H4.1	Ａ入院。Ｙ₁及びＹ₂が病院に通ってＡを介護し、病院に泊まり込んで付き添う等して、Ａの療養看護に努めた。Ａの収入は月額3万円の年金のみであり、Ｙ₁及びＹ₂はＡの生活費の不足分を負担したり、治療費のうち自己負担分や介護用品購入費用についても、不足分はＹ₁及びＹ₂が負担した。
H6.12.21	Ａ死亡。
H7.8.21	Ｙ₁及びＹ₂、Ｘを相手取って遺産分割調停申立て。
H7.9.18	Ｙ₁及びＹ₂、Ｘを相手取って寄与分を定める調停申立て。
H7.9.26～	Ｘ、第1回調停期日には出頭したが、調停取下げを要求し、その後の期日には出頭せず。
H7.12.5～	調停不成立。審判に移行し、調査官が調査に当たったが、Ｘは調査官の呼出しに応じず、調査官が自宅まで出向いて調査する旨の申出も拒否し、電話連絡においても手続に協力しない旨の主張を繰り返す。裁判所が審問期日へ呼出しを数回行ったが、Ｘは出頭しなかったため、原審においてＸの寄与分調査ができなかった。なお、Ｘは、Ｙ₁及びＹ₂の遺産分割の申立てについて主治医に相談し、原審後、弁護士を選任して本件抗告に及んだ。

原 審 の 判 断

1 経済援助による寄与分について

　Ａ（被相続人）のために、Ｙ₁及びＹ₂（子・相手方ら）が農業経営にかかる資金を援助してきたことを認めうる具体的な資料は見出せない。

第3章　寄与分をめぐる事例　　287

2　農業経営に対する手伝いによる寄与分について

　X（子・抗告人）は結婚した後は、年に数回農業の手伝いに帰ってくる程度であったのに対し、Y_1及びY_2は、朝夕あるいは休日、無報酬でAの農業経営の手伝いをするなど農業経営に深く関わり、年間80日程度、35年間にわたり行ってきた。

　その結果、遺産たる農地を維持保全できたと推認される。

　もっとも、農業経営はY_1及びY_2の生活の一部を支える結果ともなっているので、寄与を考えるに当たっては、日当相当分（8595円）の半額で計算するべきであり、1203万3000円が1人当たりの農業寄与分である。

3　療養看護による寄与分について

　Y_1及びY_2は、共同して、Aが自宅療養していた時期には、出勤前及び帰宅後にAの身の回りの世話をし、Aが入院してからは帰宅後に病院に通って介護し、Aのベッドの下で一晩を過ごすなどした。その結果、遺産を維持保全できたと推定される。

　介護費用は、1日当たり3720円とし、年間平均150日それぞれが関わったとして12年間分の換算とすると、1人当たり669万6000円と算定される。

4　寄与分の合計

　Y_1、Y_2にそれぞれ1873万円を認める。

裁 判 所 の 判 断

1　Y_1及びY_2の寄与分について

　X（子・抗告人）及びY_1及びY_2（子・相手方ら）は、昭和35年にXが結婚するまではAと同居し、それぞれA（被相続人）の農業経営を手伝っていた。

　その後、XはAと別居し、年に数回農業の手伝いに帰ってくる程度であったのに対し、Y_1らはその後も本件建物でAと同居し、Y_1らはいずれも会社員として勤務していたが、勤務の合間を縫って、朝夕あるいは休日にAの農業を手伝い、Aが高齢化するのに伴い、Aに代わってY_1らが農業全般の経営に当たるようになり、このような状態はA死亡時まで続き、A死亡後もY_1らは従前どおり農業に従事している。

　Aは昭和58年ころから足腰が弱くなって失禁も頻繁になり、おむつ交換、食事の介添え等の介護が必要になったため、同居していたY_1らが協力してAの介護に当たっていた。

　Aは、平成3年ころから認知症の症状が進行し、平成4年1月に○○病院に入院し、平成6年12月21日に死亡するまで入院していたが、Aの入院中も、Y_1らは病院に通って

介護し、また、病院に泊まり込んで付き添う等して、Aの療養看護に努めた。

　Aの収入は月額3万円の年金のみであり、Y₁らはAの生活費の不足分を負担し、また、Aの治療はXの健康保険を利用して行われたが、治療費のうちの自己負担分や介護用品購入費用についても、Aの収入で足りない部分はY₁らが負担していた。

　なお、Y₁らは、A（被相続人）のために農機具を購入したり、多量の農薬を買い入れるための農業経営にかかる資金を援助してきたと主張するが、これを認めるに足りる明確な証拠はない。

　以上によれば、Y₁らは、永年にわたってAの農業に労務を提供するなどし、また、Aの扶養及び療養看護について子として期待される通常の程度を超えた貢献をし、これによって、被相続人の財産の維持に特別寄与したということができ、Y₁らの寄与分は、それぞれ本件遺産の相続開始時の価格の2割強に当たる1300万円と認めるのが相当である。

2　Xの寄与分について

　家事審判規則103条の4第3項によれば、遺産分割の審判手続において、家庭裁判所は、当事者の寄与分を定める審判の申立てをすべき期間を定めなかった場合においても、遺産分割の審理を著しく遅延させると認められ、かつ申立てが遅滞したことにつき申立人の責めに帰すべき事由があるときは、当該寄与分を定める審判の申立てを却下することができる。

　Y₁らは、平成7年8月21日、Xを相手方として原裁判所に対して本件遺産分割調停の申立てをし、同年9月18日、Xを相手方として寄与分を定める調停の申立てをしたこと、Xは同年9月26日の第1回調停期日に出頭したが、遺産は共有のままにしたいとして調停申立ての取下げを要求し、その後の調停期日には出頭しなかったため、調停は同年12月5日不成立となり、審判に移行したこと、審判手続において、家庭裁判所調査官が家事審判官の調査命令を受けて調査に当たったが、Xは家庭裁判所調査官の調査のための呼出しに応じず、Xの自宅まで出向いて調査する旨の家庭裁判所調査官の申出も拒否したこと、なお、Xと家庭裁判所調査官との間で電話連絡が数回なされ、その際、Xは、家業である農業に寄与したと述べることはあったが、Y₁らが本件申立てを取り下げることを要求し、Xは本件手続には協力しないとの主張を繰り返すのみであったこと、その後、原裁判所はXに対して審問のための呼出しを数回行ったが、Xは出頭しなかったこと、したがって、Xの寄与分については、原審において調査がされていないこと、Xは、昭和62年、脳動静脈奇形の手術をし、その結果、右脳を損傷し、左半身不全麻痺になったが、思考能力には影響がなく、Y₁らの本件遺産分割の申立てに

第3章　寄与分をめぐる事例　　289

ついても主治医である医師に相談していること、Xは、原審判後、弁護士を選任して
本件抗告に及び、次いで、本件寄与分を定める審判の申立てをしたこと、以上の事実
が認められる。

　以上によれば、Xの当審における寄与分を定める審判の申立てが遺産分割の審理を
著しく遅滞させることは明らかであり、また、Xは原審の審判手続において家庭裁判
所調査官の調査にも応じず、審問のための数度の呼出にも出頭しなかったものであり、
これらに照らすと、Xが寄与分を定める審判の申立てを遅滞したことはXの責めに帰
す事由によるものと認めるのが相当である。

　したがって、当審におけるXの寄与分の申立ては却下を免れない。

コメント

　会社員であるY₁及びY₂（相手方・子）が、A（被相続人）と同居しながら、会社員
としての勤務の傍らAの農業経営を35年の長きにわたって手伝い、Aの晩年にはAに
代わって農業経営を担ったこと、自宅及び入院先におけるAの療養看護を行ったこと
やAの生活費・介護費負担をしてきたという事情の下で、Y₁及びY₂に遺産の2割強の
寄与分を認める一方で、原審においてX（抗告人）が調査官の調査に協力せず、審問
期日への呼出しにも応じなかったことから、抗告審におけるXの寄与分を定める審判
の申立てが、遺産分割の審理を著しく遅延させ、かつ、申立ての遅滞にXの帰責性を
認めて、寄与分の申立てを却下した事例である。

　遺産である農地の維持について、農業に35年間無償で携わった事実から寄与分を認
めた判断は、家業従事型における寄与分判断の、療養看護に関する事実の認定は、療
養看護型における寄与分判断の参考になろう。

　本事例で特徴であるのは、Xの抗告審における寄与分を定める審判の申立てが却下
された点である。

　抗告審は、旧家事審判規則103条の4第3項に基づき、Xの申立てを却下した。同規則
103条の4は、権利濫用又は手続上の信義則の観点から一定の場合に寄与分を定める処
分の申立てを却下できるようにすることを趣旨としており、同趣旨の規定は、家事事
件手続法193条に引き継がれている（金子修『逐条解説家事事件手続法』616頁（商事法務、
2013））。

　本事例では、XがY₁及びY₂の遺産分割申立てについて医師に相談したことや、弁護
士を選任して本件抗告に及んだ一方で、原審では数回にわたる調査官調査に応じなか
ったこと、審問のための数度の呼出しにも出頭しなかったことに照らして、Xが寄与
分を定める審判の申立てを遅滞したことがXの責めに帰すべき事由に当たるとしてい

る。本事例が摘示した事実は、「申立人の責めに帰すべき事由」に当たるとして、寄与分を定める処分の審判の申立てが却下される場合に考慮される事実の具体例として参考となろう。

第3章　寄与分をめぐる事例　　291

82 具体的相続分を超過する特別受益がある場合について超過部分を寄与分から差し引くべきではないとした事例

（東京高決平22・5・20判タ1351・207）

当事者及び遺産の概要	
被相続人	A（平成17年4月21日死亡）
相続人及び法定相続分	X：子（抗告人・相手方・原審遺産分割申立人・原審寄与分申立人）6分の1 Y₁：妻（相手方・抗告人・原審遺産分割相手方・原審寄与分相手方）2分の1 Y₂：子（相手方・原審遺産分割相手方・原審寄与分相手方）6分の1 Y₃：子（相手方・原審遺産分割相手方・原審寄与分相手方）6分の1
遺産の額	5201万6000円（うち寄与分2080万6400円）
遺産の構成	不動産、農業機械、株式

当事者の主張	
X（抗告人・相手方）	Y₁（相手方・抗告人）
Xの寄与分割合：31年間余にわたりA（被相続人）の財産の維持、拡大について著しい貢献をしてきたにもかかわらず、原審が認定した遺産の4割の寄与分割合は不当に少ない。	Xの寄与分割合：X（子・抗告人・相手方）は農業に従事し収入を得ていた。また、A死亡直後に存在していた約3000万円の金融財産は、Aの経営した会社の収益による蓄財であって、Xが農業に従事したことの成果ではないのに、Xの寄与によりAの上記金融財産が形成されたとの判断は誤りである。
寄与分と超過特別受益の関係：原審が、遺産分割の段階において、具体的相続分を超過した特別受益の部分の価額を寄与分の価額から差し引き、認定した寄与分額を更に縮小させたのは違法である。	寄与分と超過特別受益の関係 ――

事実経過（裁判所が認定した事実）	
～S49頃	A（被相続人）は先祖代々水田農業に従事していた旧家の当主であったが、次第に自らが代表する会社の経営に主軸を移すようになった。
S49～	Aに代わって、X（子・抗告人・相手方）が水田農業に従事するようになり、昭和56年頃からは、Xの前妻も水田農業に従事した。Xは、Aと同居して生

	計を一つにしていたが、Aから、農業従事に対する金銭対価は受けていない。
	Xはダンス教師の資格を取り、ダンス教室を開設してその収益及びAが経営する会社の役員としての手当を受けて、生活費を賄ってきた。
	Aが農業経営の一線を退いてからは、X及びXの前妻が主力となって農地の取得を進め、水田の集約化も推進するとともに、営農の規模拡張と機械化を進めた。
H17.4.21	A死亡。

原 審 の 判 断

1　Xの寄与分割合

遺産分割の対象となる遺産の4割（2080万6400円）とする。

2　寄与分と超過特別受益の関係

X（子・抗告人・相手方）の寄与分（2080万6400円）と具体的相続分（803万9933円）を合計した価額（2884万6333円）から、Xが持ち戻すべき特別受益全体の価額（1703万円）を差し引いた価額（1181万6333円）に相当する遺産をXに分割取得させる。

裁 判 所 の 判 断

1　Xによる寄与分について

X（子・抗告人・相手方）は、高校卒業後、一貫して農業に従事してきたが、この農業に関する様々な働きについて、同居生活において共用の生活費に相当する利益を享受していたことはうかがえるが、Xにおいてはほぼ金銭的な見返りは受けていないこと、相続開始の直前ころ、A（被相続人）は約3000万円程度の金融資産を有し、かつ、先祖伝来の建物を修繕し農地を維持してきたことについてはXが多大な寄与貢献を果たしたことが認められるほか、本件におけるXの超過特別受益の存在とその価額、本件遺産分割の審判（狭義）手続において遺産分割の対象である遺産に加えて遺産分割の審判を受ける旨全当事者間の合意のない相続財産（可分債権）の存在、Y1（妻・相手方・抗告人）が本件の相続財産となるべき財産及び相続財産を、相続開始の前後に、単独で返戻を受けて費消などしたことがうかがえること（ただし、賠償請求等債権（非相続財産及び相続財産）については、法定相続人に従い相続されるべき、又は相続されたことを前提として、当事者ら間において別に民事訴訟事件が係属中である。）、その他本件に顕れた一切の事情を総合勘案すると、Xの寄与分は、遺産分割の対象である遺産の4割であると認めるのが相当である。

2 寄与分と超過特別受益の関係

Xは、寄与分と超過特別受益の関係について、民法903条と同法904条の2の各規定は同時に適用されるとしても、超過した特別受益の部分の価額を寄与分の価額から更に控除することは不当である旨主張する。

寄与分は、あらかじめ寄与分を控除した上記の分割対象財産をみなし相続財産としてこれを基礎にして具体的相続分の比率を定めるものであることにかんがみれば、寄与分の割合を認定された相続人に係る超過特別受益の存在によって同人の具体的相続分が零となったとき、同人の上記寄与分の価額から更に超過した特別受益の部分の価額を差し引いて減少させて調整することは、すでに遺産分割及び寄与分に係る事件に顕れた一切の事情を総合勘案した上で裁判所により認定判断された寄与分の割合を重ねて修正するに等しく、これは民法903条と同法904条の2の各立法趣旨に照らし、寄与分と特別受益はその本質を異にすることが明らかである以上、改めて修正を施しなおす理由は一般的にはやや分かりにくく、また、分割の手法としても迂遠さを残すものと解されるので、むしろ、なお重ねて控除しなければ著しく合理性を欠くというべき格別の事情が存在するというのであるならば、あらかじめこれを勘案して寄与分の割合を定めることが相当であると解される。

したがって、Xの上記主張は正当であるから、これを採用すべきであり、前示のとおり判断する。

3 Y_1による寄与分について

Y_1は寄与分を定める処分の申立てをしていないから、Aの遺産に対する特別の寄与については判断しない。

コ　メ　ン　ト

本事例は、共同相続人の中に具体的相続分を超過した特別受益がある場合の当該超過部分の処理が問題となった事例である。

共同相続人の中に寄与相続人と特別受益相続人がある場合の寄与分と特別受益の各規定の適用関係については、本決定及び原審ともに実務・通説である同時適用説（片岡武・菅野眞一『家庭裁判所における遺産分割・遺留分の実務［第3版］』391頁（日本加除出版、2017））に立つが、超過した特別受益部分を寄与分から差し引くべきかどうかについては、判断が分かれた。

原審は、相続人間の衡平の観点から、超過特別受益の額を寄与分から差し引くべきであるとする有力説（瀬川信久「寄与分における相続人間の公平と被相続人の意思(2)」判タ541号

34頁、前掲399頁）に立ったが（「寄与分合算先行説」）、本事例は、寄与分と特別受益との制度趣旨の違いを重視して、超過特別受益の部分の処理について、超過特別受益の部分を差し引かないものを寄与分の価額とした（「特別受益控除先行説」）。

　共同相続人の中に具体的相続分を超過した特別受益がある場合の当該超過部分の処理については見解が分かれるところであるが、本事例は、この点について判断した初めての高裁決定として実務上の参考となろう。

　また、本決定及び原審は、A（被相続人）から農業を引き継ぎ、農業従事の対価を受けることなく農業を維持拡大してきたX（抗告人・相手方）に4割の寄与分を認めており、農業従事者に関する寄与分を判断した一つの事例としても参考になるだろう。

第 3 章　寄与分をめぐる事例　　295

83　被相続人が経営する簡易郵便局の事業に従事したこと等を理由とする寄与分の申立てを却下した事例

（札幌高決平27・7・28判タ1423・193）

当事者及び遺産の概要	
被相続人	A（平成23年死亡）
相続人及び法定相続分	X：子（抗告人）3分の1 Y$_1$：子（相手方）3分の1 Y$_2$：子（相手方）3分の1
遺産の額	1億0669万3635円（うち寄与分0円）
遺産の構成	不動産、預貯金、現金、出資金等

当事者の主張	
X（抗告人）	Y$_1$（相手方）
——	家業従事による寄与分：Y$_1$（子・相手方）はA（被相続人）の求めに応じて平成元年からAが経営する簡易郵便局に勤務し、その業務のほとんどをY$_1$夫婦が行った。Aが郵便局を引退する平成18年までの間、Y$_1$夫婦の給与は月額25万円から35万円であった。Y$_1$夫婦が受領した平成18年の給与285万円は、平成18年賃金センサス平均給与の半分にも満たない。 金銭出資による寄与分：（抗告審から主張）Y$_1$は、平成18年から平成23年までAに対して専従者給与として合計795万9000円を支払ったが、Aの勤務実態はなく、Aの資産形成に資するものであるから、Y$_1$の寄与分算定の根拠となる。 療養看護による寄与分：Aはがんのため平成21年に膀胱と前立腺の全部摘出手術を行い、その後Aが死亡するまでの間、Y$_1$が中心となってストーマ用装具の交換や入浴介助等の術後のケアに追われた。

296　　　第3章　寄与分をめぐる事例

事実経過（裁判所が認定した事実）	
S45	A（被相続人）、簡易郵便局を開設。X（子・抗告人）が同郵便局の業務を手伝い、Y₁（子・相手方）及びY₂（子・相手方）は別会社に勤務。
H1頃〜H18	Y₁、Aの指示により、勤務先を辞めて同郵便局で、妻と共に働くようになる。Y₁夫婦はAと同居し、家賃や食費はAが支出。同郵便局の業務主体は、平成18年までAであった。Y₁夫婦の給与は月額25万円〜35万円。
H18	Y₁、Aより同郵便局の事業を継承。
H23	A死亡。

原 審 の 判 断

1　家業従事による寄与分について

　Y₁（子・相手方）は、A（被相続人）の指示で務めていた会社を退職し、平成元年からAの経営する簡易郵便局での勤務を開始し、Aの事業に労務の提供をし、その後少なくとも、平成11年頃からは、Y₁が同郵便局の事業を事実上取り仕切る立場にあった。平成23年の同郵便局の売上金額が994万円余りであること、その際の給与を除く経費の額が274万円余りであること、Y₁夫婦がAから受領していた給与の額（平成18年は年間285万円）、Y₁が郵便事業に関与していた期間（約17年間）等に鑑みれば、Y₁がAの財産の維持に特別の寄与をしたとみるべきであり、その寄与分は、相続時における遺産相続（1億0366万0274円）の約3割、金額にして3100万円と認めるのが相当である。

2　療養看護による寄与分について

　上記寄与分に更に上乗せできるほどにAの財産の増加や維持に寄与したとまで認めることのできる事情があるとはいえない。

裁 判 所 の 判 断

1　家業従事による寄与分について

　平成18年までの上記郵便局の業務主体はA（被相続人）であったこと、給与水準は従事する事業の内容、企業の形態、規模、労働者の経験、地位等の諸条件によって異なるから、賃金センサスによる大卒46歳時の年収の平均額に充たなかったとしても、Y₁（子・相手方）夫婦の収入が低額であったとはいえず、むしろ月25万円から35万円という相応の収入を得ていたことが認められること、更にY₁夫婦は被相続人と同居し、家賃や食費はAが支出していたことをも考慮すると、Y₁は、上記郵便局の事業に

従事したことにより相応の給与を得ていたというべきであり、Y₁の郵便局事業への従事が、Aの財産の維持又は増加について特別の寄与をしたとは認められない。

2 金銭出資による寄与分について

　Y₁の所得税の申告書、Aに関する平成19年分から平成23年分の給与所得退職所得に対する所得税源泉徴収簿によれば、Y₁が上記郵便局の事業を引き継いだ平成18年から被相続人が死亡するまでの間、税務上はAに専従者給与が支給されたという処理がされていたが、Aが使用していた預貯金通帳の取引履歴には、Aの給与等が振り込まれた記録がなく、そのほかにも、上記期間、Aに専従者給与が現実に支給されたことを認めることができる的確な資料はない。

3 療養看護による寄与分について

　ストーマ用装具交換の図によると、ストーマ用装具はAがひとりで交換ができたと考えられることや、そのほかの資料を総合しても、Y₁のAに対する療養看護について、Aの財産の維持又は増加に特別の寄与があったと認めることはできない。

コメント

　本事例は、被相続人が営んでいた簡易郵便局に子が従事した場合の、家業従事の無償性が主たる争点となった事例である。

　家業従事型の寄与分が主張される際、相続人が全くの無償で従事していることはまれである。そのような実情にかんがみ、給付を得ると直ちに無償性が否定されるのではなく、被相続人が第三者を雇用した場合の給与と相続人に対する現実の給付との間に差額がないときに、無償性が否定される（片岡武・管野眞一『家庭裁判所における遺産分割・遺留分の実務［第3版］』334頁（日本加除出版、2017））。

　本事例の原審では、Y₁（子・相手方）が事業を継承した後の売上げから給与以外の経費を控除した金額（年約720万円）とY₁がA（被相続人）から受け取った給与の額（平成18年は年285万円）との比較や、Y₁が郵便事業に関与していた期間（約17年間）から、Y₁の郵便局事業への従事の無償性を肯定した。他方、本事例は、給与水準は従事する事業の内容、企業の形態、規模、労働者の経験、地位等の諸条件によって異なるとして、給与額のみならず、Y₁夫婦がAと同居し、家賃や食費はAが支出していたことも考慮に加え、Y₁の家業従事への無償性を否定した。

　Y₁の給与額のみならず、実質的な経済的利益まで考慮した上で無償性を否定した本事例は、家業従事型の寄与分における無償性の判断について、実務上の参考となろう。

なお、本事例では、金銭出資及び療養看護を理由とする寄与分も主張された。金銭出資については、実際の金銭出資を裏付ける資料がないことから否定し、療養看護については相続人の介護が必要不可欠だという事情が欠けるとして、それぞれ寄与を否定している。

第3章　寄与分をめぐる事例　　299

(2)　療養看護

84　重度の認知症の被相続人を10年間にわたり看護してきた相続人に寄与分を認めた事例

（盛岡家審昭61・4・11家月38・12・71）

当事者及び遺産の概要	
被相続人	A　（昭和56年9月11日死亡）
相続人及び法定相続分	X：四女（申立人）5分の1 Y₁：長女（相手方）5分の1 Y₂：長男（相手方）5分の1 Y₃：二女（相手方）5分の1 Y₄：三女（相手方）5分の1
遺産の額	2259万円
遺産の構成	不動産

当事者の主張	
X（申立人）	Y（相手方）
療養看護による寄与分：X（四女・申立人）X夫、X長女の3人で、昭和46年から10年間重い痴呆のA（被相続人）を家庭で不寝番をして常時付添介護、及びA入院後、Xが5か月間毎日タクシーで通院して付添いした。 遺産不動産営繕費用支出による寄与分：襖の貼り替え、屋根瓦修理等、営繕費用を負担した。 扶養による寄与分：20年余にわたる同居中の生活費を負担した。 40万円×20年 入院中の雑費・付添いのための通院交通費の支弁による寄与分：おむつ代等12万3263円及びタクシー往復×5か月	──

第3章　寄与分をめぐる事例

事実経過（裁判所が認定した事実）	
S33.3.31	A（被相続人）の夫死亡。X（四女・申立人）とAの二人暮らしとなる。
S34.4.29	A、遺産土地を購入。
S35.9.22	A、遺産土地上に遺産建物を新築。
	Xは、X夫、X長女と共に遺産建物にて、Aと同居。
	公共料金や家屋修理・庭木手入れ等の営繕費用につきX夫婦が負担。
S46頃	A（当時73歳）の痴呆が目立つようになる。
S56.4	X夫県外に転勤、X長女県外に進学。
S56.4.2	A入院、XはA死亡まで5か月間毎日タクシーで病院に通い、付き添い、身の回りの世話をする。
S56.9.11	A、死亡。

裁 判 所 の 判 断

1　療養看護による寄与分について

「Xは、Aの夫死亡後、20年余にわたり病弱で老齢のAと同居して扶養し、殊にAの痴呆が高じた昭和46年以降その死亡に至るまでの10年間は常にAに付添って療養看護を要する状態となりXがこれに当たってきたのであり、少なくとも後半の10年間の療養看護は、親族間の扶養義務に基づく一般的な寄与の程度を遥かに超えたものというべく、Aは他人を付添婦として雇った場合支払うべき費用の支払いを免れ、相続財産の減少を免れたことは明らかであり、従ってXには、Aの療養看護の方法によりAの財産の維持につき特別の寄与があったものというべきである。」

「盛岡看護婦・家政婦紹介所扱いの昭和58年当時の協定料金は、基本料金1日4500円で、それに泊り込みの時間外手当が加わると1日6750円であることが認められ、Aが昭和46年以降の10年間職業付添婦を雇ったとすると、6750円×365日×10年の計算式により、支払うべき総額は2463万7500円となる。」「Aの場合、いつ頃から〔中略〕夜間の付添看護が必要となったのかについては、証拠上明らかではないが、X提出の神経科医師○○作成の診断書及び家庭裁判所調査官作成の調査報告書中のXの供述記載部分によれば」「常時監視していないと危険な状態となり、X及び家族が交代で不寝番をしなければならなくなったのは最後の頃であったと認められるので、10年間全部について夜間の看護を要したものとしてなした上記計算は相当ではなく、夜間の看護が必要となったのは、」昭和53年以降であるとするのが相当であり、「Xの療養看護によりAが支払いを免れた総額は（4500円×365日×6年）＋（6750円×365日×4年）の計算式により1971万円となる。」そして、「Xは職業付添婦でないことや昭和46年から6年間

第3章　寄与分をめぐる事例　　301

くらいはAの療養看護の傍、家族のための一般家事労働をなす余裕があったものと認められることを考慮すると、Xの療養看護による寄与分の額は上記金額の60パーセント程度、すなわち1182万6000円と認めるのが妥当である。」

コ　メ　ン　ト

　本事例は、重い老人性痴呆の被相続人を10年間にわたり療養看護（介護）してきた相続人に寄与分を認めた事例である。

　療養看護の態様により寄与分が認められるためには、相続人による療養看護が「特別の寄与」と認められること、及び相続人自らが療養看護に従事したり、相続人の費用負担で看護人・介護人を雇用することによって、被相続人の費用支出を免れ、相続財産の維持が図られることが必要である。

　そして、療養看護が「特別の寄与」と認められるには、被相続人の病状等に基づく療養看護の必要性の有無や内容、療養看護を要した期間、看護・介護に当たった相続人の年齢、対価支払の有無や内容等を考慮し、社会通念に照らし、当該療養看護が、被相続人との身分関係（夫婦・親子等）から通常期待される程度を超えるものであることが求められる。本決定は、本事例が上記要件を充足することを踏まえた上で、被相続人居住地域の「看護婦・家政婦紹介所扱いの協定料金」を基準に、被相続人の症状悪化に伴う療養看護必要性の程度を勘案して職業付添婦を雇った場合に支払うべきであった総額を算出し、修正割合60％を乗じた額を寄与分として認めたものである。裁量割合を60％とした事情としては「Xは職業付添婦ではないこと」や療養看護の当初「6年間くらいは被相続人の療養看護の傍、家族のための一般家事労働をなす余裕もあったものと認められること」を挙げている（裁量割合については、片岡武・管野眞一編著『家庭裁判所における遺産分割遺留分の実務概説（第3版）』360頁（日本加除出版、2017）参照）。

　ところで、本事例において、X（四女・申立人）は、20年余の同居中にA（被相続人）のために、年額約40万円の扶養料を負担したことも寄与分として認められたい旨主張したが、本審判は、「扶養の清算」は、寄与分とは「別途解決すべきことがらである」と判示した。

　寄与の態様に「扶養」を含めるべきか否かについては見解が分かれており、学説、実務においては扶養の態様による寄与分審判の申立ても許容されるべきとの説が多数であるところ、本決定は所論を消極に解した事例とされている（事例91参照）。

　本事例で、Xは、上記扶養の態様による寄与も考慮して、遺産全部をXの取得とするよう求めていた。本事例の遺産額が2259万円であるところ、本審判は療養看護及び不動産営繕費の負担による寄与を理由として金1231万円（遺産の54％以上）を寄与分

として認めている。ここにさらに扶養による寄与分も認めた場合、遺産総額の大半を
Ｘが寄与分として取得することになる。相続人間の衡平を図る調整の制度である寄与
分制度の趣旨及びＡは遺族年金等（昭和56年当時で月額約23万円）を受給していたも
のの、不動産の他には遺産として現金預金等が存在していないこと等の実情を考慮し、
所論を消極に解したものと考えられる。

第3章　寄与分をめぐる事例　　303

85　遺産分割の審判事件が抗告審に係属中、抗告人及び相手方の一人から高等裁判所になされた寄与分を定める審判の申立てを適法とし、さらに相手方の一人については、被相続人（母）に対する寄与は、祖父の遺産の代襲相続に際して他の共同相続人より多額の取得をしたことにより十分に報いられているとして、申立てを却下した事例

（広島高決平6・3・8家月47・2・151）

当事者及び遺産の概要	
被相続人	A（平成3年4月28日死亡）
相続人及び法定相続分	X：長女（遺産分割（抗告人・原審申立人）、寄与分（申立人））3分の1 Y₁：二男（遺産分割（相手方・原審相手方）、寄与分（申立人））3分の1 Y₂：長男（遺産分割（相手方・原審相手方）、寄与分（相手方））3分の1
遺産の額	4223万8577円（相続開始時） 4354万2948円（遺産分割時）
遺産の構成	不動産、預貯金、有価証券

当事者の主張	
X（抗告人）	Y₁（相手方）
療養看護による寄与分：平成元年9月頃から、A（被相続人）を引き取り、平成3年4月28日、同人が死亡するまでの間、高齢のため入退院を繰り返すようになった同人の日常の世話はもちろんのこと、入通院の付添いなど同人の療養看護に努めた。(注)直接の記載なし	療養看護による寄与分：Aが脳溢血で倒れて入院し、その退院後である昭和62年5月から平成元年9月まで2年余りの間、Y₁（二男・相手方）の妻であるBが既に高齢となっていたAを引き取って日常生活の面倒をみていた。(注)直接の記載なし

事実経過（裁判所が認定した事実）	
S39.7	A（被相続人）の夫が死亡。
S42	Aの夫の母親が死亡。
S43	Aの夫の父親が死亡し、同人の代襲相続があり、相続財産である土地について、Y₁（二男・相手方）が以後Aの扶養を行うことを条件とし、X（長女・抗告人）及びY₂（長男・相手方）より多くの持分を取得した。
S61	Aが脳溢血で倒れ入院。Y₁、Y₂両名が看病に当たり、Xも当時居住していた東京から戻り、約1か月間Aの看病に当たった。

S62.5	Aは退院したが、Y₁は単身赴任中であったところ、Y₁の妻BがAを引き取り、同居生活を送るようになった。
H1.9	AとBの関係がうまくいかなくなり、Y₁がXに懇請して、XがAを引きとった。
H2.6	Aは高齢のため次第に体が衰弱し、入退院を繰り返すようになり、Xは仕事を続けながら、Aの日常の世話はもとより、入通院の付添いなど同人の療養看護に努めた。
H3.4	A死亡。

原 審 の 判 断

1 療養看護による寄与分について

　X（長女・抗告人）及びY₁（二男・相手方）にいずれも200万円に相当する寄与分が認められるが、寄与分の審判の申立てがないから右両名につきいずれも寄与分を認めることができない。

裁 判 所 の 判 断

1 抗告審に対する寄与分申立ての適法性

　「X（長女・抗告人）は、原審において、家庭裁判所調査官の調査に対し、寄与分についての主張をする意思があることを申し述べていたが、民法904条の2第2項に基づく寄与分を定める申立をしなかったこと、一方Y₁（二男・相手方）は、原審において、家庭裁判所調査官の調査に対し、寄与分がある事情を述べながらも、Xが寄与分の申立をしない以上、その主張はしないと申し述べていること、原審判は、理由中でX及びY₁にいずれも200万円に相当する寄与分が認められるとしながら、寄与分の審判の申立がないから右両名につきいずれも寄与分を定めることができないと説示していること〔中略〕が認められる。」

　「認定事実によれば、Xは、原審において寄与分について主張する意思のあることを表明しており、当審において法律の専門家である代理人を選任して正式に寄与分の申立に及んだものであり、Y₁においても、原審で寄与分がある事情を申し述べながら、Xの側で寄与分の申立をしなかったから、同申立を差し控えていたものであり、右両名の当審における寄与分の申立は、いずれも家事審判規則103条の4第3項に所定の遺産分割の手続を著しく遅延させ、かつ、右申立てが遅延したことにつき、右両名の責めに帰すべき事由があるとは認められない。この点について付言するに、原審においては、右両名から寄与分のある事情が申し述べられており、しかも、右両名に寄与分が認められるとしてその相当な金額まで認定しているのであるから、家庭裁判所の後

第3章　寄与分をめぐる事例　　305

見的役割からして、寄与分の申立をなすことを促すなど適切な釈明権の行使をすべきであったというべきである。」

「そうすると、X及びY₁の当審における寄与分の申立は、いずれも、適法になされたものというべきところ、本件においては、すでに、原審における家庭裁判所調査官の調査等によって、右両名の寄与分に申立についての事実調査が尽くされていると認められるので、本件遺産分割と併せて、以下、当審においてその各当否を判断することとする。」

2　療養看護による寄与分について

「Y₁については、単身赴任生活のため、自らA（被相続人）を引き取ってはいないが、Aが脳溢血で倒れて入院し、その退院後である昭和62年5月から平成元年9月まで2年余の間、B（Y₁の妻）がすでに高齢となっていたAを引き取って面倒をみており、このことは、Y₁の補助者としての行為と評価できるもので、同人の寄与と同視して差し支えないものである。しかしながら〔中略〕Y₁は○○の土地の代襲相続の際、Aの扶養をするということで、X及びY₂の四倍の共有持分を取得しており、AがXのもとに引き取られた後、その一部がAに譲渡されているが、それでも最終的に右土地の共有持分100分の25を取得し（X及びY₂は各100分の10）〔中略〕そうすると、Y₁は、○○の土地の代襲において、Aを扶養することを前提に、X及びY₂よりも多い共有持分を取得していたものであり、Y₁の妻BによるAの引き取りの時期や期間〔中略〕などを考慮すると〔中略〕Y₁の側の寄与は十分に報いられているものと評価され、それ以上に寄与分を定める必要はないというべきである。」

コメント

本事例は、遺産分割審判が抗告審に係属中でも寄与分の申立てを適法とした判例である。本事例は、X（長女・抗告人）は原審において寄与分の主張をする意思があることを述べていたが、代理人がついておらず、寄与分の申立てをしなかったこと、Y₁（二男・相手方）は、Xが寄与分の申立てをしなかったことから、同申立てを差し控えていたこと、原審において調査官調査が行われ、X、Y₁に寄与分が認められるとして相当な金額まで認定していた、という事情があり、本来原審裁判所が後見的役割から釈明権を行使して、寄与分の申立てを促すべきであった事案である。そのため、抗告審における申立てだからといって、ただちに寄与分の申立てを却下することは相当でなく、本決定の判断は妥当なものであろう。もっとも本決定は、「家事審判規則103条の4第3項（家事事件手続法第193条3項）に所定の遺産分割手続を著しく遅延させ、

かつ、右各申立てが遅延したことにつき、右両名の責めに帰すべき事由があるとは認められない。」として、申立てが適法とされる要件を限定していることには注意が必要である。

申立てが適法として、申立てを家庭裁判所にさせる方法と、遺産分割の係属している抗告審にさせる方法とが考えられる。この点、寄与分の申立ては、家庭裁判所の審判事項（家事39、別表第2・14）とされている以上、抗告審である高等裁判所に直接申立てはできないとする見解もあるが、本決定は、抗告審への申立てを認めている。寄与分の申立ては、遺産分割の審判事件が係属している家庭裁判所にしなければならず（家事191②）、遺産分割と寄与分の審判事件は併合して審理・審判をしなければならないこと（家事192）の規定からすれば、遺産分割と寄与分は一体として処理すべきものとされており、このような遺産分割事件の合一処理や迅速処理の要請から、本決定の立場は支持されてよいであろう。

次に、本決定はY1の寄与分に関し、祖父の遺産相続（代襲相続）において、A（被相続人）を扶養することを前提に、他の相続人より土地の持分を多く取得したことで、Y1の寄与は十分に報いられていると判断してY1の寄与分の申立てを却下している。寄与分については「寄与の時期、方法及び程度、相続財産の額その他一切の事情を考慮して寄与分を定める」とされており、贈与や遺言により、寄与に対する補償が得られている場合には、それも考慮された上で寄与分が判断される。本件においては、上記Y1の事情が考慮されているものであるが、Aへの寄与と、祖父の遺産相続の結果との法律的な因果関係が必ずしも明確でないとして、寄与分としては否定し、X、Y2（長男・相手方）のY1に対する持分の授与は、相続分の一部の負担付贈与という形で考えるべきだとする見解（日野原昌「遺産分割の抗告審で寄与分の申立てがあった場合の措置」民商114巻4・5号287頁）もある。もっとも、このような考え方は、負担を履行しなかった場合に、遺産協議を解除できるかという問題を内包している。祖父とAの遺産相続では相続人を共通としており、Aの扶養という点が考慮された遺産取得の趣旨に照らしてみても、祖父の遺産相続における事情を寄与分の判断の際に考慮した本事例は、妥当なものとして肯定できよう。

第3章　寄与分をめぐる事例　　307

86 被相続人の農業の手伝い、療養看護及び遺産不動産の取得維持のための費用支出を理由とする寄与分を遺産総額の30％と定めた原審を変更し、遺産総額の15％と定めた事例

（大阪高決平19・12・6家月60・9・89）

当事者及び遺産の概要	
被相続人	A （平成14年死亡）
相続人及び法定相続分	X：四女（抗告人・原審申立人）5分の1 Y₁：長男（相手方・原審相手方）5分の1 Y₂：五女（相手方・原審相手方）5分の1 B：長女（原審脱退前相手方）5分の1（原審でY₁に相続分譲渡して脱退） C：二女の夫（原審脱退前相手方）10分の1（原審でY₁に相続分譲渡して脱退） D：二女の子（原審脱退前相手方）10分の1（原審でY₁に相続分譲渡して脱退）
遺産の額	9360万3235円
遺産の構成	不動産（土地、建物）、株式

当事者の主張	
X （抗告人・原審申立人）	Y₁ （相手方・原審相手方）
家業従事による寄与分：Y₁（長男・相手方・原審相手方）がA（被相続人）の農業を手伝った実態はなく、あるとすれば、教員としての仕事の合間に手伝ったにすぎない。	家業従事による寄与分：被相続人の農業を若いころから死亡時まで手伝った。
財産上の給付による寄与分：不動産の取得・維持・改良に関して支出した費用の内の一部は証拠など認定の基礎を欠き、また、その余はY₁ら家族の利益にもなったものである。	財産上の給付による寄与分：Y₁はAのために、Aの土地及び建物の取得、維持、改良に係る費用等として4830万1509円を支出した。
療養看護による寄与分：Aは寝たきりでも重度の認知症でもなく、Y₁夫婦の勤務（教員）や行動が束縛されることはなく、逆にY₁らはAから住居や食料の提供を受け、子の養育援助まで受けていたから、Aの療	療養看護による寄与分：平成6年からAは認知症となって暴力をふるうようになり、同10年頃から症状が重くなり、平成11年には要介護2、平成13年には要介護3の認定を受けたが、Y₁夫婦は平成14年Aが入院す

308 第3章　寄与分をめぐる事例

| 養看護をしたとしても、相互扶助の範囲内のものである。 | るまで自宅で療養看護をした。 |

事実経過（裁判所が認定した事実）	
S29.4	A（被相続人）夫婦とY1（長男・相手方・原審相手方）が同居を始め、Y1は小学校教員として稼働する傍ら、Aの農業を手伝い始める。
S33	Y1が婚姻（妻も小学校教員）、引き続き、A夫婦と同居する。
S38	Aの妻が死亡。
H3頃〜	Y1は、本件土地及び建物の取得、維持、改良に係る費用2967万円を支出する。
H6	Aに認知症の症状が出る。この頃からY1がAの地代収入を管理する。
H10	Aの認知症の症状が重くなり、排泄等につきY1夫婦の介助を要するようになる。
H11	Aが要介護2の認定を受け、Y1ら家族がデイサービスにAを送迎するようになる。
H13	Aが要介護3の認定を受ける。
H14	A、腸閉塞で入院。 A死亡。

原 審 の 判 断

「Y1（長男・相手方・原審相手方）は、昭和29年から本件相続開始に至るまでA（被相続人）の農業を手伝ったほか、本件不動産の取得や維持管理のために合計3488万円余を支出するなどし、さらに、平成10年ころからは認知症の症状が重くなったAの療養看護にも努めたことが認められ、Aの遺産の形成維持に一定の貢献をしたと認められる。もっとも、Y1は、他方で、Aの同居の親族として本件建物を自宅として無償で使用したり、本件土地から収穫された農作物等を消費するなどして、Aとの同居により生活上の利益を得ていたことが認められる。」

「Y1の寄与分の算定に当たっては、上記農業手伝の態様や期間、金銭支出の金額及びその対象、療養介護の内容及び期間等を考慮するほか、同居の親族として一定程度の相互扶助義務を負っていることをその減価要素として考慮する必要があり、これらを総合すると、本件遺産の30％をもって、Y1の寄与分と定めるのが相当である。」

裁 判 所 の 判 断

「A（被相続人）は平成10年頃からは認知症の症状が重くなって排泄等の介助を受けるようになり、平成11年には要介護2、平成13年は要介護3の認定を受けたもので、

第3章　寄与分をめぐる事例　　309

その死亡まで自宅でAを介護したY₁（長男・相手方・原審相手方）の負担は軽視でき
ないものであること、Y₁の不動産関係の支出は、本件の遺産の形成や維持のために相
応の貢献をしたものと評価できるけれども、本件建物の補修費関係の出費は、そこに
居住するY₁自身も相応の利益を受けている上に、遺産に属する本件建物の評価額も後
記のとおりで、その寄与を支出額に即して評価するのは、必ずしも適切でないこと、
更に農業における寄与についても、Y₁が相続人間では最も農地の維持管理に貢献して
きたことは否定できないが、公務員として稼働していたことと並行しての農業従事で
あったことをも考慮すると、専業として貢献した場合と同視することのできる寄与と
までは評価できないこと、Y₁は、もともと、親族としてAと相互扶助義務を負ってお
り、また、Aと長年同居してきたことにより、相応の利益を受けてきた側面もあるこ
と等本件の諸事情を総合考慮すれば、Y₁の寄与分を遺産の30％とした原審判の判断は
過大であって、その15％をもってY₁の寄与分と定めるのが相当というべきである。」

コ　メ　ン　ト

　本事例の原審は、Y₁（長男・相手方・原審相手方）が、①48年間にわたり家業であ
る農業を手伝ったこと、②遺産たる土地及び建物の取得や維持管理のために多額の支
出をしていること、③A（被相続人）の療養看護に努めたことを特別の寄与とし、一
方で、同居の親族として一定程度の相互扶助義務を負っていることを減価要素として、
寄与分を遺産の30％（2808万0970円）と認定した。

　他方、本決定は、①については、Y₁は公務員（小学校の教員）として稼働する傍ら
農業従事にあたっていたことから、専業として貢献した場合と同視することのできる
寄与とまで評価できないとし、②については認定の基礎に欠ける支出分について否定
した上、建物の補修費関係の出費については、Aと同居するY₁自身も利益を受けてい
る上、遺産に属する建物評価額は44万円程に留まり、Y₁の寄与を支出額に即して評価
するのは相当ではないとした。

　③の療養看護による寄与については、本事例も「Y₁の負担は軽視できない」として
特別の寄与と認定している。認知症の一般的症状及び介護保険制度における要介護認
定から、看護をする必要性やその程度を推認し、自宅で看護しているという事情から
その負担が親族に通常期待される範囲を超える寄与であると評価しているものと思わ
れる。

　本決定は①②③について上記のとおり認定したほか、Y₁が親族としての相互扶助義
務を負っていること（原審認定も同）、Y₁ら家族が長年Aと同居してきたことにより
相応の利益を受けてきた側面もあることを指摘し、寄与分を原審認定の30％（2808万

円余）から15％（1404万円余）に減額評価した。

寄与分の算定評価においていかなる事情が考慮対象とされるのかにつき参考となる決定である。

また、X（四女・抗告人・原審申立人）は抗告理由において、Y₁の受けた高等教育にかかる出費は他の相続人と比べても歴然とした差があるとして、Y₁の教育出費を特別受益として持ち戻すべきである旨主張した。これに対し、本決定は、Y₁以外の相続人らもいずれも高等教育を受けていることを指摘し、子供の個人差その他の事情により、公立・私立等が分かれ、その費用に差が生じるとしても、親の扶養の一内容として支出されるもので、遺産の先渡しとしての趣旨を含まないとし、仮に、特別受益と評価しうるとしても、特段の事情のない限り、持戻免除の意思が推定されると判示した。あわせて参考にされたい。

第3章　寄与分をめぐる事例

 介護を理由とする寄与分を認める一方で資産運用による遺産増加を理由とする寄与分を否定した事例

（大阪家審平19・2・26家月59・8・47）

当事者及び遺産の概要	
被相続人	A（平成14年4月死亡）
相続人及び法定相続分	X₁：子（申立人）4分の1 X₂：養子・X₁の夫（申立人）4分の1 Y₁：子（相手方）4分の1 Y₂：子（相手方）4分の1
遺産の額	2億2902万8389円（うち寄与分750万円）
遺産の構成	預貯金、現金、保管金、配当金

当事者の主張	
X（申立人）	Y（相手方）
X₁の主張（介護を理由とする寄与分）：A（被相続人）は、X₁（子・申立人）・X₂（養子・申立人・X₁の夫）を同居させ、X₁に家事労働一切を行わせた。平成8年頃以降、X₁はAの洗髪や排泄の介助をした。Aは、平成12年8月に自宅風呂場で転倒してからは身動きが不自由となったため、X₁は、Aの洗髪、排泄、食事など自宅内での移動に絶えず付き添い、介助は深夜にも及んだ。X₁の家事労働による寄与分は、合計約3775万円である。 なお、Y₁（子・相手方）らはX₁がAから金銭を受領していたと主張するが、Aから生活費として渡された月額平均10万円ではAの生活費を賄いきれず、X₁はAから受け取った金銭をAの生活費にあてていた。	X₁の主張への反論： （Y₁らの主張） Aは、自宅風呂場で転倒するまでは介護を要する状態ではなかった。それまでの間、X₁が何らかの世話をしたとしても、扶助の範囲を超えるものではない。平成7年12月にB（被相続人Aの夫）が亡くなった後は、Y₁も週に1、2回は食事などの世話をするなどした。平成12年8月以降、Aは歩行困難となり介助が必要となったが、各相続人の協力があった。 X₁は、月額10万円の介護料をAから受領していた。その他にも、Aから平成8年から12年にかけて、合計928万円の資金供与、生活費として452万円、Aの生活費の余剰金168万円などの供与を受けており、X₁の寄与をはるかに超える金銭を受領済みである。 （Y₂の主張） Y₁とほぼ同旨

X_2 の主張（資産運用による資産増加を理由とする寄与分）：A所有の株式を売却し、新たな株式や投資信託による資産運用を行って売却益や配当金として合計4047万0950円の利益を実現した。X_2 の資産運用行為は無償であり、民法904条の2「その他の方法による労務の提供」にあたる。あるいは、Aの資産がそのままの状態であった場合と、資産運用後の増加額（2397万3589円）との比較においても、X_2 の寄与分が認められる。	X_2 の主張への反論： （Y_1 の主張） X_2 の主張する株式売却益の大半は、Aが相続した株式の株価が一時期上昇したことによって得られたものに過ぎず、X_2 自身が売買した株式、投資信託に限定して運用損益をみると、寄与となっていない。 （Y_2 の主張） ──

事実経過（裁判所が認定した事実）

S48	X_1（子・申立人）と X_2（養子・申立人・X_1 の夫）婚姻。婚姻に伴い、X_2 は、A（被相続人）夫婦と養子縁組した。X_1 及び X_2 は、婚姻当初から、A宅でA夫婦と同居した。
S57頃	Aは、高血圧の投薬治療のため通院するようになり、X_1 が付き添うなどした。
H6〜H7頃	X_1 はミキサーやすり鉢ですり下ろすなどの手間をかけてAの食事を準備するようになった。
H7.12	Aは、月額10万円程度を生活費として X_1 らに渡すようになった。このころのAの年収は300万円余り。
H8〜H12	Aは、折に触れて、各相続人や孫らに多額の小遣いを与えた（X_1 に1108万円、X_2 に54万円、Y_1 に556万円、Y_2 に794万円、孫Bに320万円等）。
H8頃以降	Aは一人で洗髪ができなくなり、X_1 が介助した。失禁が続き、X_1 はその都度、汚れた衣類の洗濯や部屋、椅子の掃除など後始末に追われた。
H12.8.24	A、自宅で転倒。以後、Aは歩行に介助を要するようになった。
H12.9頃以降	Aは昼夜逆転の生活を送るようになり、夜中の排泄の回数も増え、X_1 は夜中に幾度も排泄の介助をすることがあった。Y_1 の子らも3日に一度程度、A宅を訪れ、入浴、排泄などの介護を手伝っていた。Y_2 も同様であった。
H12.9	A、要介護度2と認定される。
H13.2	A、要介護度3と認定される。
H13.12〜H14.4	A、体調悪化により入院。各相続人が交代でAの付添看護に当たった。
H14.4	A死亡。

裁 判 所 の 判 断

1 　X_1 の寄与分について

「寄与分を認めるためには、当該行為がいわゆる専従性、無償性を満たし、一般的

な親族間の扶養ないし協力義務を超える特別な寄与行為に当たると評価できることが必要である。

ア　平成8年ころまでの家事労働などについて

　　X₁（子・申立人）の結婚当初から平成8年ころまでについて、A（被相続人）宅の家事労働をX₁のみが全面的に行った事実は認められない。また仮に、X₁がAの居住範囲の掃除、Aの食事の支度その他家事を担当したのであっても、同居の親族の協力義務の範囲を超える特別の寄与には当たらない〔中略〕。

イ　平成8年以降の入浴介助、排泄介助、家事労働について

　　この間の家事労働については、X₁の親族の協力義務の範囲を超えるものではなく、これによる寄与分は認められない。

　　他方、平成8年ころから、X₁がAの洗髪や排泄を介助したり、失禁の後始末をするなど、身体介助の側面が認められるようになる。特に、排泄介助は、〔中略〕作業の性質や作業量にかんがみ、相当の負担になったことは推認できる。平成12年8月以降の介護と併せて、寄与分の評価の一要素にはなりうる。

ウ　平成12年8月から平成13年12月の入院までの在宅介護

　　a　介護の専従性

　　　平成11年ころ以降、Aが転倒して自力で起きあがれないことが幾度も起きるなど、Aの下肢が弱っていた。特に平成12年8月に風呂場で転倒した後は、歩行や移動に常に介助を要する状態となった。加えて、排泄介助（深夜も含む。）や失禁の後始末、入浴介助、転倒時の助け起こしなどの介護の大半をX₁が担っており、X₁が家事労働をこなしながらこれらの介護を行ったことからすると、その作業量、肉体的負担、所要時間を考慮して、X₁の生活の中心をAの介護作業が占めたといっても過言ではないと推認できる。したがって、この間のX₁のAの在宅介護について、専従性が認められる。

　　　Y₁らは、Aの介護はX₁のみが行ったのではなく、Y₁らやその家族も協力して行った旨主張する。〔中略〕しかしながら、X₁は深夜も含めて24時間Aを介護する状態であったことによれば、他の親族の協力を得たからといって、X₁の介護の専従性が全面的に減殺されるわけではない。

　　b　介護の無償性

　　　X₁が平成8年から12年9月にかけて総額1000万円以上の小遣いを貰っていること、平成8年以降、月額10万円の生活費を受け取ってきたことが認められる。

　　　この事実を前提にすると、たしかに、X₁が受け取った小遣いが高額である上、平成8年以降、Aが自らの最低限の生活費を分担していたとの評価が可能であり、

Aが何らの費用分担をしてない事案とは別途の考慮が必要である。

しかし他方、Aから小遣いを貰ったのはX₁のみならず、Y₁も500万円以上、Y₂は800万円弱、Aの孫Bも320万円程度、その他の孫らも数十万円以上貰っている。各自の小遣いの金額を比較すると、X₁が小遣いを貰った事実から、その介護の無償性を全面的に否定することは相当でない。Y₁らや一部の孫らがAの介護に協力した事実を考慮しても、小遣いの金額が必ずしも協力の程度に比例するとは認められないからである。また、Aが分担した毎月10万円の生活費は、その金額に照らし、食費その他の一般的な家計費に主として充てられたことに疑問はなく、介護に対する報酬としての側面は必ずしも大きくないといえる。

したがって、X₁の介護の無償性は否定されない。もっとも、X₁が相続人中で最も多額の小遣いを貰っていた事実は、X₁の寄与分の評価をする上で、考慮を要する事実にはあたる。

エ　X₁の寄与分の評価

X₁がAの介護にほぼ専従したのは、平成12年8月24日の風呂場での転倒時から平成13年12月末ころまでの約16か月間（486日間）である〔中略〕。

看護師家政婦紹介所が看護師等を派遣する際の標準賃金表〔中略〕を参考としつつ、X₁の介護が①勤務としてではなく、あくまで親族介護であること、②少人数による在宅介護のため、完璧な介護状態を保つことは困難だったと窺われること、③X₁が他の親族より多額の小遣いを取得していたこと、④昼間は、他の親族も交代でAの介護を手伝っていたこと、⑤Aの生活が次第に昼夜逆転し、深夜の排泄介助もしばしばあったことは負担感を増したといえること、⑥Aが□□体型であり、介護の肉体的負担が極めて大きかったといえることなどを考慮して、一日当たりの介護費用を1万2000〜1万3000円程度として算定することとする。とすれば、X₁の当該期間の介護労働を金銭的に換算すると、600万円程度との評価が可能である。

最終的な寄与分評価としては、相続財産の額その他一切の事情を考慮（民法904条の2）し、相続人間の実質的衡平に資するべく評価を決定することとなる。

本件において、X₁は、①平成8年4月以来、Aの洗髪を介助するなど、軽度の身体介助は相当早期から始まっていたこと、②失禁の後始末など排泄にまつわる介助も平成8年ころから既に行っていたこと、③平成11年ころから、Aが幾度も転倒しており、その行動に注意を要する状態は既に始まっていたことなどを併せて考慮すれば、最終的な寄与分の評価としては、遺産総額中の3.2％強である750万円と認めることとする。」

第3章　寄与分をめぐる事例　　315

2　X2主張の寄与分について
「ア　株式、投資信託による資産運用には利益の可能性とともに、常に損失のリス
　　クを伴う。しかるに、一部の相続人がAの資産を運用した場合、その損失によ
　　るリスクは負担せずに、たまたま利益の生じた場合には寄与と主張することは、
　　いわば自己に都合の良い面だけをつまみ食い的に主張するものであり、そのよ
　　うな利益に寄与分を認めることが相続人間の衡平に資するとは、一般的にはい
　　いがたい。
　イ　株式等の運用益の大半を占めるのは、AがB（夫）から相続した□□□株式
　　の売却益2824万余円である。これ以外の取引には大幅な損失を生じた取引もあ
　　り、Aの相続開始時までに売買を完了した取引に限っても、損益合計で若干の
　　利益に止まっている。Aの死亡時に残存した株式等の評価については、かえっ
　　て大幅な評価損を生じていた可能性すら否定できない。
　　　X2（養子・申立人・X1の夫）の購入した株式、投資信託によって、6年間で合
　　計1105万余円の配当金等を得ており、□□□株式を保有し続けた場合よりも多
　　くの配当金等を得た事実は窺われる。しかしながら、もともとAの保有資産は
　　多額であり、それと比すると死亡時に残存した株式等が評価損を生じていた可
　　能性も否定できないことなどを考え併せると、より多くの配当金等を得たから
　　といって、X2の資産運用がAの遺産に寄与したとはいまだ認められない。
　ウ　Aが6年間で支出したとされる生活費（高額商品の購入等は除く。）3056万円
　　は、一般的な生活費と比較すると相当高額である。しかるに、Aがそのような
　　高額な生活費を現に支出したことを裏付ける的確な資料は一件記録中見当たら
　　ない。また、この主張における計算方法では、Bの相続時点でのAの固有財産
　　が考慮されていないが、Aが少なくとも(3)認定事実のイ記載の資産を保有し
　　ていたことによれば、これを考慮しない計算方法は妥当でない。このように、
　　寄与分算定の前提とする数字や計算方法の妥当性に疑問があることからする
　　と、寄与分主張イ（X2の資産運用の結果Aの資産減少を少なくしたとのX2の主
　　張）の観点からしても、X2の資産運用がAの遺産に寄与したとはいまだ認めら
　　れない。
　エ　したがって、X2の寄与分に関する主張は認められない。」

コ　メ　ン　ト

　本審判は、被相続人の介護に長年従事した親族について、親族介護の範囲を超える
として寄与分を認める一方で、資産運用による遺産増加を理由とする寄与分は認めな

かった事例である。

　介護を理由とする寄与分については、専従性と無償性が問題となった。Y₁ら（子・相手方）は、各相続人が交代でA（被相続人）の介護をしてきたのであり、X₁（子・申立人）のみが介護していたのではないと主張したが、本審判は、X₁が、6年余りにわたって、Aの排泄の介助・後始末等の大半を担っていたことの事実を丁寧に認定した上で、それらの負担の重さを考慮して専従性を肯定している。

　また、Y₁らは、X₁がAから多額の小遣いを得ていたことから無償性が認められないと主張したが、Y₁らや孫らも小遣いを得ていたこと、X₁がAから得た小遣いをAの生活費に充てていた事実を認定し、X₁の介護に対する報酬という側面は大きくないと評価して、無償性は否定されないとした。

　本事例が示した各事実は、療養看護型における専従性・無償性の判断に、大いに参考となる。なお、本審判は、寄与分の評価に当たっては、看護師家政婦紹介所が看護師等を派遣する際の標準賃金表を参考にして、X₁の寄与分を遺産総額の3.2%と判断している。

　資産運用による遺産増加を理由とする寄与分の主張については、一般論として資産運用が被相続人の遺産に与えるリスクがあることから、たまたま資産が増加したからといって寄与分を認めることは相続人間の衡平に資するとはいいがたいとしたうえで、Aがもともと有していた資産が大きかったこと、資産が増加したとは必ずしも評価できないこと等、事実を詳細に認定した上で、X₂（養子・申立人・X₁の夫）の寄与を否定した。資産運用による寄与分主張に関する判断を示した審判例は珍しく、実務上の参考になるだろう。

第3章　寄与分をめぐる事例　　317

88　認知症の看護（常時見守り）につき寄与分を認めた事例

（大阪家審平19・2・8家月60・9・110）

当事者及び遺産の概要	
被相続人	A（平成17年死亡）
相続人及び法定相続分	X₁：子（申立人）4分の1 X₂：子（申立人）4分の1 X₃：子（申立人）4分の1 Y：長男（相手方）4分の1
遺産の額	2億1231万2919円
遺産の構成	不動産（土地、建物）、預貯金、現金

当事者の主張	
X（申立人）	Y（相手方）
療養看護による寄与分：平成14年以降の3年間については、Y（相手方）がA（被相続人）の介護を献身的に行っていたことを認めるが、その余の点については、Yに特段の貢献があったものとは認められず、前記3年間の介護についても、YがA宅に隣接したA所有地に家を建て、地代等の負担もなく、長年住み続けている事情を考慮すると、Yの主張する金額は過大に過ぎる。	療養看護による寄与分：Aの妻Eが入院した平成元年以降、Aの家事等生活の面倒を見てきた。平成14年頃から、認知症が進行し始めた後、介護支援を行ってきた。
財産管理による寄与分：特段の貢献があったものとは認められない。	財産管理による寄与分：平成14年ころからAが行っていた駐車場の経営を引き継いで管理、経営を行い、Aの財産の維持増加に貢献した。以上の貢献による寄与分額は7366万7600円である。

事実経過（裁判所が認定した事実）	
S51	Y（長男・相手方）、A（被相続人）夫婦居住地の隣地のA所有の土地上に、自宅を建設し生活する。
H元頃	Aの妻、短期の検査入院を繰り返すようになる。

	Aの妻の入院中、Yの妻が毎日病院に通うほか（X₁（子・申立人）も週に1回程度、病院を訪問）、Y夫婦がAの家事全般の世話を行う。
H7	Aの妻死亡。
	Yの妻がAの昼食と夕食を作り、A方に届けるほか、日常的な世話（A方周囲の除草作業や清掃作業なども含む）を行う。
	X₁もときどきA方の庭や周囲の溝の清掃を手伝う。
H13まで	Aは、一人で新幹線に乗り、X₂、X₃（子・申立人）の家を訪問してしばらく滞在することもあった。
H13.2頃	Y、駐車場の管理（清掃、苦情への対応、賃料の減額など）をするようになる。
H14.1	Y、駐車場管理の報酬として、月額5万円を取得するようになる。
H14.2頃	Aに認知症の症状が顕著に出るようになる。
	Y、Aの食事は3食ともY方でとらせ、AがX₂、X₃を訪問するときはYが付き添う。Aは常時見守りが必要な状態となり、排便への対応にも配慮するようになる。
H17	A死亡。

裁 判 所 の 判 断

1 療養看護による寄与分について

「X（子・申立人）らも、平成14年以降の3年間については、Y（長男・相手方）がA（被相続人）の介護を献身的に行っていたことを認めており、この期間については、YのAに対する身上監護には、特別の寄与があったものと認められる。これに対し、平成14年2月より以前のAに対する日常生活上の世話は、親族間の扶養協力義務の範囲のものであると認められ、特別の寄与とまではいえない。」

「YのAに対する身上監護については、親族による介護であることを考慮し、1日当たり8000円程度と評価し、その3年分（1年を365日として）として、8000円×365日×3＝876万円を寄与分として認めることとした。」

2 財産管理による寄与分について

「駐車場の管理について、Yが具体的に行動し始めたのは平成13年2月ころからであり、駐車場の清掃、苦情への対応、顧客離れを防ぐための賃料の減額などを行っていたものであるが、Yが平成14年1月から駐車場管理の報酬として月額5万円を取得していたことに照らし、Yの駐車場の管理について特別の寄与があるとまで認めるのは困難である。」

第3章　寄与分をめぐる事例　　　319

コメント

　本事例は、認知症により常時見守りが必要な親の介護をした長男に、「特別の寄与」があったと認め、親族による介護であることを考慮して1日当たり8000円程度と評価して寄与分を認めたものである。

　病気や高齢等のため、介護を要するようになった被相続人を看病したり、身の回りの世話をする療養看護が、「特別の寄与」と認められるには、被相続人の病状等に基づく療養看護の必要性の有無や内容、療養看護を要した期間、対価支払の有無や内容等を考慮して、当該療養看護が被相続人との身分関係から通常期待される程度を超えるものであることが求められる。

　本事例も、平成14年2月以前の日常生活上の世話は、親族間の扶養協力義務の範囲内であるとしてこれを特別の寄与とは認めず、認知症のため常時見守りが必要となってからの療養看護についてのみ特別の寄与と認めている。

　寄与分の評価としては、看護人・介護人を雇えば支払ったであろう報酬額、すなわち看護婦家政婦紹介所の協定料金、日本臨床看護家政協会作成の看護補助者による看護料金表、介護報酬基準額等を参考に、療養看護に対する対価の有無内容、被相続人との身分関係、相続財産全体の額、遺贈の有無内容、遺留分額などを考慮して決められる。本件で、どのような資料が参考にされたのかは不明であるが、基準となる資料を参考に親族であることを考慮して一定程度の減額を行って、1日当たり8000円程度と算出しているものと思われる。

　Yは居宅の建っている土地の他、自己が管理していた駐車場の土地建物の取得を希望していたが、認定された寄与分額では代償金がYの支払可能金額を大きく超えてしまうため、裁判所はこれを採用せず、Yの居宅が建設されている土地のみYの単独所有とし、その他の不動産についてはX₁らの共有とし、預貯金で具体的相続分との差額を調整する分割方法をとっている。なお、Yが取得する土地の評価額については、使用借権分として土地本来の価額から15％（約590万円）減価して計算している。

　なお、Y（長男・相手方）は、A（被相続人）夫婦が居住していた土地の隣地の土地（A所有）に自宅を建設して生活しており、X₁（子・申立人）らから、同土地の無償使用が特別受益に当たると主張された。これについて裁判所は、AがYに隣地に自宅を建設させ、無償で土地を使用させたのは、Yにそばにいてもらいたいとの考えによるものであり、高齢に伴ってY夫婦を頼りにし、その世話になることが増えていったとの事情からも、Aの意識としてYの土地の無償使用を遺産分割において特別受益として扱うことは予定していなかったものと推認されるとして持戻しを免除した。Y

が、平成14年以前に長年にわたりＡの身の回りの世話をしたことについて、特別の寄与とまで認定しないこととの対比からも、これを特別受益とすることは相当でないと判断している。

＜参考判例等＞

○重い「老人性痴呆」の被相続人を10年間にわたり自宅で介護していたケースについて、看護婦家政婦紹介所の協定料金を基礎にし、事案の実情を考慮してその60％を寄与相当分と算出した事例（盛岡家審昭61・4・11家月38・12・71）

○日本臨床看護家政協会作成の看護補助者による看護料金表を基準に、時間単価、1日の平均介助時間を想定して報酬額を算出し、親族の相互扶助義務を考慮して3割減価して寄与分の評価とした事例（東京家審平12・3・8家月52・8・35）

第3章　寄与分をめぐる事例　　321

(3)　金銭等の出資

89　被相続人の子である抗告人が、被相続人に対する身上監護、実家土地等の取得費用の負担、及び被相続人死亡後の相続債務の返済を理由に寄与分を定める申立てをしたところ、原審で寄与分に係る申立てを却下されて抗告した事案において、身上監護及び相続債務の弁済については寄与の事情として認めなかったものの、実家土地等の取得費用の負担については、抗告人あるいは抗告人の配偶者の資産を原資にローン返済されたと推認されるとして、原審判を変更し抗告人の寄与分を定めた上で遺産分割した事例

（大阪高決平27・3・6判時2274・24）

当事者及び遺産の概要	
被相続人	A（平成11年3月X日死亡）
相続人及び法定相続分	X：長女（抗告人・原審申立人）2分の1 Y_1：二女の子（相手方・原審相手方）4分の1 Y_2：二女の子（相手方・原審相手方）4分の1
遺産の額	789万5110円
遺産の構成	土地、建物

当事者の主張	
X（抗告人・原審申立人）	Y（相手方・原審相手方）
身上監護による寄与分：XによるA（被相続人）の毎日の食事の世話 657万円（1日の食費1000円×365日×18年間） 土地取得費用の負担による寄与分：A所有土地取得に際し、Xの夫B（申立外）を債務者として金700万円の銀行融資（第1次ローン）を受けて取得費用に充て、その数年後、同じくBを債務者として金500万円の銀行融資（第2次ローン）を受けて第1次ローン	——

を完済したところ、各ローンの返済はXあ
るいはXの意を受けたBが履行補助者とし
て負担したものであり、ローン返済額はX
の寄与分として認められるべきである。
ローン返済による寄与金700万円
**相続開始後の相続債務の弁済による寄与
分**：Aが亡くなる前に購入した指輪の割賦
代金の未払額をXが相続開始後完済した。
完済した残債務金200万円

事実経過（裁判所が認定した事実）	
S24頃	A（被相続人）の夫C（申立外）が借地上に実家建物を購入、CとAが同居する。
S54	Cが死亡し、AがCからの相続により実家建物を取得。
S55	AはX（長女・抗告人・原審申立人）近くの賃貸住宅に転居し、実家建物は株式会社D（申立外）に賃貸する。
S58	A、実家土地と道路地を地主から購入する。売買代金は、B（Xの夫）が債務者となり銀行から700万円を不動産購入名目で借り入れて賄う（第1次ローン）。同ローンを被担保債権とする抵当権が実家土地建物、道路土地に設定された。XとAが連帯保証人となる。 X、Bの経営する会社に勤務して給与を得るようになる。
S62	Bが債務者となり、銀行から500万円を借り入れて第1次ローンを完済する。新たに本ローン（第2次ローン）を被担保債権とする抵当権が実家土地建物、道路土地に設定される。
H6.8	第2次ローン完済。
H8.7	B死亡。
H11.3	A死亡。
H11.6	X、Aが購入した指輪の代金70万1200円を弁済する。

原 審 の 判 断

1　身上監護による寄与分について

　「X（長女・抗告人・原審申立人）が長期にわたりA（被相続人）に食事を提供した事実も、これをX自身の経済的負担でした事実も、これらを裏付ける客観性のある証拠がなく、かかる事実を認めるには足りない。」

第3章　寄与分をめぐる事例　　323

2　土地取得費用の負担による寄与分について

実家土地、道路土地の購入代金にB（抗告人Xの夫・申立外）名義で借り入れた700万円（第1次ローン）が当てられた事実、第1次ローンが第2次ローンで借り入れた500万円で完済された事実は認められるが、これらローンの返済原資を直接裏付ける客観的証拠がなく、Aには1か月23万円を超える収入があったこと等から、A自身の収入から第1次、第2次ローンの返済がされた可能性も否定できず、「XあるいはBが実家土地及び道路土地の購入資金を負担した事実を認めるには足りない」。

3　相続発生後の相続債務の返済による寄与分について

寄与分の評価時点が相続開始時であることから、寄与行為は相続開始前の行為が予定されており、相続発生後の相続債務の返済は寄与行為には当たらない。

裁　判　所　の　判　断

1　身上監護による寄与分について

X（長女・抗告人・原審申立人）は、A（被相続人）が昭和55年にX宅近くに転居してから亡くなるまで約18年間食事の世話をしており、食費として1日1000円を負担していたので、657万円の寄与がある旨主張する。しかし、上記事実を認める的確な資料はない上、仮に、上記事実が認められるとしても、親子関係に基づいて通常期待される扶養の程度を超える貢献があったということはできない。

2　土地取得費用の負担による寄与分について

実家土地、道路土地の売買代金は第1次ローンの借入れにより賄われ、その後、第2次ローンの借入により完済されたと認められる。そして、ローンの返済はB（Xの夫）名義の預金口座から引落の方法でなされ、Bは昭和58年当時から会社を経営しており、その収入を返済の原資に充てることは可能であったと認められる。一方、Aについては、第2次ローン完済前の平成5年ないし平成6年にかけてA名義の口座から第2次ローン返済額相当の金額が定期的に出金されている形跡はないこと、また、この頃のAの収支は収入が月23万円程度、支出が月20万円程度であり、これによればAの収入から第2次ローン（返済額月6万円）を返済することは困難であったと認められ、それ以前にもA自身の収入で第1次及び第2次ローンを返済することは困難であったと推認されることからすると、第1次及び第2次ローンは、BあるいはXの資産を原資として返済されたものと推認される。

「上記返済の直接の原資がBの収入であるとしても、Xは上記のとおり昭和58年から夫であるBの経営する会社に勤務して給与を得ていたことからすれば、上記返済は、Xの意思に基づいてXの一家の収入から支払われていたとみることができるのであり、これによれば、X自身の寄与があったものとみるのが相当である。」

3 相続発生後の相続債務の返済による寄与分について

「相続財産への寄与は相続開始までの事情を考慮すべきであることからすれば、相続開始後になされた上記支払をもって寄与の事情とすることはできない。」

コ メ ン ト

本事例において、土地取得費用の負担による寄与、身上監護による寄与に関しては、主として寄与行為の存否自体が争点となっており、そのほか、相続人の配偶者の寄与、「特別の」寄与の評価、相続発生後の寄与についても判断が示されている。

土地取得費用の負担による寄与について、原審においては、申立外B（抗告人Xの夫）名義による銀行融資により土地取得代金を賄ったものと認めながら、「ローン返済の原資にA（被相続人）の金が充てられていないと直ちにいえるわけではない」等として、X（長女・抗告人・原審申立人）あるいはBの貢献を認めなかった。Aに月額23万円ほどの収入があったにもかかわらず、A死亡後Aの預金が全くなかった等の事情も、上記認定の一因になったものである。

これに対し、本決定では、B名義のローンの返済はB名義の口座から口座引落の方法で支払われている旨認定し、一方でAの口座から定期的にローン返済額が出金されている形跡はないこと、及び当時のB及びXの経済力、Aの収支状況等の事情から、ローンの返済は、BあるいはXの資産を原資にして返済されたものと推認されると認定しており、相当である。

本事例では、ローンの返済原資が、X、Bいずれの収入によるものか、資料からは判然としないところ、本決定は括弧書きで「（ローン）返済の直接の原資がBの収入であるとしても〔中略〕上記返済はXの意思に基づいてXの一家の収入から支払われていたとみることができるのであり、これによればX自身の寄与があったものとみるのが相当である」として、Xの寄与を認定した。労務提供の態様での寄与（療養介護等）においては、履行補助者の法理を用いて、相続人の配偶者等の寄与行為の効果を相続人に帰属するものと認定することがあり、Xもその旨主張したが、実態からみてBがXの履行補助者であるとみるのは難しく、本決定では、Xの意に基づきX一家の収入

から返済金が支払われていることをもって、端的に、Xの貢献と評価した。

　また、本決定では、身上監護による寄与の主張に関して、証拠資料がない上、仮にXが約18年間近くに居住するAの食事の世話をし、食費として1日1000円を負担していたという事実が認められるとしても、親子関係に基づいて通常期待される扶養の程度を超える貢献があったということはできないとして「特別の」寄与行為ではないと判断した。しかし、仮に上記事実が証拠により認定される場合には、相当の長期間にわたる労務提供及び費用負担であることから、食事の世話の必要性、食事の世話及び費用負担が被相続人財産の維持・増加に与えた効果等の事情を考慮し、特別の寄与となる余地もありうると考える。

　本事例では、A死亡後に、Xがその債務を弁済したことも寄与行為として主張されている。寄与の終期としては、民法904条の2の規定の文言等から、相続開始までと解されており（通説）、相続開始後の相続財産の管理等に関する貢献（相続債務を相続人が弁済した場合等）は、寄与分の中に含めることはできないと考えられる。相続人間の衡平の見地から、遺産分割に際して、相続債務の弁済についても清算等が行われるのが望ましいが、相続人間に合意がある場合に限り遺産分割手続の中で考慮することができるとするのが、実務の大勢であろう（原則的には訴訟事項として扱われる（田中壯太ほか「遺産分割事件の処理をめぐる諸問題」司法研究報告書45輯1号256頁）。）。

90 被相続人が創業した株式会社は、実質は個人企業に近く被相続人とは経済的にきわめて密着した関係にあったもので、会社への援助と被相続人の資産の確保との間に明確な関連性がある場合には、被相続人に対する寄与と認める余地があるとして、経営危機にあった会社へ資金提供をした相続人の寄与分を否定した原審判を取り消し、20％の寄与分を認めた事例

（高松高決平8・10・4家月49・8・53）

当事者及び遺産の概要	
被相続人	A（昭和63年7月27日死亡）
相続人及び法定相続分	X₁：妻（抗告人・原審相手方）2分の1　ただし、相続分のうち4分の3をX₂に譲渡。 X₂：長男（抗告人・原審相手方）6分の1 X₃：長女（抗告人・原審相手方）6分の1 Y：二女（相手方・原審申立人）6分の1　ただし、相続分のうち4分の3をX₂に譲渡。
遺産の額	4億3825万0363円（相続開始時） 5億5204万3363円（遺産分割時）
遺産の構成	不動産、預貯金、出資持分権、債権等

当事者の主張	
X₂（長男・抗告人・原審相手方）	Y（二女・相手方・原審申立人）
事業への金銭出資による寄与分：①X₂（長男・抗告人・原審相手方）がA（被相続人）及びAが経営していたAと経済的に密接な関連性のあるB会社に対し恒常的に資金援助したことはAに対する寄与というべきである。 ②X₂がAから購入したE病院の敷地及びE宅地部分の代金額合計4億7000万円と同土地の当時の時価2億9000万円との差額（1億8000万円）はX₂の寄与と評価すべきである。 ③X₂はAに対する援助金の代わりに、実質赤字会社であるB会社に対するAの貸付金債権を譲り受けており、同債権額相当（1億1000万円）は特別の寄与である。	事業への金銭出資による寄与分：①B会社はAとは別人格であるから、B会社への援助がAに対する寄与と評価されるべき根拠はない。 ②X₂がAから買い受けたE病院の敷地及びE宅地部分の評価額は、代金とされた額より高額であり、その差額は、X₂の受けた特別受益と評価すべきである。 ③X₂は、Aに対して提供した資金額と同額面のB会社に対する貸付金を対価として取得しているから、援助ではなく、寄与と評価されるべきではない。

第3章　寄与分をめぐる事例　　327

	事実経過（裁判所が認定した事実）
S49頃	A（被相続人）が経営していたB会社が経営不振となり、県外の大手建設会社に勤務していたX₃（長女・抗告人・原審相手方）の夫C（申立外）は、Aに説得され会社を辞めてB会社の経営に参画する。 その後もB会社は恒常的に経営不振であった。
S54	Aは勤務医であったX₂（長男・抗告人・原審相手方）に病院を経営させ、収益をB会社の運転資金に充てるべくX₂に開業するよう説得、X₂は2億円の銀行融資を受け遺産の一部であるD土地上に病院を開院する。
S55	A、E地区の一部を宅地造成し、残地に病院付老人ホームを建設してX₂に経営させるべく、X₂の連帯保証のもと、E地区の一群の土地を3億5000万円の借金で購入する。
S56	X₂、病院建築費用等として2億8000万円の融資を受け、E地区の一部にE病院を開院。 E地区の開発許可（宅地造成等）がとれず、転売も不可能となり、Aは多額の負債の返済に窮する。
S58.6	B会社、完成工事受注高が極端に減少し経営危機となる。 A、E地区土地のうちE病院敷地を1億6000万円と評価してX₂に買い取ってもらい、代金のうち1億円をB会社に資金提供する。
S59	E地区土地のうち宅地部分について競売開始決定がなされ、X₂が、Aに代わり4億2000万円を弁済する。 X₂はAからE地区土地のうち宅地部分を譲り受けることとし、上記援助金の内3億1000万円を売買代金に充当するものとして処理し、残1億1000万円はX₂のAに対する貸付金として処理する。
後に	X₂はAのB会社に対する貸付金を譲り受けることとして、X₂のAに対する上記貸付けを処理する。
S63.7	A死亡。

原 審 の 判 断

1　事業への金銭出資による寄与分

　「法律上は別人格であるとしても、会社の企業形態が実質上被相続人の個人企業であるとか、会社の債務について被相続人が連帯保証している等のために、会社が倒産する事態になれば、被相続人の個人資産にも直接的な影響があるという事情がある場合には、遺産分割の公平という観点から認められる寄与分制度の趣旨に照らして、会社に対する援助が被相続人に対する寄与となりうる場合があると解される。」

　「B会社は、A（被相続人）が創業した会社であるが、必ずしもその実質が個人企業であるとは言いがたい。しかしながら〔中略〕、Aがその個人資産を失ってしまえば、

B会社の経営も危機に瀕するであろうし、一方B会社が倒産すれば、Aは生活手段を失うばかりでなく、担保に供している個人資産が失われる関係にあり、B会社とAとは経済的に極めて密着した関係にあったものである。」このような場合において、「B会社に対する援助等がAの資産にいかなる影響を及ぼしたかについては、〔中略〕、B会社に対する援助等がなされた当時のB会社の経営状態、Aの資産状況、援助等の種類、程度等に照らして、B会社への援助等とAの資産の確保との間に明確な関連性が認められる必要がある」

　この点につき原審の認定した諸事情によれば、「X2（長男・抗告人・原審相手方）は、先ずB会社に対して恒常的に資金提供しているが、これらのB会社に対する資金提供が、B会社の経営破綻を救い、ひいてはAの個人資産が失われるのを防止したという、資金提供とAの資産確保との間の明確な関連性を認めることは困難であり、また、昭和58、9年当時の1億円の資金提供については、対価としてB会社に対する1億円の債権を取得しており、右債権が無価値であるとはいえないから、寄与の無償性に欠ける。また、X2のAに対する資金提供についても、その一部は土地や債権を譲り受け、残部は返済されてすべて清算されている。〔中略〕結局、AとB会社とX2とは、いわば持ちつ持たれつの関係にあったものであり、X2の働きを特別の寄与として評価することはできない。」

裁　判　所　の　判　断

1　事業への金銭出資による寄与分

　「B会社はA（被相続人）が創業した株式会社であってAとは別人格として存在しており、その実質が個人企業とは言いがたい。しかし、AはB会社から生活の糧を得ており、自己の資産の殆どをB会社の事業資金の借入の担保に供し、Aから恒常的にB会社に資金援助がなされ、また、B会社の資金がAに流用されたりしている。これらの事情に照らせば、B会社はAの個人企業に近い面もあり、またその経営基盤の主要な部分をAの個人資産に負っていたものであって、Aがその個人資産を失えばB会社の経営は危機に陥り、他方B会社が倒産すればAは生活の手段を失うばかりでなく、担保に供している個人資産も失うという関係にあり、B会社とAとは経済的に極めて密着した関係にあったものである。そうすると、B会社の経営状態、Aの資産状況、援助と態様等からみて、B会社への援助とAの資産の確保との間に明確な関連性がある場合には、Aに対する寄与と認める余地があるということができる。」

　「X2（長男・抗告人・原審相手方）は、Aに対し5億8000万円（E病院敷地の売買代金1億6000万円及び金融機関Fへの弁済金4億2000万円）の資金を提供し、うち4億7000

万円を土地代金（Ｅ病院敷地1億6000万円、Ｅ宅地部分3億1000万円）として清算し、残余の1億1000万円をＢ会社に対する貸付金としたことになる。」

「これらのＥ土地の昭和59年の価格は、〔中略〕約4億4000万円程度であったとみることができる。以上からすれば、X₂の土地の代金としての資金提供は、その差額分の3000万円程度について寄与として評価する余地はあるが、特別受益ということはできない」

「Ｂ会社に対する1億1000万円の債権については〔中略〕実質的に1億1000万円の対価と評価することはできず、債権としての価値は、右（昭和63年決算時の）資産と債務の割合から考えると最大限にみてもその約28％である3000万円にも満たないものといわざるをえない。そうすると、X₂がＡに対して資金提供し、Ｂ会社に対する債権に振替えた1億1000万円のうち、債権の実質的な価値との差額である8000万円については、寄与として評価する余地があることになる。」

コメント

民法904条の2第1項では、寄与行為の態様として「被相続人の事業に関する財産上の給付」が挙げられている。この点、本事例においては、X₂（長男・抗告人・原審相手方）の金銭出資は、直接Ａ（被相続人）に対してなされたもののほか、直接はＡとは別人格のＢ会社に対してなされたものがあり、後者は原則「被相続人の事業に関する財産上の給付」には当たらないと解されている。

しかし、被相続人とその経営する会社との関係性や、会社への財産上の給付と被相続人の個人資産確保との間の関連性によっては、別人格である会社に対する財産上の給付を被相続人に対する寄与と評価することが寄与分制度の趣旨である相続人間の衡平の観点から相当な場合があり、この点についての、考慮事由、判断基準等について説示したのが本決定である。

ところで、上記の問題については、原審も被相続人とその経営する会社とが経済的に極めて密着した関係にある場合において、相続人による会社への資金援助と被相続人の資産の確保との間に明確な関連性が認められる場合には、特別の寄与が認められる余地がある旨同様の見解を示していた。しかし、結論として、原審は抗告審とは異なり、X₂の援助とＡの資産の確保との間の明確な関連を認めるのは困難である等として、X₂の寄与を否定している。

原審と本決定が、X₂の寄与分認定について結論を異にしたのは、結局のところ、X₂が高額な金銭給付に対する代償として取得したＥ病院敷地及びＥ宅地部分、及びＢ会社を債務者とする債権の評価の違いに帰するものといえよう。原審はX₂が取得した

土地の当時の時価は代金額より高額であり、債権は額面で評価し、提供した資金額と等価であるとし、一方、本決定は土地・債権の評価はいずれも提供した資金額より低額であると評価してその差額は寄与となりうる旨判断したものである。

本決定は、遺産分割手続にあらわれる債権の評価方法についても参考となる。

すなわち、相続人が提供した資金の代わりに取得した債権の評価について、原審では「これ（債権の実質価値）を本件で考慮したとしても、X_2のB会社に対する債権が法律的に消滅するものでもないから、（民事訴訟で）二重に評価される危険もある」として債権を実質評価することを避けて額面評価したが、これに対し、本決定では「Aの個人企業に近い面」のあるB会社に対する債権について実質的価値を評価し、X_2が提供した資金額と債権の実質的価値との差額を寄与として評価する余地があるとした。

相続人間の衡平という寄与分制度の趣旨、寄与分は具体的相続分を修正する一要素に過ぎず、その額も寄与の時期、方法及び程度、相続財産の額、その他一切の事情を考慮して定められるものであること等から、提供した資金と相続人が取得した債権の実質的価値の差額を寄与分算定の事情として考慮したとしても、「民事訴訟で債権が二重に評価される」ということにはならないと考える。

なお、本決定は、当事者から提出された鑑定評価が大きく異なる場合の土地の評価方法を示しておりこの点についても参考になる事例である。

第3章　寄与分をめぐる事例　　331

(4)　被相続人の扶養

91　遺産分割のための寄与分を定める処分の申立てをした事案において、本来は子ら全員で親である被相続人を扶養すべきところを申立人が全面的に引き受け、そのため被相続人は自己の財産を消費しないで遺産として残せたのであるから、申立人にはその本来的義務を超えて負担したものとみなされる部分に対応する寄与の効果を認めるのが相当であるとして寄与分を認めた事例

（大阪家審昭61・1・30家月38・6・28）

当事者及び遺産の概要	
被相続人	A（昭和58年9月29日死亡）
相続人及び法定相続分	X：二男（申立人）2分の1 Y₁：長男（相手方）8分の1 Y₂：二女（相手方）8分の1 Y₃：三女（相手方）Xに相続分譲渡 Y₄：四女（相手方）8分の1 Y₅：五女（相手方）Xに相続分譲渡 Y₆：三男（相手方）8分の1 Y₇：四男（相手方）Xに相続分譲渡
遺産の額	3709万4000円（相続開始時） 4225万2000円（遺産分割時）
遺産の構成	不動産、預金、株式

当事者の主張	
X（申立人）	Y（相手方）
扶養の方法による寄与分：審判には、当事者の主張の記載はないが、扶養による寄与として、18年間にわたる引取り扶養料及び遺産たる不動産の火災保険、補修改造、公租公課の負担分として金825万円以上の主張、及び交付した小遣銭合計金として相当額の主張がなされたものと伺われる。	——

332 第3章 寄与分をめぐる事例

事実経過（裁判所が認定した事実）	
〔S30以前〕	X（二男・申立人）、中学卒業後、父（被相続人Aの亡夫）の営む仲買業に従事。
S30	父脳溢血で倒れ、Xが番頭格の指導を受けながら家業を支える。
S41	父死亡。父の遺産たる不動産はA（被相続人）・X・Y₆（三男・相手方）の共有とし、その余の株式・預金をA、Y₆を含む兄弟で分配。 X、仲買人許可を受けて営業主となる。
S42	X婚姻。その後もAと同居して扶養し、死亡時まで、多額の小遣いを与え、居住不動産にかかる火災保険、補修改造、公租公課全額負担する。
S48	A、Y₆に不動産購入資金100万円贈与（特別受益と認定）。
S50	A、Y₇（四男・相手方）に住宅購入資金100万円贈与（特別受益と認定）。
S55	A、Y₆に交通事故賠償金資金として金48万3000円贈与（特別受益と認定）。
S56	A、Y₄（四女・相手方）がY₆から借り入れていた金100万円を立替弁済（特別受益と認定）。
S58.9	A死亡。相続開始。

裁 判 所 の 判 断

1 扶養の方法による寄与分について

「X（二男・申立人）は昭和42年結婚後もA（被相続人）と(3)の建物（X、A、Y₆（三男・相手方）の共有）に同居し、その死亡に至るまでAを扶養し、A自身の交際費として毎月多額の小遣いを与え、また(1)～(3)不動産（X、A、Y₆の共有）にかかる火災保険、補修改造、公租公課を全額負担してきた（中略）その結果相続開始時の遺産として(1)～(3)の不動産の他に合計金1247万円の株式、預金、現金が遺った。これはAが昭和41年亡夫から相続したときの株式財産に近似する価額であり、その間Y₆らに前記の如く贈与し費消しており（前項で他の相続人に対する特別受益を認定している）、Aの株式利殖や株価高騰等の変動があることを考慮しても、Aは前記（亡夫からの）相続の財産を自己の生活のためには殆ど使用していないと認めざるをえない。」

「XがAを扶養した18年間にわたる金銭的負担は少なく見積もっても825万円となり（その他に与えた小遣銭については金額を把握する的確な裏付け資料がない）、本来兄弟8人が能力に応じて負担すべきところをXが全面的に引受け、これがためAは自己の財産を消費しないで遺産となったのであるから本来的義務を超えて負担したものとみなされる部分に対応する寄与の効果を認めるのが相当である。そこで叙上の事情を総合考慮し、Xの寄与分を金730万円と認めることとする。」

第3章　寄与分をめぐる事例　　333

コ　メ　ン　ト

　本事例は、扶養の方法による寄与分を肯定した上、Ｘ（二男・申立人）がＡの扶養として負担した825万円のうち、「本来的義務を超えて負担したものとみなされる部分に対応する寄与」を特別の寄与として認めたものである。

　相続人たる子のうちの1人が被相続人を扶養し、その結果相続財産が維持増加したという場合に、寄与分を認めるべきかについては説が分かれる。

　消極説は、扶養はそれぞれの扶養能力に応じて負担するものであり、分担義務の範囲内の扶養は「特別の寄与」に当たらない、分担義務を超えて扶養した場合には扶養分担額の求償で処理すべしとする。また、本事例については、相続開始時の遺産額が不動産2608万円、流動資産たる預金・株式合計金1101万4000円（このほかに現金145万5201円）が認定されており、法律上「扶養」義務が問題になる事案ではないとの指摘もある。

　しかし、扶養の分担義務の範囲を超えるか否かを「特別の寄与」に当たるか否かの判断基準とするならば、遺産分割の手続の中において、過去に遡って、被相続人が扶養状態にあったのか否か、被相続人に必要な扶養料の額、及び相続人（扶養義務者）全員の扶養余力の認定を必要とすることになり、遺産分割の解決を遅延させるおそれがある。また、別途扶養分担額求償の道があるとしても、たまたま、他の相続人に扶養能力がなかった場合には、寄与によって相続財産が維持増加したにも関わらず、寄与者には寄与分も認められず、扶養の求償もできないという衡平を害する結果となる。当事者が扶養に関する清算を遺産分割の際に併せて行いたいとする希望することも多く、相続財産への貢献という点では、療養看護や家事労働などと実質的な差異は認めにくいことから、扶養の方法による寄与分を認めるのが相当と考える（積極説）。

　以上より、法律上の扶養義務発生の有無、各相続人の扶養分担義務の限度を問うことなく、すなわち、「扶養」が扶養義務の履行であるか否かを問わず、被相続人に対する「扶養」がなされ、これによって財産が維持増加された場合には、この扶養を「特別の寄与」と評価し、各相続人が同程度の扶養能力があると想定して、本来の各相続人の扶養分担額を超える金額を寄与分とするのが相当である（猪瀬慎一郎「寄与分に関する解釈運用上の諸問題」家月33巻10号24頁）（計算式としては、「実際の負担額×（1－扶養者の法定相続分割合＝寄与分」となろう。）。

　本決定の説示は積極説の理解に沿うものであり、認定した寄与分額もほぼ上記計算式の結果に付合するものである。

　なお、消極説に拠った裁判例として後掲＜参考判例等＞がある。

334 第3章 寄与分をめぐる事例

＜参考判例等＞

○「申立人は、20年余にわたる被相続人との同居生活中、同人の生活のため年額約40万円の
負担したことを考慮し、本件遺産全部を申立人に分与してもらいたい旨希望するが、申立
人のなした被相続人に対する扶養の清算については、他の扶養義務者である相手方らと協
議するなどし、別途解決すべきことがらである。」として扶養による寄与を認めることにつ
いて消極の判断をした事例（なお、本件では申立人が重い老人性痴呆の被相続人を10年間
にわたり看護してきた等として別に療養看護による寄与分1213万円を認めている。）（盛岡
家審昭61・4・11家月38・12・71）

第3章　寄与分をめぐる事例　　335

92　特別受益を受け持戻免除がされている相続人につき具体的相続分算定に当たり斟酌すべき寄与分の存在を肯定すべき場合及びその限度を判断した事例

（東京高決平9・6・27東高民報48・1−12・46）

当事者及び遺産の概要	
被相続人	A（死亡日不明）
相続人及び法定相続分	X：子（抗告人・原審相手方） Y₁：子（被抗告人・原審申立人） Y₂：子（被抗告人・原審申立人） Y₃：子（被抗告人・原審申立人） なお、法定相続人Aの妻は抗告審の当事者になっていない。
遺産の額	不明
遺産の構成	不明

当事者の主張	
X（抗告人・原審相手方）	Y（被抗告人・原審申立人）
扶養による寄与分：A（被相続人）及びAの妻に対する金銭送金による生活費の援助1840万円（月額10万円×15年4か月） **療養看護（介護）による寄与分**：訪問看護の方法による療養看護600万円（家政婦の基本賃金額に即して換算）	――

事実経過（裁判所が認定した事実）	
マンション入居前	A（被相続人）と妻は、年金収入と、A所有建物の賃料収入を基礎収入として生活。 A所有土地上にX（子・抗告人・原審相手方）所有のマンションを建築。
マンション入居後 S61.1～ H3.1半ば	A及び妻、X所有マンションに入居。以後、XはAに生活費として毎月10万円送金する。A及び妻、X所有マンションの管理につき援助する。 X、X妻の援助を受けながら、週3回程度定期的にA方を訪問して身辺介護を行う。

336　　第3章　寄与分をめぐる事例

裁 判 所 の 判 断

1　扶養による寄与分について

　「本件マンション入居後、X（子・抗告人）がA（被相続人）に対して毎月10万円程度送っていた生活費は、従来旧建物の賃貸によってAが得ていた収入を補う意味を有するとともに、Xの財産となる本件マンションの敷地としてAから本件土地1の提供を受けたこと及び本件マンションの管理にA夫婦の援助を受けたこと等に報いるためであったことを認めることができるから、その全てをAの遺産の維持についてXがした特別の寄与と認めるのは適当ではない。しかしながら、その期間も長期に及んでおり、また、その総額も相当多額になっていることに鑑み、そのうちの400万円の限度で特別の寄与と認めるのが相当である。」

2　療養看護（介護）による寄与分について

　「A及び妻は、前記のとおり高齢であり、その症状等からみて、遅くとも昭和61年1月から後においては、家族による定期的な訪問介護を必要とする症状となり、Xは、X妻の援助も受けながら、昭和61年1月から平成3年1月半ばまでの間、概ね週3回程度、定期的にA方を訪問し、その生活のための必要な身辺介護を行ってきたことは前記のとおりであり、しかも、記録によると、その介護の程度は、深刻化するAの症状に照らし高度の労力を要するものであったものと認めるのが相当であって、これを子として尽くすべき当然の義務の履行に過ぎないものと評価するのは不適当というべきである。そして、この間、Y₁、Y₂、Y₃らがA夫婦の介護に協力したことを認めるに足りる資料は見当たらず、むしろ、Xが定期的に訪問してする前記の介護活動に委せていたものと認められることとの対比において、XのしたAに対する看護活動は、特別の寄与として考慮するに足りる実質を有するものと認めるべきである。」「記録に照らし、この特別の寄与を当該介護を家政婦に依頼した場合の賃金額を基準として金銭に換算すると、総計500万円を下らないものと認めることができる。」

3　持戻免除の特別受益がある場合の寄与分について

　「Xに対しては、本件土地1の敷地利用権相当額として1955万4000円の特別受益があること、そして、これについては、Aの持戻し免除の意思表示が肯定できる‥このような場合において、Xに対し、具体的相続分算定に当たって斟酌すべき寄与分の存在が肯定できるのは、共同相続人間の公平の見地からみて、この特別受益の価額を超える価額の寄与分が肯定できることが必要であり、かつ、その超過価額の限度において

であると解するのが相当である。」「そうすると前記の事実関係によれば、Xについて認めることができる前記寄与分の価額（合計で900万円）は、上記特別受益の価額（1955万4000円）を下回ることが明らかであるから、結局Xについて、本件遺産分割について新たに形成すべき寄与分は肯定するに由ないものというべきである。」

コ　メ　ン　ト

　扶養の方法による寄与分算定の考え方については事例 **91** を参照されたい。

　本事例では、扶養の方法による寄与分の算定に関し、X（子・抗告人・原審相手方）はA（被相続人）に対し長期間にわたり月10万円の送金をしていることを認定した上で、しかし、同金銭給付はXのAに対する一方的な貢献（扶養）ではなく、Xにマンション敷地を提供することで喪失したAの賃料収入を補い、また、マンション管理に関するAの援助に報いる意味がある等の寄与の評価額を減ずる方向に働く事情を認定し、これらも考慮して「400万円の限度で特別の寄与と認めるのが相当である」旨判断している。本決定には示されていないが、Aが従前得ていた賃料収入、Aが援助したマンション管理業務の内容や業者に依頼した場合にかかる費用額などが寄与分算定の際の参考となるだろう。

　また、本事例では、持戻免除が認められる特別受益者について「具体的相続分算定に当たって斟酌すべき寄与分の存在が肯定できるのは、共同相続人間の公平の見地からみて、この特別受益の価額を超える価額の寄与分が肯定できることが必要であり、かつ、その超過価額の限度においてであると解するのが相当である」と説示している。

　被相続人が、相続人に対し、寄与に対する実質的な対価として生前贈与あるいは遺贈をしたと認められる場合には、民法903条1項の「生計の資本」性を欠くとし、あるいは同条3項の持戻免除の意思表示を認めるなどして持戻しを否定するのが相当であるが（前掲事例 **51 52 53** 参照）、それと同時に、生前贈与等が寄与相続人の寄与に十分報いた結果になっていると認められる場合には、被相続人との間で寄与に対する清算がなされたものといえ、改めて寄与分を定める必要はない。

　しかし、生前贈与等が寄与と対価関係がなかったり、対価関係部分だけでは寄与を十分評価し尽くしていないというような場合には、生前贈与等とは別に、あるいは対価関係を超える部分について別途寄与分を定めることは許される（最高裁判所家庭局「改正民法及び家事審判法規の解釈運用について」家月33巻4号・1頁）。

　本決定は、Xが受けた特別受益の価額とXの寄与分相当額とをそれぞれ算定して比較し、Xの寄与分相当額はAから受けた特別受益額を下回ることが明らかであるとして、Xに対し、別途寄与分は認めなかったものである。

第3章　寄与分をめぐる事例

(5)　財産の維持・管理

93　被相続人所有の不動産の売却に当たり売却価格の増加に対する特別
の寄与を認めた事例

（長崎家諫早出審昭62・9・1家月40・8・77）

当事者及び遺産の概要	
被相続人	A（昭和57年5月29日死亡）
相続人及び法定相続分	X：子（申立人）4分の1 Y₁：子（相手方）4分の1 Y₂：子（相手方）4分の1 Y₃：孫（相手方）12分の1 Y₄：孫（相手方）12分の1 Y₅：孫（相手方）12分の1
遺産の額	4221万9351円
遺産の構成	不動産、現金・預貯金等

当事者の主張	
X（申立人）	Y₁（相手方）
——	財産管理による寄与分：自費で、A（被相続人）の自宅を改造し、母屋を間貸し、小屋を自用できるようにした。その後本家建物の老朽化に伴い建物を解体更地とするため借家人の立退交渉や建物の解体・滅失登記手続をなした。また、Aの売却依頼に基づき、該土地の買手を探し、売買契約を締結した。その際、隣接地権者との交渉を重ね、実測面積527.72m²を確保し、売買面積を65.72m²増加させた。その後、売却代金のうち2000万円を信託預金にし、余剰金は預金・定期預金にするなどして管理し、流動資産の減少防止、有利な運用に努めた。以上のような資産の増加に貢献した額：500万円

第3章　寄与分をめぐる事例　　339

	介助による寄与分：昭和54年5月11日から昭和56年7月25日まで約2年2月同居して、その介助身辺の世話をした。 以上の扶養の額：260万円

事実経過（裁判所が認定した事実）

S54.2以前	Y₁（子・相手方）、本家建物の老朽化に伴い建物を解体更地とするため、借家人の立退交渉や建物の解体・滅失登記手続をなした。
S54.2	Y₁、A（被相続人）所有の土地を売買面積527.72m²、坪25万円で売却。
S54.5〜	Y₁、Aと同居。Aの日常生活（食事の支度・洗濯等）の世話をする。
S56.7〜	X（子・申立人）、Aと同居。
S57.5	A死亡。

裁 判 所 の 判 断

1　財産管理による寄与分について

「土地売却にあたっての寄与の主張については、土地の実測面積が公簿面積より広かったことは、土地自体の有していた経済的価値が顕現したものにすぎず、このこと自体をY₁の寄与とみることはできない。しかし、土地売却にあたり借家人の立退交渉、家屋の取壊し、滅失登記手続、売買契約の締結等に努力したとの事実は認められるので、売却価格の増加に対する寄与はあったものとみることができる。そして、その程度は、不動産仲介人の手数料基準をも考慮し、300万円と認めるのが相当である。」

2　介助による寄与分について

「A（被相続人）の介助の点については、Aに対する世話は日常生活（食事の支度・洗濯等）の範囲内のもので、それ以上の特別の介護費用を要する種類のものではなく、肉親としての当然の互助の範囲を出るものではなく、相続財産の維持に貢献したとまでみることはできない。」

コ メ ン ト

　本事例は、被相続人所有の不動産の売却に当たり、「借家人の立退交渉、家屋の取壊し、滅失登記手続、売買契約の締結等に努力した」ことについて、「不動産仲介人の手数料基準をも考慮し」、300万円の寄与分を認めたものである。

　財産管理行為が「特別の寄与」と認められるには、①財産管理行為の内容・程度が被相続人との身分関係から期待される範囲を超える貢献か否か、②財産管理行為によって相続財産が維持又は増加したといえるかが考慮される。

本事例は、この点について、土地を売却するに当たって、公簿面積より65.72m²増加させた実測面積を売買面積としたことについては、「土地の実測面積が公簿面積より広かったことは、土地自体の有していた経済的価値が顕現したものにすぎず、このこと自体をY₁（相手方）の寄与とみることはできない」として相続財産の維持又は増加との因果関係を認めない一方、借家人の立退交渉や、家屋の取壊し、滅失登記手続、売買契約締結等に努力したといった一連の行為について、売却価格の増加に対する寄与があったと認めている。

寄与分の算定に当たっては、相続人間の実質的衡平の観点から、寄与の方法及び程度の他、相続財産全体の額や、他の相続人の受けた生前贈与や遺贈の額、遺留分の額等、一切の事情を考慮して算定される。

本事例は、「不動産仲介人の手数料基準をも考慮し」300万円の寄与分を認めているが、Y₁が売却した土地の売却価格は、約3990万円（坪単価25万円、売買面積527.72m²）と計算されるところ、不動産売買契約締結に当たりかかる不動産仲介人の手数料基準上限額（売買価格の3％＋6万円）からすると、裁判所が認めた寄与分は大幅に増額されたものとなっている。

本事例は、借家人の立退交渉から売買契約締結に至るまでの一連の行為を一体的に寄与行為として認めて寄与分を算出しており、売買契約締結以外の行為についても、専門業者に依頼すれば、相当額の費用がかかることをも考慮したものと思われる。

しかし、一連の行為を個別に検討すると、その難易度にはかなり差があり、Y₁が具体的にどのような行為をしたのか、借家人や土地買受人と、どの程度、どのような交渉を行ったのかによって、特別の寄与に当たるか否かの結論も異なってくる可能性があり、専門業者に依頼する必要性・専門業者にかかる費用を考慮するか否かについても結論が異なってくる。

また、貸家を取り壊して更地にして売却したことにより、どの程度売却価格が増加したのかについても、寄与分を算定するに当たり当然に検討の対象となる。

寄与行為を主張するに当たっては、単にA（被相続人）の依頼に基づいて建物の解体・滅失登記手続、売却行為を行ったという事実の主張だけでは足りず、具体的にどのような交渉をし、相続財産の増加にどの程度貢献したのか主張することが必要である。

なお、本事例は、Y₁がAと同居中に行ったAの介助の点については、肉親としての当然の互助の範囲内のものとして、寄与行為に当たらないとしているが、X（申立人）がAと同居中に取得したと主張するAの介護料100万円については、AX間に明確な契約は認められないが、XがAの介助のために仕事を辞めていることから、退職しなければ得られたであろう収入分をAがXに贈与する意思があったことが推認されるとして、遺産に含まれないと認定している。

第3章　寄与分をめぐる事例　　　341

94　証拠の収集に奔走し、控訴審で逆転勝訴を得た行為に寄与分を認めた事例

（大阪家審平6・11・2家月48・5・75）

当事者及び遺産の概要	
被相続人	A（昭和62年7月19日死亡）
相続人及び法定相続分	X：四女（甲事件遺産分割申立人・乙事件丙事件相手方）6分の1 Y₁：長女（相手方）6分の1 Y₂：二女（相手方・丙事件寄与分申立人）6分の1 Y₃：三女（相手方）6分の1 Y₄：五女（相手方・乙事件寄与分申立人）6分の1 Y₅：六女（相手方）6分の1
遺産の額	5億9620万8500円
遺産の構成	不動産（土地、建物）、電話加入権

当事者の主張	
Y₂（丙事件申立人）	Y₄（乙事件申立人）
財産管理による寄与分：A（被相続人）所有の賃貸マンション3棟の維持管理・家賃集金業務に従事してきたこと等を理由に遺産の3割の寄与分を求める。	財産管理による寄与分：Aの要請により就職・婚姻を断念し、以後Aの死亡に至るまで終始同居してその事業に協力し、とりわけ遺産不動産を係争物件とする民事訴訟の追行につきAを激励援助し、証拠の収集・立証に協力して逆転勝訴に貢献した。また、Y₅（六女・相手方）の次男を養子として、これをA家の跡取りとし、Aの祖先の祭祀を承継したこと等を理由に、寄与分を定めるよう求める。

事実経過（裁判所が認定した事実）	
S53.5以前	Y₄（五女・相手方・乙事件申立人）、A（被相続人）の要請により、就職・婚姻を断念し、A所有の建物にAと同居。Aの事業に協力。
S53.5	Y₂（二女・相手方・丙事件申立人）、A所有の賃貸マンションの一室に無償で居住。賃貸マンション3棟の管理業務の報酬として毎月金5ないし8万円をAから受領。

| S62.7 | A死亡。 |
| H元.1 | Aの妻死亡。別件で遺産分割調停中。 |

裁 判 所 の 判 断

1 乙事件申立人Y₄の寄与分について

「就職・婚姻の断念、訴訟追行の激励援助、「跡取り」指名、祭祀継承については、それが事実であるとしても、A（被相続人）の財産の形成・維持・増加に直接結びつくものではないから、寄与分として考慮すべき事情にあたらない。

また、Y₂（二女・相手方・丙事件申立人）と伴に賃貸不動産の管理にあたったことは認められるが、他方Y₄（五女・相手方・乙事件申立人）は右業務に従事したことにより、自己の生活を遺産不動産の賃料収入により維持しているほか、Aから毎月5ないし20万円の専従者給与の支給を受け、これを自己の預金として保有しており、現在まで就職稼働した経験のない同人の財産のすべては、Aの遺産により形成されたものと推測され、この点においても同人の寄与分を認める理由とはなし難い。

しかし、同人提出の証拠に寄れば、Aが遺産不動産に係る訴訟の第一審で敗訴した後、Y₄がY₅（六女・相手方）の夫らの協力を得て証拠の収集に奔走し、遂に控訴審において逆転勝訴の結果を得ることに顕著な貢献があったことが認められ、今日の遺産の存在についてその功績を無視することはできないから、同人の右行為は、訴訟代理人である弁護士の指導があったであろうことを考慮しても、なお親族としての扶助義務の範囲を超え、かつ単なる精神的寄与以上のものであって、遺産の維持につき特別の寄与があったというべきである。

そして、寄与の時期、方法及び程度、相続財産の額、上記特別受益その他一切の事情を考慮すると、同人の寄与分を遺産の1割と認めるのが相当である。」

2 丙事件申立人Y₂の寄与分について

「管理業務は同人がすべて1人で切り回していたのではなく、賃貸人の選定などはAが自らしていたこと、賃貸建物の戸数・規模からみて同人が述べているほど煩雑多忙な管理業務が必要とは認めがたいこと（百戸前後の分譲マンションの管理業務を区分所有者団体の役員が本業の傍ら無報酬で務めている例が少なくないことは、当裁判所に顕著な事実である。）、同人は右管理業務の報酬として昭和53年5月以来毎月5ないし8万円をAから受領しており、これに遺産建物に無償で居住しているほか、一時的にもせよ、居室以外の遺産建物や駐車場を無償で使用していること等の事情を考慮すると、同人の行為は、未だAの遺産の形成維持に特別の寄与があったと認めるに足りない。」

第3章　寄与分をめぐる事例　　343

コ　メ　ン　ト

　本事例は、被相続人が相続財産を係争物件とする民事訴訟において一審で敗訴した後、相続人が奔走して収集し提出した証拠により、控訴審で逆転勝訴の結果を得たことについて、相続財産の維持に顕著な貢献があったと事実認定し、訴訟代理人弁護士の指導があったであろうことを考慮してもなお、証拠収集に奔走した行為が親族としての扶助義務の範囲を超え、かつ単なる精神的寄与以上の貢献があったとして、「特別の寄与」に当たるとしたものである。

　証拠の収集に奔走するといった訴訟追行行為への協力・貢献が、財産管理行為の一態様として「特別の寄与」に当たるかについても、他の財産管理行為と同様、当該行為が、親族として通常期待される扶助義務の範囲を超える貢献であると評価されることが必要である。そこで、証拠を収集するためにどのようなことを行ったのか、要した時間や労力について具体的に主張することが必要となる。

　Y4（五女・相手方・乙事件申立人）の寄与分の評価・算定として、裁判所は、寄与の時期、方法及び程度、相続財産の額、特別受益その他一切の事情を考慮して、遺産の1割と認めている。具体的には、寄与の程度として係争物件となった相続財産の価額が検討の対象になると思われるが、本審判には明記されていない。

　また、Y4が相続財産中の建物に無償で居住してきた点について、特別受益に当たるとの主張が共同相続人からなされており、Y4の受けた特別受益も寄与分の算定に当たり考慮されている。本件では、Y4がA（被相続人）と同居していた期間は、単なる占有補助者に過ぎず特別受益には当たらないとし、相続開始後の居住については、使用貸借契約の存在を推認して、使用借権相当額の特別受益があるが、その額を算定する明確な資料が無いとして特別受益としては算定せず、寄与分を算定する際の一事情としている。

　なお、本件では、Y2（二女・相手方・丙事件申立人）も相続財産中の建物に無償で居住しており、これが特別受益に当たるとの主張がなされている。この点については、Y2の「占有権限は使用貸借契約に基づくものと認められ、使用借権相当額の特別受益となるが、右利益はY2が建物の管理業務をすることに対する対価の一部であり、Aによる黙示の免除の意思表示がある」として持戻しの免除を認めている。

　本事例では、相続財産はほぼ不動産だけであり、その不動産も3戸の賃貸マンション（この中の1部屋にY2が無償で居住）及びAとY4が暮らしてきた土地・建物であり、しかも賃貸マンションのうち1棟が2つの土地にまたがって建設されており、相続人らはこの両土地の分筆に協力せず、容易に換価・分割することができない事案であった。

そのため、本審判では、賃貸マンションはY4を除く相続人5名の共有とし、土地・建物及び当該建物に設置されている電話加入権をY4の単独所有とし、Y4に他の各相続人に代償金440万円を支払わせるという結論に至っている。

(6) その他

95 相続開始後、共同相続人の1人が被相続人の家業を事実上単独で承継し遺産の主要部分を営業のために使用していた場合において、遺産の維持管理による寄与分を遺産から控除することが認められなかった事例

（東京高決昭56・6・19判タ452・158）

当事者及び遺産の概要	
被相続人	A（死亡日不明。ただし、「民法及び家事審判法の一部を改正する法律」（昭和55年法律51号）施行前の死亡である。）
相続人及び法定相続分	X：長男（抗告人） Y₁～Y₅：（相手方） なお、「抗告の理由」の記載によると抗告審相手方のほかにも相続人がいることがうかがわれる。
遺産の額	不明
遺産の構成	不動産、営業用動産等

当事者の主張	
X（抗告人）	Y（相手方）
相続開始後の遺産維持管理による寄与分：相続開始後、X（長男・抗告人）が本件遺産の維持管理に労力を費やしたことから、本件遺産が維持され、また、遺産評価額が増加した。 相続開始後の財産給付による寄与分：相続開始後、弟妹らの生活費、学費、婚姻費用、入院治療費等をXの営業収入の中から負担することにより、Yら（相手方ら）がこれらの費用を捻出するため遺産の一部を処分することを免れ、遺産が維持された。	——

346　　第3章　寄与分をめぐる事例

事実経過（裁判所が認定した事実）	
——	A（被相続人）が死亡。 X（長男・抗告人）、A死亡後、Aの事業を単独で承継し、遺産管理を開始する。 Y（相手方）らから遺産分割の申出があるも、Xが拒否し続ける。

裁 判 所 の 判 断

1　相続開始後の遺産維持管理による寄与分について

　X（長男・抗告人）はA（被相続人）の死亡後、Aの事業を事実上単独で承継し、一部を除いた遺産のすべてを営業所・倉庫等として自己の営業のために使用を継続し、それによってその間相当の収益を上げながら他の相続人からの遺産分割の申出を拒否して今日に至っていることが認められ、Xが共同相続人の共有にかかる本件遺産についてした上記管理行為は共同相続人全員のためにする意思をもってしたものとは認め難く、もっぱら自己の営業のためにする意思をもって本件遺産を管理してきたものと認められる。（Xの管理により遺産が維持されたとしても）それはXの自己のためにする行為の結果そうなっただけのことであるからXは本件遺産が維持されたことについてその寄与分を主張できる関係にないというべきであり、また本件遺産の管理についてその報酬を請求し得る立場にない。

　また、仮に、相続開始当初、X以外の相続人がXに対し本件遺産の管理を黙示的に委託し、Xは上記委託に基づいて本件遺産を管理してきたとしても、Xが上記委託に基づく管理の域を超えて自己のためにする意思をもって自己の営業に利用してきたものであることは、上記に認定したとおりであるからXが本件遺産の管理について費やした労力のすべてをもって本件遺産の維持に貢献したものと評価することはできない。また、Xの管理行為自体により本件遺産の価額が増加したことを認めるに足りる資料がないことを勘案すれば、Xが本件遺産の管理に労力を費やしたとしても、それを理由として寄与分を主張できる場合には該当しない。

　Xが出捐したとする管理費用は相続財産の管理費用として別途に相続財産のうちから支弁すべきものであるから（民885）、寄与分算定の際に斟酌すべき性質のものではない。

2　相続開始後の財産給付による寄与分について

　Xは相続開始後弟妹の生活費等を扶養義務の履行として営業収入の中から支出した

ことが認められるが、Xが主張する営業収入はXがAの経営する商店の動産・不動産・信用・のれん等有形無形の資産一切を事実上承継し、これを利用して上げた収益であるから、上記収益の全部をもってXに帰属するとみることは相当ではない。また、Xが支出した弟妹の生活費等の金額を確定する資料及びXが出捐した額が被相続人の経営する商店の営業資産の使用料を上回るとする資料はなく、Xの上記出捐額は商店の営業用資産の使用料と差引き相殺すべきものと認めるのを相当とする。よって、Xの上記寄与の主張は理由がない。

コメント

本事例は、「民法及び家事審判法の一部を改正する法律」（昭和55年法律51号）によって現行民法904条の2の寄与分制度が施行される前に発生した相続に関する事例である。

現行民法904条の2第1項は、「被相続人の財産の維持又は増加につき特別の寄与をした者とうたい、また相続開始時を基準として被相続人の財産の価額から寄与分を控除して「みなし相続財産」を算出することと定めた。この規定の文理から、特別の寄与は相続開始前の寄与に限られることが明らかになった」と説かれており（猪瀬慎一郎「寄与分に関する解釈運用上の諸問題」家月33巻10号27頁）、相続開始後の寄与に基づいて現行民法における「寄与分」は認められないものと解するのが実務の取扱いとなっている。

この点、制度新設前に寄与分について判断した裁判例の中にも、相続開始後の寄与に触れたものがあり、これを肯定するものと否定するものとに分かれていた。本決定は、相続開始後の寄与分の主張に対し、実体的な理由から否定したものである。

すなわち、本決定では、X（長男・抗告人）が「相続開始後本件遺産の維持管理に当たってきた」ことについて、Xは被相続人の事業を事実上単独で承継し、遺産の主要部分を自己の営業のために使用を継続して相当の収益を上げながら、他の共同相続人の遺産分割の申出を拒否してきた旨認定し、「もっぱら自己の営業のためにする意思をもって」遺産管理をしてきたものであり、寄与分を主張する関係にない旨否定した。

さらに、Xは、相続開始後、上記営業収入から相手方弟妹らの生活費等を負担したことにより、相手方弟妹らが生活費等を捻出するため遺産の一部を処分することを免れ、遺産の維持に貢献したとも主張して寄与分を求めたが、これに対して本決定は、Xの営業収入は、被相続人の資産を事実上承継し、これを利用して上げた収益であるからそもそもそのすべてがXに帰属するとみることは相当ではないとして否定したものである。

本決定は寄与分の成否について実体的な考察から判断をしたものであり、この論理は、相続発生前の寄与においても参考となろう。

なお、本決定は、相続開始後の公租公課等相続財産の管理費用は、民法885条により相続財産の中から支弁するものであると判示しているが、相続財産の管理費用を遺産分割手続内で清算すべきであるかについては説が分かれている。

第3章　寄与分をめぐる事例　　349

96 相続人が相続開始後に相続財産を維持し又は増加させたことに対する貢献は、遺産の分割をするに当たり、いわゆる寄与分として評価すべきものではないとした事例

（東京高決昭57・3・16家月35・7・55）

当事者及び遺産の概要	
被相続人	A（昭和36年頃死亡）
相続人及び法定相続分	X：身分関係不明（抗告人） Y₁：妻（相手方）2分の1 Y₂ないしY₈：身分関係不明（相手方）
遺産の額	不明
遺産の構成	不動産等

当事者の主張	
X（抗告人）	Y₁（相手方）
金銭援助による寄与分：X（抗告人）は、昭和20年以後、すでに老齢に達し収入もほとんどないA（被相続人）に代わって一家の支柱となり、Aの生活費はAの死亡に至るまでXの援助に依存した。Y₁の営む飲屋は、片手間に建物の一隅に近所の人が集まるのに酒食を供する程度であって、その収入は到底Aと二人の生活を支えるに足りるものではない。	金銭援助による寄与分：昭和27年4月までは援助を受けていたが、同年5月以降は死亡に至るまでXの援助は受けていない。
相続開始後における相続財産の維持増加に対する寄与分：Xの努力（土地明渡請求訴訟の提起等）により、相続財産である土地の賃借権が消滅して、土地は更地となり、価値が増加したことは明らかである。相続財産の維持増加について顕著な貢献をし、その結果相続財産の価値が著しく増加したことが明らかな場合は、それが相続開始後になされたものであるとしても、その貢献を評価し、遺産分割を行うべきである。	相続開始後における相続財産の維持増加に対する寄与分 ――

350　　　第3章　寄与分をめぐる事例

事実経過（裁判所が認定した事実）	
S24.5	X（抗告人）は、A（被相続人）に対して、昭和27年4月頃まで、1か月4000円程度の生活費を援助。
S27.10	Y₁（相手方）はAから、遺産である土地の一部分について無償で、建物所有目的による使用貸借の設定を受け、かつY₁がその土地に建物を建築するに際し、建築費46万円のうち、20万円の贈与を受ける。AとY₁は、その頃建築された建物に同居し、Y₁はその建物の一部において単独で飲屋の営業をし、主としてその収入により婚姻生活を支える。AとY₁は、建物のその余の部分を、婚姻住居として使用。
S36頃	A死亡。

裁 判 所 の 判 断

1　金銭援助による寄与分について

　X（抗告人）は、A（被相続人）に対し、昭和27年5月頃以降、その死亡に至るまで生活の援助を続けていたものである旨主張するが、前記主張に沿う原審証人の証言及び原審におけるX本人の審問の結果は、原審におけるY₁（相手方）の審問の結果に対比して、採用するに足りず、他に上記主張事実を認めるべき証拠はない。

2　相続開始後における相続財産の維持増加に対する寄与分

　いわゆる寄与分とは、共同相続人の一部の者が被相続人の財産の維持又は増加に対し通常の程度を超えて寄与した場合に、遺産分割に際し、相続開始時における具体的相続分を算定するに当たり、共同相続人間の衡平を図る見地から、特別受益と同様に、その寄与を評価すべきものとされるにほかならないから、相続開始時を基準としてこれを考慮すべきであって、相続開始後に相続財産を維持又は増加させたことに対する貢献は寄与分として評価すべきものではないと解すべきであり、なお、相続財産の管理のために現実に要した費用は、遺産分割にあわせて清算されるとしても、管理により増加させた相続財産の価値については、相続財産に関する費用に準じて、分割時にこれを清算すべきであるとする法的根拠を見いだすこともできない。

コ メ ン ト

　相続開始から実際に遺産分割が行われるまでの間に相当な期間が経過することは珍しくない。その間、一部の相続人が遺産の維持又は増加に貢献した場合、これをいわゆる寄与分として評価するかという問題があるが、本事例はこれを否定した。

X（抗告人）は、相続財産の維持増加に対する寄与が長期間に渡ってなされた場合においては相続開始の前後に区切ってその寄与を評価し得ない場合も考えられるとし、また民法906条が遺産分割は「遺産に属する物又は権利の種類及び性質〔中略〕その他一切の事情を考慮してこれをする」と定めており、遺産分割における全体としての公平な見地から考慮すると、Xの貢献によって生じた価値の増加は、実質的には、本来の相続財産には存在せず、相続開始後に新たに生じたものとして、これをもたらしたXに帰属すべきと主張したが、認められなかった。

　この点について、「この種の寄与を肯定することは、相続人の一人による専権を是認しかねない。」「相続人による遺産管理は自己のためにすると同一の注意さえ払えば、遺産に損失を与えても責任を問われないのであるから、これとのバランス上、逆に遺産に増加をもたらしても、それに対する報酬は問題にならないとも考えられよう。」と指摘する意見があり（右近健男「相続開始後の寄与分を肯定すべきか」判タ514号201頁）、本事例を理解する上で、参考になろう。

　相続財産の維持、管理に一定の費用を支出した場合、相続開始後の貢献は、寄与分として認めることはできないことから、相続開始後に発生した債務の問題として、事務管理や不当利得の法理により解決されることになる。もっとも、当事者全員の合意があれば遺産分割の対象とすることは可能である。また裁判所が審判をするに当たり、民法906条の「一切の事情」に含めて判断することもあり、本事例も「相続財産の管理のために現実に要した費用は、遺産分割に際してあわせて清算される」ことがあることを述べている。

　なお、本事例においては、特別受益の持戻免除についても争いとなっている。Xは、A（被相続人）が、Y₁（相手方）に対して、遺産である土地の一部について無償の使用貸借の設定をし、かつY₁が土地上に建設した建物の建築費用46万円のうち20万円を贈与したことについて特別受益に当たると主張した。しかし本事例は、特別受益には当たるものの、その後Aが死亡するまでの9年間、Y₁の建築した建物にてAとY₁は同居生活を送り、両者は主としてY₁が同建物で営む飲屋の収入で生活を維持していたことから、Aは遅くとも相続開始の前頃には、生前贈与をもって、相続分の前渡しとして相続財産に算入すべきものとする意思は有していなかったとして、黙示の特別受益の持戻免除の意思表示をしたものと推認するのが相当と判断した。Y₁が贈与を受けた財産を基礎として、A自身の生活に寄与し、Aも一定の利益を享受していたといえる事情からすれば、本事例が、Aが特別受益の持戻免除の意思を表示していたと認めるのが相当と判断したのは妥当であろう。

352　　第3章　寄与分をめぐる事例

＜参考判例等＞

○被相続人の家業を事実上単独で承継した抗告人が、遺産の主要部分をその営業のために使用しており、上記使用を遺産の管理についての寄与として主張した例で、管理行為は共同相続人全員のためにする意思をもってしたものとは認めがたく、抗告人の自己のためにする行為の結果本件遺産を管理しただけであるとして、寄与分を否定した事例（東京高決昭56・6・19判タ452・158）

○申立人は、被相続人の葬儀等の費用につき、申立人自身の資金から費用を賄ってきたことをもって寄与分として主張したが、いずれも相続開始後の事情であって、寄与分として考慮できないとされた事例（和歌山家審昭59・1・25家37・1・134）

○賃料収入のある相続財産の果実の分配、清算について、本来は民事訴訟手続の中で行われるべきものであるが、当事者がこれを遺産分割手続の中で清算することに特に異論があるわけではなく、別途訴訟により解決すべきものとすることは、紛争の全体的な解決がなされず、共同相続人間の公平が実現されないことになる可能性が極めて強く相当ではないとした事例（東京家審昭61・3・24家月38・11・110）

第3章　寄与分をめぐる事例　　353

97 夫婦が居住していた不動産の購入資金の大半を相続人である妻が提供していた場合に、相続時の不動産の価値に購入資金提供の割合を乗じた部分について寄与と認めた事例

(和歌山家審昭59・1・25家月37・1・134)

当事者及び遺産の概要	
被相続人	A（昭和56年3月4日死亡）
相続人及び法定相続分	X：妻（申立人）2分の1 Y₁：長男（相手方）4分の1 Y₂：長女（相手方）4分の1
遺産の額	1586万円（相続開始時） 1595万円（遺産分割時）
遺産の構成	不動産（土地、建物）、自動車、家財道具

当事者の主張	
X（申立人）	Y（相手方）
財産上の給付による寄与：X（妻・申立人）は自宅不動産の購入時に相当の金銭を拠出しており、相続財産の取得、維持管理に寄与している。	——

事実経過（裁判所が認定した事実）	
S40	A（被相続人）とY₁、Y₂（相手方）の母が離婚。
S42.3	X（妻・申立人）が勤務先を退職。退職金を受領。
S42.11	AとXが婚姻。 まもなくA、病気休職し、Xが就職・稼働する。
S51.10	X・AがA名義をもって1385万円で自宅を購入。
S52.3	Aが勤務先を退職。退職金を受領。
S56.3.4	Aが死亡。

裁 判 所 の 判 断

1　Xの寄与分について

　X（妻・申立人）は、A（被相続人）と同じくもと中学校教諭であったところ、昭

和42年3月退職し、その退職金を持参して、同年11月23日Ａと婚姻したが、その後間もなくＡが病気休職したので、就職して働き続け、その収入等によって1500万円程度であれば住宅を購入し得る資金を作ることができた。そこで、Ａ名義をもって本件遺産に属する上記宅地・居宅を代金合計1385万円で購入し、そのうち1255万円・90.6％相当は、実に申立人が提供したものであった。

　かかる事情からすれば、共同相続人の一人であるＸについては、相当の寄与分を認めてしかるべきところ、これを具体的に定めるには、Ａが有していた上記財産の相続開始時における価額を算定する必要がある。宅地・居宅については、相続開始時と上記鑑定評価時との間に時間的隔たりがほとんどないので、鑑定額どおり宅地750万円・居宅690万円を相当とする。乗用車については、販売店の評価証明どおり52万円を相当とする。家財道具類については、購入してから4年を経過しているので、購入代金312万円の30％の94万円を相当とする。そうすると、相続開始時においては、これら財産の価額は〔中略〕合計1586万円となる。Ｘは、この宅地・居宅の合計額1440万円につき上記90.6％の割合で財産の形成と維持に寄与したものということができるから、その寄与分の額は1305万円であり、上記財産の合計額1586万円に対し82.3％の割合となる。

コ　メ　ン　ト

　本事例は、遺産であるＡ（被相続人）名義の不動産の購入資金について、その多くをＸ（妻・申立人）が提供したことをもって、Ｘの寄与分を認めた事例である。

　夫婦間には、相互扶助協力義務（民752）があることから、夫婦間の財産上の給付が「特別の寄与」と認められるためには、給付した財産の内容・価額、給付の目的や使途等を総合的に考慮して、当該財産上の給付が夫婦の協力扶助義務から通常期待される程度を超える必要がある。

　この点、本事例では、Ａ名義で取得した自宅不動産購入資金の90.6％は、Ａ病気休職中のＸの収入等（婚姻時持参したＸの退職金を含むものとみられる。）から出捐されたという特別の事情があったことから、分割時の遺産額のうち82.3％の高率の寄与分が認められたものである。

　本事例は、実質的には共有その他の権利関係が認められ得るような特別の事情があったことから、特に高率の寄与分が認められたものと考えられるが、寄与分の上限については、寄与分と遺留分の優先関係という問題があり、この点、事例76を参照されたい。

第3章　寄与分をめぐる事例　　　355

＜参考判例等＞

○被相続人の妻（相手方）において、その婚姻中勤務を続け、被相続人より少なくはない収入を得ていた場合、婚姻期間中に得た財産が被相続人名義になっているとしても実質的には被相続人及びその妻の共有に属すると考えるべきであり、妻の寄与分として5割をもって相当と認めるとした事例（大阪家審昭51・11・25家月29・6・27）

第3章　寄与分をめぐる事例

98　配偶者による金銭出資を理由に3分の1の寄与分を認めた事例

（神戸家伊丹支審昭62・9・7家月40・8・86）

当事者及び遺産の概要	
被相続人	A（昭和59年2月4日死亡）
相続人及び 法定相続分	X₁：妻（申立人）4分の3 Y₁：姉の子（相手方）48分の1 Y₂：姉の子（相手方）48分の1 Y₃：姉の子（相手方）48分の1 Y₄：姉の子（相手方）48分の1 Y₅：姉（相手方）12分の1 Y₆：妹（相手方）12分の1
遺産の額	5009万6900円（うち寄与分1612万3770円）
遺産の構成	不動産、預貯金、動産等

当事者の主張	
X（申立人）	Y（相手方）
──	──

事実経過（裁判所が認定した事実）	
S33.4.2	X（妻・申立人）は、A（被相続人）と婚姻。両名とも特に財産はなく、中学教諭であるAの給与とXの持参金10万円で、賃借アパートでの生活を始めた。Xは当初は専業主婦であった。
S35.1〜	Xは、夫婦の念願であった自宅購入資金を得る目的で、証券会社、工務店等に勤務し、Aの収入の3分の1から2分の1程度の収入を得た。
S49.3	この間、Aは、Xの弟から遺産に含まれる土地を買い受け、同土地上に建物を増築した。
S49.4〜	X、再び主婦として家事に専念。
S56.3.31	A、勤務先を依願退職し、退職金2219万円（手取り1532万円）を受給。
S59.2.4	A死亡。

第3章　寄与分をめぐる事例　　357

裁 判 所 の 判 断

1　Xによる寄与分について

　当裁判所が認定する以下の事実によれば、X（妻・申立人）はA（被相続人）の本件遺産の形成につき特別の寄与があったものというべきであり、その寄与の額は、本件遺産の3分の1相当額、すなわち1612万3770円が相当である。

① A（被相続人）とX（申立人）は、昭和33年4月2日に婚姻したものであるが、当時両名ともこれといった財産はなく、中学校教諭をしていたXの給料とXの持参金10万円をもって4畳半1間の賃借アパートで新婚生活を始めた。

② Xは、婚姻当初は主婦として家事に専念していたが、その後、夫婦の念願であった自宅の購入資金を得る目的で働きに出るようになり、昭和35年1月から昭和37年6月までは○○証券株式会社○○支店に、昭和38年5月から昭和44年7月までは○○工務店に、同年8月から昭和47年12月までは○○広告社に、昭和48年9月から昭和49年3月までは株式会社○○○○作業所にそれぞれ勤務し、その間これらの勤務先から被相続人の収入の3分の1から2分の1程度の収入を得た。そして、昭和49年4月からは再び主婦として家事に専念するようになり、現在に至っている。

③ Aは、Xの上記協力の下に、昭和41年6月Xの弟から遺産目録記載の土地の半分を買い受けたうえ、昭和42年5月同土地上に遺産目録記載の建物（ただし、増築前のもの）を建築し、昭和43年2月上記弟から上記土地の半分を買い受け、昭和49年及び昭和57年の2回にわたって上記建物を増築して現在の建物にした。そして、昭和53年5月別荘用地として売り出された土地を購入したほか、その余の各財産を取得した。しかし、申立人の方は、自己の名義をもってこれといった財産を取得していない。

④ A（被相続人）は、昭和56年3月31日中学校教諭の職を依願退職し、その際退職金として2219万円余の支給を受けたが、現実の受領額は上記金額から共済償還金（共済組合からの借入金に対する返済金）を控除した1532万円余であった。そして、Aは、上記金員のうち約1000万円を上記③記載の建物増築費用に、300万円を貸付信託金に、200万円を信託金に、その余を生活費にそれぞれ使用した。

コ メ ン ト

　本事例は、婚姻期間の半分に当たる約13年間、自己の収入を夫婦の自宅等の購入に充てた相続人（妻）が、夫である被相続人の遺産形成に寄与したとして、寄与分3分の1を認めた事例である。

　夫婦が婚姻期間中取得した資産について、資金提供がいずれによるものであるかに

かかわらず一方配偶者のみの名義とされる場合はしばしばある。このような場合の一方配偶者に寄与分が認められるかについては、相続人の事業に関しない財産上の給付であることから、「その他の方法」（民904の2①）による特別の寄与の問題である。

　夫婦間には相互に協力扶助義務（民752）があるので、夫婦の資産形成における一方配偶者の貢献が「特別の寄与」と認められるためには、給付した財産の内容・価額、給付の目的・使途等を総合的に考慮して、当該財産上の給付が夫婦の協力扶助義務から通常期待される程度を超えたものであることが必要である。共働き夫婦が婚姻期間中に得た財産をほとんど一方配偶者（たとえば夫）名義にしている場合、夫名義の財産取得における妻の貢献は通常協力扶助義務を超えたものであると考えられるし、夫名義であっても実質的には夫婦の共有に属する財産ということもできるので、妻の貢献を寄与分として評価することは、相続人間の衡平を図ろうとする寄与分制度の趣旨に合致する（近藤ルミ子・小島妙子『事例にみる特別受益・寄与分・遺留分主張のポイント』167頁（新日本法規出版、2016））。

　本事例では、夫婦の自宅等購入のために婚姻期間の半分に当たる約13年間にわたって自己の給与から出資したこと、Xの収入はAの2分の1から3分の1程度はあったこと、X自身は特段の財産を取得していないことを摘示して、Xの寄与を認めた。

　寄与分の割合については、個々の財産の取得割合に対する一方配偶者の拠出金割合が明確であれば、その割合をもって寄与分の一定の目安とできるが、拠出金割合が明確ではない場合は、夫婦双方の稼働期間及び収入から、双方の収入比率を認定することになるだろう。

　本事例が認めた妻の寄与分の割合は3分の1にとどまったが、妻の稼働期間が婚姻期間の半分にとどまったこと、稼働期間の収入も夫の3分の1から2分の1程度であったことが考慮されたと考えられる。

＜参考判例等＞

○妻と被相続人（夫）双方の稼働期間及び収入から、妻と夫の収入比率をほぼ3：2ないし4：3と認定し、これらの収入から夫婦の財産購入費や生活費等に支出していたことを理由に、被相続人（夫）名義の財産について、妻の寄与割合を5割と定めた事例（大阪家審昭51・11・25家月29・6・27）

判例年次索引

360

判例年次索引

※事例として掲げているページ数は太字（ゴチック体）としました。

月　日	裁判所名	出　　　典	ページ	月　日	裁判所名	出　　　典	ページ

昭 和 30 年

| 5·31 | 最 高 裁 | 民集9・6・793 | 33 |

昭 和 37 年

| 10·31 | 高 松 家 丸 亀 支 | 家月15・5・85 | 154・156 188・189 194・197 198・212 213・216 |

昭 和 38 年

| 9·18 | 大 阪 家 | 家月16・1・137 | 46 |

昭 和 40 年

2· 6	神 戸 家 明 石 支	家月17・8・55	38
3·23	大 阪 家	家月17・4・64	98・112
4·22	大 阪 高	家月17・10・102	49
8·17	福 井 家	家月18・1・87	53
9·27	大 阪 家	判タ199・213	257

昭 和 42 年

| 4·12 | 盛 岡 家 | 家月19・11・101 | 63 |

昭 和 43 年

| 2·29 | 神 戸 家 姫 路 支 | 家月20・8・88 | 52 |
| 10· 9 | 神 戸 家 | 家月21・2・175 | 100 |

昭 和 44 年

| 6·25 | 鹿児島家 | 家月22・4・64 | 23・24 |

昭 和 45 年

| 7·31 | 福 岡 高 | 判タ260・339 | 185 |

昭 和 46 年

| 2·12 | 神 戸 家 姫 路 支 | 家月23・11−12・98 | 234 |
| 9· 7 | 東 京 家 | 家月24・7・65 | 177 |

昭 和 47 年

| 12·28 | 神 戸 家 尼 崎 支 | 家月25・8・65 | 42 |

昭 和 48 年

| 10· 3 | 広 島 高 岡 山 支 | 家月26・3・43 | 103・116 122 |
| 11· 7 | 高 松 高 | 家月26・5・75 | 230・235 |

昭 和 49 年

3·25	東 京 家	家月27・2・72	214
3·30	仙 台 家	家月27・7・62	241
5·14	大 分 家	家月27・4・66	22

昭和 50 年

月 日	裁判所名	出 典	ページ
3·26	大 阪 家	家月28・3・68	55
5·31	神 戸 家	家月28・4・110	256
11· 7	最 高 裁	民集29・10・1525	33

昭和 51 年

月 日	裁判所名	出 典	ページ
2·16	大 阪 家	家月28・12・171	180
3·31	大 阪 家	家月28・11・81	174
4·16	東 京 高	判タ347・207	210
5·27	東 京 高	判時827・58	243
11·25	大 阪 家	家月29・6・27	95・105 114・116 122・355 358

昭和 52 年

月 日	裁判所名	出 典	ページ
2·17	東 京 高	判タ352・201	247・265
3·14	徳 島 家	家月30・9・86	19・253
6·21	福 岡 高	家月30・1・78	253・262
9·16	徳 島 家	家月30・2・125	250

昭和 53 年

月 日	裁判所名	出 典	ページ
3·30	盛 岡 家	家月30・12・70	183
9·26	大 阪 家	家月31・6・33	106

昭和 54 年

月 日	裁判所名	出 典	ページ
2· 6	東 京 高	判時931・68	256

昭和 55 年

月 日	裁判所名	出 典	ページ
2·12	東 京 家	家月32・5・46	99・109 112・119
5·24	福 島 家 白 河 支	家月33・4・75	39・45
9·10	東 京 高	判タ427・159	110

月 日	裁判所名	出 典	ページ
9·16	福 島 家	家月33・1・78	113
9·19	東 京 地	家月34・8・74	102・115

昭和 56 年

月 日	裁判所名	出 典	ページ
6·19	東 京 高	判タ452・158	345・352
11· 2	東 京 高	家月34・12・38	204

昭和 57 年

月 日	裁判所名	出 典	ページ
3·12	長 野 家	家月35・1・105	62
3·16	東 京 高	家月35・7・55	252・253 349

昭和 59 年

月 日	裁判所名	出 典	ページ
1·25	和歌山家	家月37・1・134	253・272 352・353
4·11	大 阪 家	家月37・2・147	117

昭和 61 年

月 日	裁判所名	出 典	ページ
1·30	大 阪 家	家月38・6・28	331
3·13	最 高 裁	民集40・2・389	33
3·24	東 京 家	家月38・11・110	254・352
4·11	盛 岡 家	家月38・12・71	224・299 320・334
7·14	前 橋 家	家月38・12・84	258

昭和 62 年

月 日	裁判所名	出 典	ページ
9· 1	長 崎 家 諫 早 出	家月40・8・77	338
9· 7	神 戸 家 伊 丹 支	家月40・8・86	356

平 成 元 年

月 日	裁判所名	出 典	ページ
12·28	東 京 高	家月42・8・45	219・268 269

月　日	裁判所名	出　　典	ページ

平 成 2 年

9・19　大阪高　家月43・2・144　　263

平 成 3 年

4・19　最高裁　民集45・4・477　　6
5・31　熊本家玉名支　家月44・2・138　　267
11・19　高松家丸亀支　家月44・8・40　　157
12・24　東京高　判タ794・215　　270

平 成 4 年

9・28　福岡家久留米支　家月45・12・74　　273
10・6　盛岡家一関支　家月46・1・123　　225・262 276
11・6　長野家　家月46・1・128　　114・116 122
12・28　神戸家豊岡支　家月46・7・57　　155・156 222

平 成 5 年

3・10　鳥取家　家月46・10・70　　186
9・7　仙台地　民集52・2・447　　62

平 成 6 年

3・8　広島高　家月47・2・151　　303
3・25　神戸家　家月47・8・59　　190
3・28　山口家萩支　家月47・4・50　　279
7・27　横浜家　家月47・8・72　　269・282
11・2　大阪家　家月48・5・75　　341

平 成 7 年

3・7　最高裁　民集49・3・893　　10

平 成 8 年

8・26　東京高　家月49・4・52　　195・262
10・4　高松高　家月49・8・53　　164・326

平 成 9 年

6・26　東京高　家月49・12・74　　125
6・27　東京高　東高民報48・1—12・46　335

平 成 10 年

3・24　最高裁　民集52・2・433　　169・170 200・201 208・209
9・11　京都地　判タ1008・213　　59・62 65

平 成 11 年

4・30　神戸家　家月51・10・135　　34
6・8　大阪高　判タ1029・259　　201・209

平 成 12 年

2・24　最高裁　民集54・2・523　　4
3・8　東京家　家月52・8・35　　150・225 320
11・29　広島高岡山支　家月53・4・47　　285

平 成 15 年

3・11　大阪高　家月55・8・66　　25
11・17　東京地　家月57・4・67　　123
12・15　東京地　平13(ワ)27908・平15(ワ)14678　　62

月　日　裁判所名　　出　　　　典　　ページ　　　　　月　日　裁判所名　　出　　　　典　　ページ

平 成 16 年

10·29　最 高 裁　民集58·7·1979　　7・37
　　　　　　　　　　　　　　　　　38・79
　　　　　　　　　　　　　　　　　82・83
　　　　　　　　　　　　　　　　　85・87
　　　　　　　　　　　　　　　　　89・90
　　　　　　　　　　　　　　　　　93・94
　　　　　　　　　　　　　　　　　96・198
11· 5　名古屋地　平9(ワ)4409・　58・61
　　　　　　　　　平9(ワ)4660

平 成 17 年

9· 8　最 高 裁　民集59·7·1931　　51
10·11　最 高 裁　民集59·8·2243　　29
10·27　東 京 高　家月58·5·94　　88

平 成 18 年

3·27　名古屋高　家月58·10·66　　84
5·26　東 京 地　平14(ワ)15325　　59
10·24　京 都 家　家月60·9·99　　68
　　　　宮 津 支

平 成 19 年

2· 8　大 阪 家　家月60·9·110　225·317
2·26　大 阪 家　家月59·8·47　225·311
3·27　東 京 地　平17(ワ)26101　126
12· 6　大 阪 高　家月60·9·89　70·225
　　　　　　　　　　　　　　　　　307

平 成 20 年

2·29　東 京 地　平15(ワ)11299　61·71

平 成 21 年

1·30　東 京 家　家月62·9·62　164
3·31　東 京 地　平19(ワ)12874・　129
　　　　　　　　　平20(ワ)2599
4·28　東 京 高　家月62·9·75　163

6·26　東 京 地　平19(ワ)28864　139
7·31　東 京 地　平17(ワ)17805　134
11·27　東 京 地　平15(ワ)865·　132
　　　　　　　　　平20(ワ)16782
12·16　東 京 地　平19(ワ)18072·　199
　　　　　　　　　平20(ワ)10322

平 成 22 年

1·28　東 京 地　家月34·8·74　120
2·24　東 京 地　平19(ワ)17751　74
5·20　東 京 高　判タ1351·207　291
8·26　大 阪 高　平21(ラ)1227　44
9·13　東 京 高　家月63·6·82　225·226
12·10　東 京 地　平20(ワ)6183　141

平 成 23 年

6·24　東 京 地　平21(ワ)36737　165
12·12　東 京 地　平21(ワ)21780　61

平 成 24 年

1·26　最 高 裁　判時2148·61　201·209
9·26　東 京 地　平22(ワ)10860　168

平 成 25 年

3·28　東 京 地　平21(ワ)15138　76
7·26　大 阪 高　判時2208·60　202
10· 9　東 京 地　平22(ワ)15334　81

平 成 26 年

2·25　東 京 地　平24(ワ)14476　205
3·25　東 京 地　平23(ワ)10164·　145
　　　　　　　　　平23(ワ)36694
4·18　東 京 地　平23(ワ)34798　161

月　日	裁判所名	出　　　　典	ページ

平　成　27　年

月　日	裁判所名	出　　　典	ページ
3・6	大 阪 高	判時2274・24	321
3・24	大 阪 高	民集70・8・2174	21
3・25	東 京 地	平23(ワ)36049	148
6・25	東 京 地	平25(ワ)24866	78
6・25	東 京 地	平26(ワ)11931	171
7・28	札 幌 高	判タ1423・193	295
10・6	大 阪 高	判タ1430・142	237
10・21	東 京 地	平23(ワ)20921・ 平25(ワ)33894	92

平　成　28　年

月　日	裁判所名	出　　　典	ページ
10・25	東 京 地	平26(ワ)26704	60
12・19	最 高 裁	民集70・8・2121	21・44
12・26	東 京 地	平23(ワ)29166・ 平24(ワ)25335	61

裁判例・審判例からみた
特別受益・寄与分

令和元年7月9日　初版発行

編　著　近　藤　ル　ミ　子
　　　　小　島　妙　子
発行者　新日本法規出版株式会社
　　　　代表者　星　　謙一郎

発 行 所　新日本法規出版株式会社
本　　社　(460-8455)　名古屋市中区栄1－23－20
総轄本部　　　　　　　電話　代表　052(211)1525
東京本社　(162-8407)　東京都新宿区市谷砂土原町2－6
　　　　　　　　　　　電話　代表　03(3269)2220
支　　社　札幌・仙台・東京・関東・名古屋・大阪・広島
　　　　　高松・福岡
ホームページ　https://www.sn-hoki.co.jp/

※本書の無断転載・複製は、著作権法上の例外を除き禁じられています。＊＊
※落丁・乱丁本はお取替えします。　　　ISBN978-4-7882-8589-7
5100070　裁判例特別受益　　　　　Ⓒ近藤ルミ子他 2019 Printed in Japan